QUYU
JINGJI
FAZHAN

区域经济发展的
基础环境研究

逯 进 ◎ 著

中国社会科学出版社

图书在版编目(CIP)数据

区域经济发展的基础环境研究／逯进著．—北京：中国社会科学出版社，
2015.3

ISBN 978 - 7 - 5161 - 3201 - 2

Ⅰ.①区…　Ⅱ.①逯…　Ⅲ.①区域经济发展－经济环境－研究－中国
Ⅳ.①F127

中国版本图书馆 CIP 数据核字(2013)第 213829 号

出 版 人	赵剑英	
责任编辑	侯苗苗	
责任校对	邓晓春	
责任印制	何　艳	

出　　版	中国社会科学出版社	
社　　址	北京鼓楼西大街甲 158 号	
邮　　编	100720	
网　　址	http://www.csspw.cn	
发 行 部	010 - 84083685	
门 市 部	010 - 84029450	
经　　销	新华书店及其他书店	

印刷装订	北京市兴怀印刷厂
版　　次	2015 年 3 月第 1 版
印　　次	2015 年 3 月第 1 次印刷

开　　本	710 × 1000　1/16
印　　张	20.25
插　　页	2
字　　数	317 千字
定　　价	68.00 元

凡购买中国社会科学出版社图书，如有质量问题请与本社联系调换
电话：010 - 84083683

目　录

第一篇　人口环境篇

第二篇　人力资本篇

第四篇　福利与产业篇

第一篇　人口环境篇

第一章

青岛市人口演变规律及人口发展建议

一 引言

青岛地处北温带季风区域，属温带海洋性季风气候，夏季湿热多雨，但无酷暑；冬季风大温低，持续时间较长，并无严寒。青岛空气湿润，温度适中，四季分明，植被覆盖良好。优越的自然条件使青岛市成为中国最适宜人类居住的地区之一。同时，青岛是中国沿海开放城市和五个计划单列市之一，是山东省最大的工业城市，也是中国著名的"品牌之都"。

自改革开放以来，青岛市的经济总量保持了快速增长，产业结构不断趋于合理。2008 年全市生产总值（GDP）迈上 4000 亿元台阶，达到 4436.2 亿元，经济已连续 12 年保持了 10% 以上的增速。此外，三次产业的比例关系进一步趋于合理，第一产业比重大幅下降，第三产业比重明显上升，第二产业比重保持稳定，三次产业比例关系由 1978 年的 22.7∶52.7∶24.6 调整为 2007 年的 5.1∶50.8∶44.1。与此同时，青岛市城乡居民收入和生活水平稳步提高。2008 年青岛市城市居民人均可支配收入 20464 元，同比增长 14.6%；人均消费支出 14999 元，同比增长 12.1%；城市居民恩格尔系数 37.4%。农民人均纯收入 8509 元，同比增长 13.8%；人均生活消费支出 5303 元，同比增长 12.0%；农村居民恩格尔系数 37.7%。全市社会职工平均工资 22986 元，同比增长 9.2%；其中，在岗职工平均工资 23296 元，同比增长 8.8%。

随着经济快速发展，青岛市财政收入也稳步增长，支出向民生倾斜。2008 年青岛市全年财政总收入完成 1251.6 亿元，同比增长

16.9%；地方财政一般预算收入完成 342.4 亿元，同比增长 17%；地
方财政一般预算支出 369.4 亿元，同比增长 15%，其中，一般公共服
务增长 19.9%、教育增长 16.3%、社会保障和就业增长 5.8%、城乡社
区事务增长 12.8%、公共安全增长 8.6%、医疗卫生增长 35.7%、农林
水事务增长 39.5%。

二　青岛市人口数量的演变规律

　　人口数量变化是最重要的人口现象之一。某一时期人口总量的变化
不仅反映了前一时期人口出生、死亡、迁移等的变动结果，而且也是后
一时期人口变动的基础，因而对未来人口发展态势也有重大影响。

　　改革开放以来，青岛市人口再生产类型实现了由"高出生率、低死
亡率、高增长率"的过渡型向"低出生率、低死亡率、低增长率"的
现代型转变，人口总量缓慢增长，人口素质明显提高，人口结构发生较
大改变，人口分布不断趋于合理。目前青岛市妇女总和生育率已达到更
替水平以下，青岛市人口发展进入了稳定低生育水平阶段。

（一）青岛市人口总量变动趋势

　　青岛市人口具有增加较多，但增速较慢的特征，增长趋势如图 1 -
1 - 1 所示。2008 年青岛市户籍总人口 761.56 万，比 1978 年净增
176.23 万，这使青岛市成为山东省第五人口大市，总人口仅次于临沂
市、菏泽市、潍坊市、济宁市。2007 年青岛非农业人口 465.82 万人，
居山东省首位。从 1978 年到 2008 年青岛市总人口增长率为 30.1%，年
均增长率仅为 8.8‰，这在山东省 17 个地市以及全国同类城市中是较
低的。

　　人口总量大必然意味着人口密度大，人口密度包括人口自然密度和
人口综合经济密度，其中人口综合经济密度是指一个地区人口总数与该
地区 GDP 之比，显然它与地区人口总数成正比，与地区经济发展水平
成反比。

　　2008 年青岛市人口自然密度为每平方公里 715 人，高于同期山东
省人口密度（每平方公里 586 人），更是大大高于全国人口密度（每平

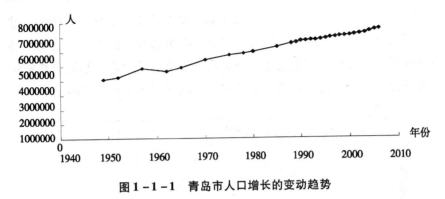

图 1 - 1 - 1　青岛市人口增长的变动趋势

资料来源：部分年度《青岛市统计年鉴》。

方公里 138 人）。青岛市的人口综合经济密度与同级城市相比也是较高的，表 1 - 1 - 1 列出了我国 5 个计划单列市 2007 年的人口综合经济密度（其中地区人口总数以常住人口计算），青岛市是最高的。

表 1 - 1 - 1　　　5 个计划单列市 2007 年的人口综合经济密度　（单位：人／万元）

计划单列市	深圳	厦门	宁波	大连	青岛
人口经济密度	0.0735	0.2593	0.2821	0.3366	0.3709

资料来源：各市 2008 年《统计年鉴》数据核算。

由上述可知，人口总量大，给青岛市的社会经济带来了一定的压力，因此，控制人口数量仍将是"十二五"期间青岛市人口和计划生育工作的重点。

（二）青岛市人口再生产类型的历史性转变

与社会发展的一定阶段相适应的人口出生率、死亡率以及自然增长率的不同组合形成了人口再生产的基本类型，前两者的变化决定了人口自然增长率。人口出生率和死亡率是构成人口再生产类型的两个基本因素。一般来说，主要有三种不同的人口再生产类型：（1）高出生率、高死亡率、低自然增长率的原始型，其主要特征是平均寿命短、世代更替迅速；（2）高出生率、低死亡率、高自然增长率的过渡型，这种类型的特征是平均寿命明显延长、世代更替速度不断放慢；（3）低出生率、低死亡率、低自然增长率的现代型，其主要特征是平均寿命长、世代更替缓慢。目前发达国家和部分发展中国家已经完成了人口再生产类型的转变，人口再生产类型已经处于低出生率、低死亡率和低自然增长率的现代型。人口再生产类型转变的一般规律如图1-1-2所示。

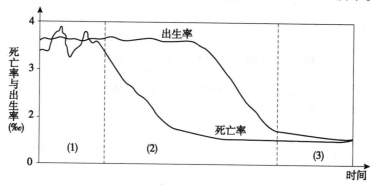

图1-1-2　人口再生产类型转变的一般规律

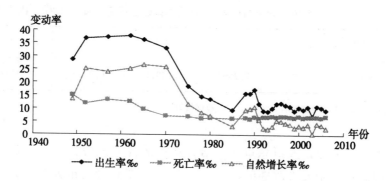

图1-1-3　青岛市人口再生产类型的转变规律

资料来源：部分年度《青岛市统计年鉴》。

如图1-1-3所示，从20世纪70年代后期青岛市实行计划生育政策以来，在30年的时间内，青岛市人口再生产类型实现了由"高出生率、低死亡率、高增长率"的过渡型向"低出生率、低死亡率、低增长率"的现代型的历史性转变。1970年青岛市人口出生率高达33.06‰，死亡率为7.11‰，自然增长率为25.95‰，人口再生产类型属于典型的过渡型。在计划生育政策实施后，青岛市人口出生率迅速降低，而死亡率一直保持在6.7‰左右。至1991年出生率已降至11.93‰，人口自然增长率降至5.72‰，人口再生产类型步入现代型行列。20 世纪 90 年代后期以来,青岛市人口出生率有几次波动,但幅度不大。2008 年青岛市人口出生率、死亡率、自然增长率分别为 9.06‰、7.33‰、1.73‰,人口再生产类型已属于典型的现代型。

　　出生率的高低是决定人口自然变动的重要因素。在青岛市当前情况下,有计划地控制人口增长,实质上就是控制人口出生率水平。虽然1991 年以后青岛市的人口出生率保持在较低水平,但呈波动状,按照人口再生产的内部延续性规律可以推算出"十二五"期间青岛市将出现一次人口出生高峰,原因是 1986—1991 年青岛市经历了一次人口出生高峰,特别是 1990 年人口出生率高达 17.28‰,经过一代人的时间,也就是大约 25 年以后,青岛市将经历另一个人口出生高峰,这正好处于"十二五"期间。由此可见,平抑人口高峰,保持稳定低生育率水平,将是"十二五"期间青岛市人口政策一个极为重要的组成部分。

　　另外,人口的死亡也是人口再生产的一个重要组成部分。人口死亡率水平一方面受社会经济、医疗卫生和科学技术条件的制约,另一方面又受人口自身的特性,如性别、年龄和遗传基因的影响。20 世纪 70 年代以来,青岛市人口死亡率一直保持在 6.7‰左右的低水平,这反映了青岛市人民生活水平的提高、医疗卫生条件的改善以及人口平均预期寿命的延长。可以预见,"十二五"期间青岛市人口死亡率仍将保持在较低水平。

三　青岛市人口素质的演变规律

　　人口素质包括身体素质和科学文化素质两个方面。改革开放以来,青岛市人口总体素质有了较大幅度提升,无论是身体素质还是科学文化素质,都有了明显的改善。

(一) 青岛市人口身体素质的特征

　　身体素质是人口素质的自然基础。考察人口总体的身体素质有多种指标,最主要的是人口死亡率和出生时的平均预期寿命。改革开放以来青岛市人口死亡率基本上稳定在 6.7‰左右的低水平,这在山东省 17个地市中是较低的。表 1 - 1 - 2 列出了 2007 年山东省 17 个地市的人口死亡率，青岛市数据仅高于东营、临沂、聊城和淄博、枣庄五市。

表1-1-2　　　青岛市与山东省其他城市人口死亡率比较　　（单位：‰）

全省	济南市	青岛市	淄博市	烟台市	潍坊市	东营市	威海市	枣庄市
6.47	6.58	6.32	6.06	7.66	6.51	4.82	7.60	5.28

济宁市	临沂市	泰安市	滨州市	莱芜市	德州市	聊城市	菏泽市	日照市
7.01	5.39	6.62	6.54	7.11	7.73	5.43	6.42	7.58

注：青岛市的数据为全部行政区的平均数，仅就市内7区而言，比例为5.77‰。

资料来源：2007年《山东省统计年鉴》。

同山东省以及全国的大趋势一样，青岛市的人口预期寿命也不断提高，至2008年，青岛市的人均预期寿命为79.83岁，而全国平均水平为73岁，青岛比全国高出了约7岁；而根据2005年全国1%人口抽样调查资料计算，山东省人口平均预期寿命达到75.02岁，青岛市也远高于全省水平。由此可见，人口平均预期寿命较高，不但显示了青岛医疗条件的改善，也说明青岛人口质量是较高的。

（二）青岛市人口科学文化素质的特征

人口科学文化素质是人口素质的一项重要内容，受社会经济、文化、教育和科学事业发展状况的制约，而伴随着科技进步，人口的科学文化素质又对经济社会的发展起着越来越重要的作用。人口科学文化素质的提高将有力增加人力资本积聚量。所谓人力资本，是指劳动者受到教育、培训、实践经验、迁移、保健等方面的投资而获得的知识和技能的积累，亦称"非物力资本"。在现代社会，人力资本已成为第一资本，对经济社会发展起关键性作用，而我国的社会主义现代化建设更是需要大量具有较高文化水平的劳动者以及具有较高专业技能的专门人才。提高人口的科学文化素质、增加人力资本积聚量对社会主义现代化建设具有重要意义。

改革开放以来青岛市人口的科学文化素质不断提高，具体表现在以下三个方面：

第一，人口平均受教育年限不断提高，至 2007 年，山东省人均受教育年限为 8.25 年，而青岛市达到了 8.8 年。

第二，文盲、半文盲人口及文盲、半文盲率不断降低。2000 年第五次人口普查与 1990 年第四次人口普查相比，青岛市文盲、半文盲人口由 86.84 万降至 55.05 万，文盲、半文盲率由 13.02% 降至 7.34%。

第三，每 10 万人中，大学文化程度人口数量大为增加，由 1990 年的 1859 人增加到 2000 年的 5564 人。同时，各阶段教育人数呈现积极的变化趋势，1997 年、2003 年、2008 年青岛市普通高校、中等专业学校和技工学校、普通中学以及小学在校人数情况如表 1-1-3 所示。可以看出，青岛市普通高校在校人数以及中等专业学校和技工学校在校人数不断增加，而小学在校人数逐渐减少。这表明青岛市的教育结构正在逐步优化，教育资源利用率日趋提高。此外，至 2008 年，青岛市共拥有高等院校 28 所（含民办高校），是 1978 年的 2 倍；普通高校在校生人数是 1978 年的 76.5 倍，本市每万人中拥有高等教育学生数为 349 人，是 1978 年的 58 倍。

表 1-1-3　　　　　　青岛市教育结构状况统计　　　　　　（单位：万人）

	普通高校在校人数	中等专业学校和技工学校在校人数	普通中学在校人数	小学在校人数
1997 年	2.74	10.13	36.23	62.67
2003 年	14.90	12.53	46.14	46.76
2008 年	26.20	20.90	37.40	47.70

资料来源：部分年度《青岛市统计年鉴》。

然而，青岛市人口科学文化素质也存在发展滞后的一方面。目前青岛市人力资源开发程度还比较低，表现在以下两个方面：

第一，教育发展水平还比较低。对 2007 年青岛市普通小学数、普通中学数、普通高校数以及普通高校在校人数占总人口的比重进行衡量，如表 1-1-4 所示，通过与其他城市的比较可以发现，青岛市的这几项指标均较为落后，特别是与北京、上海、广州等大城市差距较大。

表 1 - 1 - 4   2007 年部分大城市的教育发展水平对比

	青岛	济南	北京	上海	深圳	厦门	广州	西安
普通小学数（所）	980	694	1235	672	342	302	1035	1872
普通中学数（所）	311	225	863	903	277	123	465	453
普通高校数（所）	25	32	83	61	8	15	63	48
总人口数（万人）	758.0	604.9	1213.3	1371.0	861.6	250	773.5	764.3
普通高校在校人数比重（%）	3.3	7.7	4.7	3.7	2.9	6.3	9.4	7.3

资料来源：各市 2008 年《统计年鉴》和《统计公报》。

第二，教育投入水平较低。2008 年市财政教育支出 12.9 亿元，占当年青岛市 GDP 的 0.3%，占财政预算支出的 3.6%，这与国家 1993 年颁布的《中国教育改革和发展纲要》提出的"财政性教育支出占 GDP 的比重达到 4%"相去甚远。因此，为了经济发展的长远利益，青岛市必须进一步加大教育投入水平。

四 青岛市人口结构的演变规律

人口结构可以从多个方面进行分析，主要分为人口的自然结构、分布结构、经济结构、社会结构和质量结构五大类，每一大类又包含不同的小类。人口的自然结构包括性别、年龄结构；人口的分布结构包括行政地域结构、城乡结构；人口的经济结构包括人口的产业、行业、职业和消费类型等结构；人口的社会结构包括阶级、民族、宗教、语言和婚姻家庭结构；人口的质量结构包括人口的身体素质结构和文化结构。以下主要研究青岛市人口的自然结构和分布结构。

（一）青岛市人口的自然结构特征

人口自然结构可以从性别结构和年龄结构两个方面进行考察。一个地区人口的性别、年龄结构是人口社会属性的表现形式之一，受人口出生、死亡、迁移、职业构成等的影响，是研究人口再生产和制定、社会经济发展规划时必须涵盖的重要内容。以下将从人口性别结构、劳动年龄人口、人口老龄化问题三个方面考察青岛市的人口自然结构。

1. 青岛市人口的性别结构

人口性别结构是指一个国家或地区总人口中男性人口和女性人口各自所占的比重。从生物学意义上讲，人口再生产的性别结构有其内在的规律性。人口性别结构中，两个基本的指标是总人口性别比和出生人口性别比。通常如果把某一人口中女性数量赋值为 100，则男性数量相应的分值即为该人口的性别比。用公式表示就是：

$$性别比 = \frac{男性人口数量}{女性人口数量} \times 100$$

影响总人口性别比的因素较多，如出生人口性别比、男女人口死亡率上的差异、人口的迁移和流动等，但最重要的因素是出生人口性别比。如果不对出生人口性别施加外在的人为影响，出生人口性别比是由人口再生产过程中纯粹生物因素决定的。一般情况下，正常的出生人口性别比在 102—107 之间，即在 100 个女婴出生的同时，会有 102—107 个男婴出生。例如，2006 年青岛市出生男婴 34069 人，女婴 32068 人，出生人口性别比为 106.24。

图 1-1-4 显示了新中国成立以来青岛市总人口性别比的变动情况，变动值均在正常范围之内，都位于 101—104 之间。因此可以说青岛市正常的总人口性别比主要得益于青岛市正常的出生人口性别比。

图 1-1-4　青岛市总人口的性别比

资料来源：部分年度《青岛市统计年鉴》。

2. 青岛市劳动人口的年龄结构

衡量劳动力资源丰富程度的指标是劳动年龄人口数量。劳动年龄人口是总人口中的重要部分，是人口经济活动的主体。研究劳动年龄人口数量、结构，对于有效地开发利用青岛市丰富的劳动力资源，加速社会主义现代化建设，有重要意义。

　　在我国，劳动年龄人口一般是指18—60岁的人口。青岛市劳动年龄人口数量多，2000年末为550.54万，占总人口的73.46%。改革开放以来，青岛市劳动年龄人口数量一直处于递增状态。

　　充裕的劳动力资源为经济发展提供了可靠的保障，有利于发展劳动密集型产业，然而劳动力过剩也带来了极大的就业压力。据统计，2008年末青岛全市城镇登记失业率为3.01%，比2007年提高0.28个百分点。失业问题已成为青岛市面临的一项极为紧迫的经济社会问题。

　　此外，虽然青岛市劳动力资源丰富，但人才资源相对缺乏。2000年青岛市550.54万劳动力中，大专及以上学历人口仅占5.05%，中专、技校、职业高中毕业生占12.35%。劳动力素质不高，高素质人才相对不足，已经成为制约青岛市科技创新和城市综合竞争力提高的瓶颈。大力提高人力资源质量，培养、引进人才，是青岛市的一项紧迫任务。

　　3. 青岛市人口老龄化问题

　　人口老龄化是指总人口中因年轻人口数量减少、年长人口数量增加而导致的老年人口比例相应增长的动态过程。人口老龄化通常用老年人口占总人口的比重来衡量。国际上一般把60岁及以上的人口占总人口比例达到10%，或65岁及以上人口占总人口的比重达到7%作为一个国家或地区进入老龄化社会的标准。

　　2000年第五次人口普查数据显示，在全市749.4万总人口中，0—14岁的人口数为128.7万，占总人口的比重为17.18%；65岁及以上的人口数为70.1万，占总人口的比重为9.35%，同1990年的第四次人口普查相比，0—14岁人口的比重下降了4.56个百分点，65岁及以上人口的比重上升了2.14个百分点。同时，2000年青岛市人口年龄中位数为35岁，2005年达到37岁，预计2013年将上升到42岁，这从一个侧面反映了青岛市人口老龄化的加深和劳动年龄人口的相对老化。

　　2005年青岛市1%人口抽样调查数据显示，在全市819.6万总人口中，0—14岁的人口为118.1万人，65岁及以上的人口为87.34万人，二者占总人口的比重分别为14.41%和10.67%，与第五次人口普查时相比，0—14岁人口数下降了10.1万人，下降2.77个百分点，老龄人口绝对数量增加了17.24万人，上升了1.32个百分点。从最新的数据来看，这一趋势还在不断加剧，青岛市老年人口基本情况如下：2007年，青岛市60岁及以上人口占总人口的比重为15.93%，65岁及以上人口占总人口的比重为11.69%，比2005年上升了1.02%；而2007年全市老年人口相对2006年净增3.8万人，年增长率高达3.3%，但同期青岛市总人口的自然增长率仅为1.09%，增速仅为老龄人口增速的1/3。而根据青岛市政府下发的《青岛市"十二五"人口发展规划》预测，到2013年，青岛市60岁以上人口比例将达到17%以上，65岁以上人口将达13%以上；同时青岛市老龄委提供的预测数据表明，2020年青岛市人口老龄化将达到23.14%，比全国平均水平高出5.97个百分点；2030年将达到32.34%，高于全国8.42个百分点；2035年将达35.05%，是老龄化发展最快的时期，至2050年，老龄化将达到37.45%，将高于全国6.5个百分点，且80岁以上人口达到10.39%，届时青岛市将成为人口高龄化城市。因此，以1987年为参照性的标志点，青岛市人口老龄化进程在不断加深，老龄化、高龄化速度在不断加快，总体来看老龄化形势严峻。

青岛市人口老龄化给青岛市经济社会发展带来了一定的负面影响，主要有：

第一，提高了青岛市老年人口赡养系数，加重了家庭、企业和社会的负担。老年人口赡养系数计算公式为：

$$老年人口赡养系数 = \frac{65岁及以上人口数}{15—64岁劳动年龄人口数} \times 100\%$$

2001年青岛市老年人口赡养系数是23.39%，在山东省各市中是较高的。2005年青岛市赡养一个65岁及以上老人所对应的15—64岁劳动力为7.64个，随着人口老龄化进程的加深，这个数字将进一步减小，据相关部门预测，到2013年为7.01，2020年为4.88。

第二，对劳动力的质量产生影响，削弱了青岛市企业和社会的创新能力。人口老龄化一般伴随着劳动年龄人口的相对老化，这将导致劳动者知识技能老化、创新精神弱化、企业活力不足，从而直接影响社会生产力。

第三，影响青岛市消费和投资结构。一般而言，对老年人口的赡养支出相对集中于基本生活消费、医疗卫生和日常护理等方面，基本上是一种消费性支出。随着青岛市老年人口增加，一方面会使老年人口消费市场进一步扩大，青岛市会出现新兴的老年经济产业；另一方面会使家庭和社会把收入更多地投向纯粹消费性领域，从而相应地减少社会生产资本的积累，最终对青岛社会长期发展产生不利影响。

总之，当前青岛市面临较为严重的人口老龄化问题，还有进一步加剧的趋势，我们应当积极采取措施应对人口老龄化带来的相关问题。

（二）青岛市人口的分布结构

人口分布的基本含义是指一定时期内的人口地理分布状况。确切地说，是指人口变动在地理空间的表现形式及其发展演变情况，包括人口在地理空间由点及面的聚集、扩张。人口分布有广义和狭义之分。狭义的人口分布一般仅指人口的数量分布及其人口密度，反映一定地理区域里人口的疏密程度和分布形式；广义的人口分布不单纯是指人口数量的分步及其人口密度，而是各种人口过程的空间表现形式都可以包括在内，如人口再生产、人口城市化、人口迁移、人种和民族分布等。这里所研究的青岛市人口分布是指狭义的人口分布，着重研究青岛市人口的地区分布和城乡分布。

1. 青岛市人口的地区分布

青岛市辖 7 区 5 市，由于 7 区经济发展水平高于 5 市且具有相似性，因此可以将 7 区合并为市区，并与 5 市同列。青岛市的人口地区分布具有以下特点：

第一，与山东省内各市相比，青岛市人口自然密度高，人口综合经济密度低，但与一些发达城市相比，青岛市的人口综合经济密度较高。在山东省内各市中，青岛市的经济发展水平是最高的，也积聚了大量的人口，这导致了青岛市的高人口自然密度和低人口综合经济密度。2006 年山东省人口综合经济密度为 0.4204 人 / 万元，而青岛市仅为 0.2221 人 / 万元。但与一些同级发达城市相比，青岛市的经济发展还是有所欠缺的，2007 年，在 5 个计划单列市中，青岛市的人口综合经济密度是最高的（如表 1 - 1 - 1 所示）。

第二，向市区集中的趋势明显。青岛市区的城市人口占青岛市城市总人口的大多数，随着青岛市人口的城市化发展，青岛市区人口所占比重不断提高，由 1998 年的 33.2% 提高到 2002 年的 33.78%。到 2006 年占全市面积仅 10.88% 的市区集中了全市 36.16% 的人口（如表 1-1-5所示）。可以预见，"十二五"期间，伴随着青岛市城市化进程的加快，人口将进一步向市区集中。人口集中固然会产生积聚经济效应，加快经济发展，但随之产生的城市拥堵问题也是不可忽视的。近年来，青岛市区交通拥堵、住房拥挤的问题有恶化的趋势，我们应该采取积极措施，以有效解决人口向市区过度集中的问题。

表 1-1-5　　　　部分年度青岛市分地区人口数量及构成

地区	人口（万人）			构成（%）		
	1998 年	2002 年	2006 年	1998 年	2002 年	2006 年
总计	7066481	7156537	7493812	100	100	100
市区	2345971	2417385	2709970	33.2	33.78	36.16
胶州市	757883	763375	785258	10.73	10.67	10.48
即墨市	1066282	1075301	1099780	15.09	15.02	14.68
平度市	1334555	1339803	1356929	18.89	18.72	18.11
胶南市	836083	837245	817533	11.83	11.7	10.91
莱西市	725707	723428	724342	10.26	10.11	9.66

资料来源：部分年度《青岛市统计年鉴》。

第三，青岛 5 个县级市人口分布较为均衡。通过比较青岛 5 个县级市的人口自然密度和人口综合经济密度来测算它们之间的人口分布均衡程度。如表 1-1-6 所示，2006 年的人口自然密度指标，胶州市最大，平度市最小，前者是后者的 1.5 倍；人口综合经济密度指标上，平度市最大，胶州市最小，前者是后者的 2 倍，两者均差别不大。考虑到 5 个县级市的自然条件和社会经济条件差别不大，可以认为青岛 5 个县级市人口分布较为均衡。

表 1 - 1 - 6   2006 年青岛市分地区的土地面积、人口和人口密度

地区	户籍人口（人）	土地面积（平方公里）	人口自然密度（人／平方公里）	GDP（亿元）	人口经济密度（人／万元）
总计	7493812	10654	703	3373.61	0.22213036
市区	2709970	1159	2338	1784.01	0.1519033
胶州市	785258	1210	649	348.59	0.22526693
即墨市	1099780	1727	637	358.15	0.30707246
平度市	1356929	3166	429	305.3	0.44445758
胶南市	817533	1870	437	343.37	0.23809098
莱西市	724342	1522	476	234.19	0.30929672

资料来源：2007 年《青岛市统计年鉴》。

由以上分析可知，总体上看，青岛市人口的地区分布是较为合理的。各市各地区应在此基础上，进一步优化人口地区分布，促进区域经济发展。

2. 青岛市人口城市化问题

城市化是由以农业为主的传统乡村社会向以工业和服务业为主的现代城市社会逐渐转变的历史过程，具体表现为农村人口向城镇人口的转化。人们往往用城市化率来表示城市化发展水平，即城市人口占总人口的比重。

改革开放以来，青岛市城市化水平不断提高，2004 年全市城市化水平达到 48.0%，2007 年为 60.7%，走在全省、全国前列，其中 2004 年市区城市化率为 83.7%；① 而据政府相关部门预测，到 2020 年全市城市化率将达到 70%。青岛市的城市化进程主要有以下特点：

第一，城市经济更具活力。近年来，青岛的经济发展始终保持较高的增长速度，为城市化的发展提供了强大的经济动力。同时，三次产业结构趋于合理、外向经济繁荣，有效地促进了对农业人口的吸纳，进而加快了城市化的进程。

第二，城市建设日新月异，城市基础设施更加完备，城市环境更加

① 因无法找到更近年份的数据，因此这一内容中的数据只能更新至 2004 年（来源于 2005 年《青岛市统计年鉴》，近年的统计年鉴中已无相关数据的统计指标）。

优美。以 2004 年为例，青岛市市区用于城市维护建设资金支出达 49.6
亿元，占当年 GDP 的 2.3%，比重较高。2004 年全市污染源治理投资
总额近 12 亿元，烟尘控制区总面积达 319 平方公里，环境噪声达标区
总面积达 238 平方公里，生活污水处理率达 59.2%，生活垃圾无害化
处理率达 100%。

　　第三，居民生活水平进一步提高。青岛市城市化水平的不断发展，
有力地推动了居民生活质量的不断提高，居民收支都较为活跃。此外，
社会保障更加完善，以 2004 年为例，参加基本养老保险、医疗保险和
失业保险的人数分别同比增长了 18.1%、16.8% 和 15.4%。而政府用
于该方面的支出更是大幅增长，其中用于抚恤和社会福利救济方面的支
出，同比增长 23.8%，用于社会保障支出更是增长了 61.3%。

　　第四，青岛市存在城市化滞后的问题。人们通常用 IU 比和 NU 比这
两个指标来衡量一个国家或地区城市化水平的超前与滞后。前者是工业
化率与城市化率的比值，后者是非农化率与城市化率的比值。从世界各
国实践来看，当城市化、工业化和非农化发展较为协调时，IU 比大致
为 0.5，NU 比大致为 1.2。如果 IU 比明显大于 0.5，而 NU 比明显大于
1.2，则说明大量从事工业和其他非农业生产经营的劳动人口滞留于农
村地区，未能向城镇地区集中，这种情况说明相对于工业化和非农化的
发展程度而言，城市化发展滞后了。

　　2007 年，青岛市工业化率为 44.8%，城市化率为 60.7%，非农化
率为 94.6%。计算可得 2007 年青岛市 IU 比为 0.74，明显大于 0.5；
NU 比为 1.56，明显大于 1.2。由此可见，青岛市存在城市化滞后的问
题，这在一定程度上制约了城镇建设的发展，拉大了城乡居民收入差
距，不利于第三产业的发展。

五　青岛市人口迁移的演变规律

　　人口迁移是指人口在空间位置上的移动，是人们为了某种目的而离
开原来的居住地到另一地定居的行为。人口迁移会使一个国家（或地
区）的人口数量和人口增长速度以及人口结构等发生相应的变化，从而
影响人口的地理分布状况和社会经济的发展。一般来说，自然变动是影

响人口总量变动的主要因素，但在某一地区的某一时期内，迁移变动有时也会成为影响人口总量变化的主要因素或重要因素。

（一）青岛市人口迁移特征

1. 人口保持净迁入态势，且净迁入规模不断扩大，净迁移率不断提高

青岛市经济发展水平较高，自然环境优越，气候宜人。改革开放以来，随着户籍制度改革的逐步推进，青岛市经济建设和城市化进程不断加快，良好的工作生活条件、投资环境和自然环境吸引了大量的外来人口，因此青岛市人口迁移活动始终保持着活跃态势，这使得青岛市一直保持着人口净迁入态势。

由表1-1-7可以看出，青岛市人口净迁入规模呈扩大趋势：由1992年的0.63万人增至1999年的1.27万人，再猛增至2004年的7.41万人，之后人口净迁入规模稍有下降。这是青岛市经济社会发展水平不断提高，吸引力不断增强的结果。特别是2001年我国申奥成功以后，青岛作为奥帆基地，城市形象和知名度日益提升，人口净迁入数量显著增加。可以预见，"十二五"期间，青岛市人口净迁入将继续保持较多的数量和较快的速度。

表1-1-7　　　　　青岛市1992—2007年人口迁移数据　　　（单位：万人，%）

年度	1992	1993	1994	1995	1996	1997	1998	1999
总人口	673.11	675.35	678.53	684.63	690.27	695.44	699.57	702.97
净迁移人口	0.63	0.77	1.13	2.45	1.96	2.22	1.27	1.27
净迁移率	0.09	0.11	0.17	0.36	0.28	0.32	0.18	0.18
年度	2000	2001	2002	2003	2004	2005	2006	2007
总人口	706.65	710.49	715.65	720.68	731.12	740.91	749.3	758.0
净迁移人口	1.10	1.63	2.14	4.71	7.41	6.86	6.53	5.58
净迁移率	0.16	0.23	0.30	0.65	1.01	0.93	0.87	0.73

资料来源：部分年度《青岛市统计年鉴》。

在人口总量变化不大的情况下，人口净迁入规模决定人口净迁移率。改革开放以来青岛市人口总量增长缓慢，人口净迁移规模扩大使得

人口净迁移率呈提高趋势。青岛市人口净迁移率由 1992 年的 0.09% 提高至 1999 年 0.18%，再提高至 2004 年的 1.01%，之后人口净迁入率有所下降，但比例仍然较高，且较为稳定。2006 年青岛市净人口迁移率为 0.87%，根据表 1-1-8 所提供的 2006 年我国东部各省人口净迁移率数据可以看出，青岛市人口净迁移率已远远超出全省的整体水平，与上海、天津等城市相当。

表 1-1-8　　　　2006 年东部各省人口净迁移率数据　　　　（单位：%）

北京	天津	上海	河北	辽宁	山东	江苏	浙江	福建	广东	海南
1.19	0.71	0.68	0.13	0.28	0.13	0.33	0.22	0.13	0.81	0.17

资料来源：2007 年各省市《统计年鉴》。

2. 迁入人口的总体素质较高，且大多数迁入市区

市区（七区）作为青岛经济发展的中心，吸引了大多数迁入人口。2006 年青岛市共迁入 11.9 万人，其中迁入市区 8.2 万人，占总数的 68.8%。

2006 年青岛市各高校共招生 7.6 万人，其中绝大部分是市外生源，按 80% 的比例折算，则由市外迁入的大学生占年度迁入人口 11.9 万人的 51.1%，这大致能反映近年来本市高校招生人数与迁入总人数的基本比例情况。由此可知，迁入人口的人力资本水平较高。特别是各高校大学生通过大学学习提高了自身素质，其毕业后如果选择留在青岛工作，可为青岛市的经济社会发展注入活力。另外，每年因务工经商进入青岛市的人口数量也较大，他们大多身怀一技之能，素质也较高。

3. 青岛市人口迁移以省内迁移为主，且本县级市内、本区内迁移比重最大

全国第五次人口普查数据显示，青岛市迁移人口的户口登记地是山东省内的占 82.97%，其中户口登记地为本县级市（区）的占 56.94%，户口登记地为本省其他县市区的占 26.02%。户口登记地在省外的仅占青岛市迁移人口的 17.03%。

（二）青岛市人口迁移的社会经济影响

自改革开放以来，青岛市实际迁移人口估计在 140 万人左右，已经

占到青岛市户籍人口的 1/5 以上，迁移人口对青岛市的经济、社会等各方面产生了重要影响。

迁入人口在青岛市经济社会发展过程中做出了巨大贡献。高素质人口的迁入为青岛市提供了高素质的劳动力，促进了青岛市的经济发展，加快了青岛市的现代化进程。此外，由于迁入人口集中于市区，这也加速了青岛市的城市化进程。

迁入人口对青岛市也存在一定的负面影响。一方面加剧了青岛市劳动力剩余局面，另一方面加剧了对城市资源环境的压力，影响了社会治安环境。

总体来看，人口的大规模迁移是青岛市经济社会发展的必然结果和要求，对青岛市产生了积极的影响。我们应继续规范青岛市人口迁移，使之进一步促进青岛市经济社会发展。

六　青岛市人口发展的政策建议

由上述分析结论可以得出"十二五"期间，青岛市人口政策的总体思路是：以优先投资于人的全面发展为核心，综合运用人口政策及相关社会经济政策，控制人口数量，提高人口质量，优化人口结构。

（一）人口数量政策

根据上文分析可知，"十二五"期间，青岛市将经历一次人口出生高峰。平抑这一次人口出生高峰，是"十二五"期间青岛市人口政策的重中之重。青岛市应坚持稳定低生育水平、控制人口数量的人口数量政策。

"十二五"期间，青岛市积极落实国家计划生育政策，努力稳定低生育水平，总和生育率一直保持在 1.2 左右的低水平。应该说，"十二五"期间青岛市继续保持这样的低生育水平，是可以平稳度过此间的人口出生高峰的。具体来说，青岛市以稳定低生育水平为核心的人口数量控制政策应侧重于以下两个方面：

第一，建立健全有利于稳定低生育水平的利益导向机制和养老保障机制。推进人口和计划生育工作思路和方法的转变，在继续发挥政府行政力量的同时，进一步健全与社会主义市场经济相适应的计划生育利益导向机制。在独生子女奖励、集体收入分配、农村土地承包、宅基地划分、小额贷款、科技扶持以及子女入托、入学、培训、就业、住房等实行一定的利益倾斜，有效增大独生子女和其他计划内出生子女的效益，诱导人们自愿选择少生优育道路。同时，着力全面推进农村计划生育家庭奖励扶助制度，加快实施计划生育"少生快富"工程。此外，青岛市还应积极探索建立多种形式的农村养老保险制度，逐步建立农村最低生活保障制度等，不断完善有利于稳定低生育水平的经济社会政策措施。

第二，完善流动人口管理服务体系，加强流动人口的计划生育工作。加强流动人口的计划生育工作是青岛市控制人口数量工作的重要一部分，"十二五"期间，青岛市应加快建立和完善以流入地管理为主、流出地和流入地协调配合的流动人口计划生育管理服务体系，把流动人口计划生育管理和服务纳入社区流动人口综合管理体系，加强部门间流动人口计划生育工作综合协调，推进跨区域流动人口计划生育管理服务的协作。

（二）人口质量政策

应树立人才资源是第一资源的观念，把大力提高人口素质、优先开发人力资源作为青岛市"十二五"人口政策的关键环节，贯彻优先投资于人的全面发展的战略理念。"十二五"期间青岛市人口质量政策主要包括以下几个方面：

第一，以预防为主的公共卫生体系，提高全民身体素质。"十二五"期间，青岛市应建立健全全市突发公共卫生事件应急机制、疾病预防控制体系和卫生执法监督体系，做到既有能力应对像"非典"和"流感"这样的严重传染病，又有能力应对地方病等普通病种；应进一步完善青岛市农村初级卫生保健体系、城市基本医疗服务体系、环境卫生体系和财政经费保障体系，满足城乡居民的基本卫生服务需求，不断提高本市人口的健康水平。

第二，加大教育投入，深化教育体制改革，进一步优化教育结构，大力发展职业教育，提高高等教育质量。发展教育是提高人口科学文化素质的根本途径。百年大计，教育为本。要发展教育就必须要有教育投入。"十二五"期间，青岛市应持续加大教育投入，保证地方财政性教育经费增长幅度明显高于地方财政经常性收入增长幅度，逐步使青岛市财政性教育经费占地方生产总值的比例达到4%。当前，青岛市高级专业人才缺口较大，要深化教育体制改革，进一步优化教育结构，面向市场大力发展职业教育，提高高等教育质量，要使高校培养出的人才与社会需求相适应。

第三，加强就业培训。人力资本理论认为，就业培训是增加人力资本的有效途径。就业培训直接面向用人单位的需求，是解决就业难问题的直接渠道。青岛市劳动力资源富余，每年有几万名大学生毕业，增加了劳动力资源的供需矛盾。近年来，全球经济危机的外部环境又使就业问题进一步恶化。加强就业培训是青岛市解决就业难问题势在必行的策略。

第四，树立人才资源是第一资源的观念，大力引进人才。"十二五"期间，青岛市经济社会发展将迈上新的台阶，需要大量金融、管理、技术方面的高级人才，而青岛市本地高校培养的高级人才远远满足不了需求，因此，必须大力引进人才。青岛市应进一步放宽高级人才落户条件，为高级人才的引进提供政策支持和生活、工作保障。

（三）人口结构政策

1. 人口老龄化政策

第一，应更加关注农村社会保障问题，建立健全社会保障体系和社会化老龄服务体系。考虑到青岛市大多数老年人口集中在农村，"十二五"期间，青岛市应以解决农村计划生育家庭养老保险问题为重点，探索建立新型农村社会养老保险制度和最低生活保障制度，逐步完善覆盖城乡居民的社会养老保障体系和社会化老龄服务体系。

第二，加快经济发展，增强经济承受能力，并适时对产业结构做出调整。解决人口老龄化问题，最根本的任务是快速有效地积累养老资金以及构建完善的社会养老体系，要实现这一任务关键在于增加社会财富总量。因此，保持快速的经济发展速度、有效提升青岛市经济实力，是解决青岛市人口老龄化问题最重要的物质基础。同时，应大力发展老年卫生保健、老年护理、老年娱乐、老年教育等老年型产业，从产业结构方面适应老年型社会。

2. 人口城市化政策

城市化是青岛市经济社会发展的必然趋势。"十二五"期间青岛市的城市化水平将有一个大的提高。青岛市的人口城市化政策的整体思路是：推动城市合理布局，走分散型城市化道路，加快城市化进程。具体来看，需要实现以下两点：

第一，适度控制中心市区人口规模，逐步转变中心市区职能。至2007年，青岛市市区人口已增至275.55万，市区面积由1978年的92平方公里增加到1102平方公里，增加近12倍，但仍存在人口拥挤的问题。因此，"十二五"期间青岛市应适度控制中心市区人口规模，与此同时，把市区职能向金融、商业、旅游等服务型转变。

第二，走分散型城市化道路，突出县级市和重点城镇建设。2007年，青岛市郊区城市化率达到45.8%，居全国领先水平。"十二五"期间，青岛市应继续坚持科学规划、合理布局，重视县级市和重点城镇基础设施建设，夯实小城镇的支撑力，加大县级市和重点城镇产业集聚和人口集聚，强化小城镇承载力和吸纳力。走一条分散型城市化道路。

3. 人口迁移政策

人口合理迁移是青岛市经济社会发展的有力助推因素。"十二五"期间，青岛市应在优化迁移人口结构上下功夫，大力引进青岛市急需的各类高级人才，放宽高级人才落户条件。另外，还要继续有序推进户籍制度改革，促进青岛市内各市、区之间人口的合理流动，以提高城市化水平和促进人力资源的优化配置。

第二章

青岛市人口老龄化现状及其对
社会经济发展的影响

一 引言

　　人口老龄化是指按某一起点年龄定义的老年人口占其总人口的比重随时间推移不断上升的过程，反映的是随着人口寿命延长和生育水平下降而出现的人口年龄结构的变动趋势。人口老龄化正在成为一种不可避免的世界性问题，它既是科学进步和经济发展的重要标志，又对经济和社会发展提出了严峻挑战，这一问题已经引起各国政府和社会各界的广泛关注。深入研究人口老龄化及其相关问题，并积极探讨应对的办法，对于促进人口与经济社会的和谐发展具有非常重要的意义，而要想全面地认识人口老龄化问题，首先必须把握以下两个方面的原则：一方面，人口老龄化与经济发展水平之间是否相适应应当作为判断人口老龄化问题是否严重的重要依据，必须重视分析人口老龄化与社会经济发展水平之间的关系；另一方面，人口老龄化问题不单是动态的速度趋势问题，更是静态的程度和总量问题。

　　国际上公认老龄化的主要指标是一个国家或地区的人口中65岁及以上的老年人口比重超过7%（或60岁及以上老年人口的比重超过10%），此外，0—14岁少年儿童比重低于30%、老少比在30%以上、年龄中位数大于30岁也可作为判断指标。这些指标多数达到以上标准就视为该国或地区人口状态呈现为老年型，人口已经进入老龄化。按照上述标准，1987年，青岛市65岁及以上人口占总人口的比例已达7%，本市已先于全国12年、山东省7年进入人口老龄化城市行列。

二　青岛市人口老龄化的发展进程与特点

1. 人口老龄化速度快，老龄人口绝对数增长快

2000年第五次人口普查数据显示，在全市749.4万总人口中，0—14岁的人口数为128.7万人，占总人口的比重为17.18%；65岁及以上的人口数为70.1万人，占总人口的比重为9.35%，同1990年的第四次人口普查相比，0—14岁人口的比重下降了4.56个百分点，65岁及以上人口的比重上升了2.14个百分点。而据2005年青岛市1%人口抽样调查数据显示，在全市819.6万总人口中，0—14岁的人口为118.1万人，65岁及以上的人口为87.34万人，二者占总人口的比重分别为14.41%和10.67%，与第五次人口普查时相比，0—14岁人口数下降了10.1万人，比重下降2.77个百分点，老龄人口绝对数量增加了17.24万人，比重上升了1.32个百分点。从最新的数据来看，这一趋势还在不断加剧，2007年，青岛市60岁及以上人口占总人口的比重为15.93%，65岁及以上人口占总人口的比重为11.69%，比2005年上升了1.02%；而2007年全市老年人口相对2006年净增3.8万人，年增长率高达3.3%，但同期青岛市总人口的自然增长率仅为1.09%，增速仅为老年人口增速的1/3。而根据市政府下发的《青岛市"十一五"人口发展规划》预测，到2010年，本市60岁及以上人口比例将达到17%以上，65岁及以上人口将达13%以上；同时市老龄委提供的预测数据表明，2020年青岛市人口老龄化将达到23.14%，比全国平均水平高出5.97个百分点；2030年将达到32.34%，高于全国8.42个百分点；2035年将达35.05%，是老龄化发展最快的时期。2050年老龄化将达到37.45%，将高于全国6.5个百分点；80岁及以上人口达10.39%，届时青岛市将成为人口高龄化城市。因此，以1987年为参照性的标志点，青岛市人口老龄化进程在不断加深，老龄化、高龄化速度在不断加快，总体来看老龄化形势严峻。

2. 未富先老

发达国家是在基本实现现代化的条件下进入老龄社会的，属于先富后老或富老同步，而我国则是在尚未实现现代化，经济尚不发达的情况

下提前进入老龄社会的，属于未富先老。尽管青岛市经济发展很快，但经济实力仍然不足以应对提前到来的人口老龄化。

根据美国人口咨询局公布的数字，欧洲是目前世界上人口老龄化程度最高的地区，该地区老年人口系数（65 岁及以上老年人口比重）已达 15% 以上，人均国民生产总值约为 20000 美元；其次是北美洲，该地区老年人口系数约为 13%，人均国民生产总值约为 30000 美元；大洋洲排在第三位，目前其老年人口系数大约为 10%，人均国民生产总值约为 16000 美元；亚洲排在第四位，老年人口系数大约为 6%，人均国民生产总值约为 2200 美元。在亚洲，人口老龄化程度最高的国家是日本，该国目前老年人口系数约为 17%，该国经济水平也是亚洲最高的，人均国民生产总值大约为 37000 美元。中国大陆目前老年人口系数约为 7%，排在日本、格鲁吉亚、塞浦路斯、以色列、亚美尼亚五国之后居第六位，但人均国民生产总值仅为 1352 美元，为美国的 1/23、日本的 1/20、德国的 1/18。[①] 2007 年青岛市老年人口系数为 11.69%，人均国民生产总值为 6000 美元。比较来看，青岛市目前人口老龄化的程度较高，而经济实力虽然高于全国平均水平，但远未达到发达国家的水平，因此"未富先老"的特征较为明显。

3. 城乡和地域差异明显

2007 年全市城镇（非农业）总人口为 282.1 万人，其中 60 岁及以上人口为 39.5 万人，占全市城镇总人口的 14.02%，明显低于全市 15.93% 的人口老龄化平均水平。同期全市农村（农业）总人口为 466.9 万人。其中 60 岁及以上人口为 79.8 万人，占全市农业总人口的 17.09%，大大高于全市 15.93% 的人口老龄化平均水平。而从各区市来看，2007 年超过全市人口老龄化平均水平的区市有 8 个：分别是市北区 18.06%，莱西市 17.01%，平度市 16.75%，四方区 16.7%，胶南市 16.41%，胶州和即墨市 15.95%，李沧区 15.94%；低于平均水平的区市有 4 个：分别是市南区 15.48%，城阳区 14.11%，崂山区 13.62%，黄岛区 9.53%。可见，青岛市城乡和地域的老龄化程度有很大差异，农村及其外围地区老龄问题的压力远远大于城镇和城市中心地

---

①　数据为 2006 年扣除汇率波动因素以后的值。

区；老市区又要大于新兴市区。因此，目前和未来几十年，青岛市农村的人口老龄化速度和程度超过城镇，老龄工作的重点和难点在农村。尤其需要注意的是，家庭养老是农村传统的养老模式，快速老龄化对家庭养老已经产生了巨大冲击，而农村社会保障制度建设滞后，资金严重缺位，造成今后本市农村养老、医疗、社会保障等问题的压力将十分突出。

4. 性别差异明显

2007 年全市老年人口中，60 岁及以上人口共有 119.3 万人，其中男性 57.6 万，女性 61.7 万人，性别比为 93.4，女性略高于男性；70 岁及以上人口共有 62.1 万人，其中男性 27.9 万人，女性 34.2 万人，性别比为 81.58，女性明显高于男性；80 岁及以上人口共 19.3 万人，男性 7.5 万，女性 11.8 万人，性别比为 63.56。青岛市老年人口性别比的特征非常显著，随着年龄的增高而快速下降，这意味着有更多的女性单身老人需要家庭与社会的照顾与帮助，因此，老年人口性别比失衡要求社会在养老制度设计方面应具备更强的针对性。

三　青岛市人口老龄化对社会经济发展的影响

1. 影响了经济发展速度和规模

青岛市人口年龄结构在逐渐向老龄化和高龄化转变，老年人口数量的快速增加对经济发展速度、发展规模的影响是显而易见的。一个经济体经济发展的速度和规模主要取决于财富的积累规模和社会投资能力的大小，而二者主要受两方面因素的影响：一是国民收入总量及税收的多少；二是积累和消费的分割比例。随着青岛市老年人口逐年快速增长，一方面，由于老年人口收入水平下降而影响人均收入水平的提高，进而降低了国民总的纳税能力和纳税额；另一方面，人口老龄化速度的加快意味着医疗、养老等社会保障与福利支出的快速增加，从而增加了国民收入中的消费份额。在上述两方面因素的影响下，不但政府的财政收入会减少，而且政府用于老年事业的投入会大量增加，从而削弱工农业生产的积累规模和投资能力，并进一步影响到经济发展速度。

2. 加重了社会的经济负担

1990 年第四次人口普查时，青岛市的老年人口负担系数为 15.1%，平均每 10 个劳动年龄人口抚养老年人不足 1.6 人；1995 年老年人负担系数为 19.6％，5 年上升 4.5 个百分点，平均每 10 个劳动年龄人口需要负担近 2 名老年人；2000 年第五次人口普查时，这一系数已上升为 23.7％，平均每 10 个劳动年龄人口负担近 2.5 名老人；而预计到 2020 年前后，20 世纪 50 年代和 60 年代两次生育高峰出生的人口，将陆续进入老年人口行列，届时，青岛老年人口负担系数将达 31.6％；2030 年老年人口负担系数将高达 50％以上，即形成每 10 个劳动年龄人口要负担 5 名老年人的局面。随着人口老龄化程度的加深，老年人口与劳动力人口之比逐年攀升，劳动年龄人口的经济与社会负担会越来越沉重。由此可知，社会承担的经济负担和家庭的养老负担将会越来越沉重。

此外，人口老龄化速度的加快将给政府财政造成较大困难。人口老龄化对社会经济发展的直接影响，是随着老年人口数量的增长而相应增长的养老费。近年来，世界上一些人口老龄化程度较高的国家，如美国及一些北欧国家，社会养老保障支出已给政府财政和经济发展造成严重困难，甚至不得不采取预算赤字的办法加以应对。青岛在这方面的情况也不容乐观。据统计，全市离退休人员从 1996 年的 28.7 万人增至 2005 年的 44.1 万人，不到 10 年的时间，增加了近 16 万人，离退休人员社会保障福利费用也由 1996 年的 2.52 亿元上升到 2005 年的 8.17 亿元。2010 年青岛离退休人员达 65.1 万人，离退休人员福利与保障费用突破 10 亿元大关，到 2020 年将增至 17.43 亿元。而离退休人员仅是老年人口中的一小部分，其养老支出也仅是财政支出的一小部分，如果再考虑其他老龄人口，则在今后很长时期内，政府的财政将承受来自养老方面的沉重负担。

3. 影响了劳动生产率和经济效益

考察人口老龄化对劳动生产率的影响，主要是看构成劳动力的三个部分——"青年劳动力（18—29 岁）"、"中年劳动力（30—44 岁）"和"老年劳动力（45—59 岁）"的比例变化趋势，如果"青年劳动力"和"老年劳动力"比例提高，"中年劳动力"比例下降无疑会对劳动生产率的提高产生不利影响，相反，将有利于劳动生产率的提高。从劳动力资源角度看，在未来一段时期内，青岛市不会因人口老龄化而出现劳动力短缺，但劳动力的老化现象会逐渐显现出来，表现为中青年劳动力比例的下降和老年劳动力的比例加大。虽然老年劳动人口因其多年工作而积累了丰富的生产技能和管理经验，但也难免因此而相对变得墨守成规，不容易接受新的知识和技术，再加上年老体衰，势必会影响劳动生产率的提高，进而不利于社会整体经济效益的快速提高。

4. 影响社会分配关系和市场结构

作为消费者的老龄群体，虽然年轻时以不同形式积累了一定的养老金，但现期所消耗的主要是现期劳动者创造的物质财富。这种向老年人口所做的带有补偿性质的分配，势必影响当代劳动者的劳动所得，衔接不好，容易产生代际矛盾。此外，人口老龄化要求对国民收入分配比例不断进行调整，国民收入中用于老年人的费用不断增加，使原有的国民收入分配格局发生变化，从而会不同程度地降低生产能力，增加经济发展的社会成本。只有通过发展生产，增加物质财富，才能从根本上解决问题。同时，不同年龄人口对商品和服务的需要不同，老年人的消费特点是实用、方便、保健、价格低廉，把商品的质量和安全性能放在首位，这与年轻人追求时尚、新奇、现代的消费观念形成鲜明对照。因此人口老龄化必然引起老年消费品份额的提高和消费结构的变化，进而要求社会的产业结构和产品结构也作相应调整。这对青岛市经济发展方式转型中的产业结构调整提出了新的挑战。

5. 传统的家庭养老模式受到严峻挑战

家庭养老是我国传统的基本养老方式，中国的家庭在养老方面所起的作用，是任何一个发达国家所不能比拟的。但是由于人口老龄化程度的加深，使每个成年人所要负担的老年人数在增加，而中国的家庭规模日渐小型化又意味着能够承担养老责任的家庭成员在减少，进而加重了家庭养老的负担。同时，随着家庭内部的代际空间日渐扩大，代际结构更加复杂，一对中年夫妇抚养一名或两名子女，赡养四位甚至更多老人的情况将很普遍，即使这些老人在经济上不需要子女负担，但生活上的照料和精神上的慰藉，也会成为这些家庭的沉重负担。由于青岛市老龄人口比例相对较高，这方面的压力自然会更大。

四　青岛市应对人口老龄化的对策建议

1. 加快经济发展，增强经济承受能力，并适时对产业结构做出调整。解决人口老龄化问题，最根本的任务是快速有效地积累养老资金以及构建完善的社会养老体系，要实现这一任务关键在于增加社会财富总量。因此，保持快速的经济发展速度、有效提升经济实力，是解决老龄人口问题最重要的物质基础。而从消费结构带动产业结构变动的视角来看，随着青岛市老龄人口的不断增加，老年人口在总人口中的比例日益增大，其消费需求和结构不断丰富，消费需求的层次不断提高，消费市场潜力巨大，进而会对产业结构、产品结构的不断变化和调整产生导向性影响，从而需要建立一个与人口老龄化趋势相伴而行的新兴的老龄经济产业。因此政府有关部门应出台相关措施，大力发展老年卫生保健、老年护理、老年娱乐、老年教育等老年服务业，通过走社会化、产业化的道路，积极构筑多层次、全方位的老年服务体系。同时，通过发展老龄产业，进一步培育和引导老年需求向更理性、实效的方向发展，从而与相关产业的发展形成良性互动。

2. 进一步建立健全城乡养老社会保障体系，保障老年人的基本生活与医疗需求。老年社会保障是国家、集体依法对全社会老年人口的基本生活权力加以保障的一种社会制度安全，包括老年社会保险、老年社会福利、老年救济等方面。经过多年的努力，青岛市社会养老功能逐步加强，养老保障水平不断提高，青岛市基本养老保险实现了社会统筹。2004 年，青岛市成为全省第一个养老保险参保人数突破 100 万人的城市，而根据政府部门规划，到 2012 年全市养老保险参保人数将达到 188 万人。同时，青岛市 35 万离退休人员养老金做到了按时足额发放，而年征缴总额由 1994 年的 10 亿元增加到 2004 年的 32 亿元。目前，全市在城镇地区已初步建立了适应社会主义市场经济体制要求、适应城镇各类企业职工和个体劳动者、资金来源多渠道、社会统筹和个人账户相结合、权利与义务相对应、管理服务社会化的养老保险体系建设目标。

然而，青岛市 75% 以上的老年人口在农村，老年问题的难点和重点也在农村，而现行的社会养老保障制度实施的范围狭窄，只限于一部分城市老年人。实际上，在农村建立养老社会保障制度，并逐步提高农村社会养老保障水平十分重要。考虑到农村经济发展不平衡，可以设想建立不同保险范围、不同保险水平的社会养老保障体制，然后再根据经济发展的状况，逐步扩大范围，提高社会保障水平。农村老年保障资金的筹集可以通过以下渠道进行：第一，乡镇企业可从利润中支付一部分作为农民的养老金；第二，作为农村的基层单位，各村也应将多年的积累基金拿出一部分作为农民的养老金用；第三，农民在每年的收入中自筹养老金。除此之外，目前可以考虑从政府财政收入中单独列支具备较广覆盖范围的单项养老基金，从而对上述三个方面做出强有力的支持。实施这种由各级政府、乡镇企业、村自留资金和农民个人四者集资的方法，既可以拓宽农村社会养老保障的资金来源，又可以为建立新型的农村养老社会保障制度奠定坚实的经济基础。目前，青岛市在农村社会养老保险方面已积累保费 213 亿元，覆盖 5369 个村（全市共有 6044 个村）。但是，由于广大农民对养老保险的预期定位不准，认识上有一定的差距，再加上是自愿参加，不具强制性，所以自我缴费的数量不足，难以起到社会保障作用，此外，缺乏有效的运行机制也是造成保费不足的重要原因之一。因此，只有坚持"国家政策引导、个人交费为主、集体补助为辅"的原则，依靠农民自身的力量进行自我保障，充分体现"自济互助"的特点，同时发扬家庭、亲友和邻里之间互助互济的美德，建立一种社会基本保障、家庭保障和群众互助保障相结合的新型的社会主义农村保障模式。

3. 大力发展社区助老服务，加快以社区为中心的老年照顾服务体系的建设。在人口老龄化与家庭小型化以及老年人预期寿命延长的条件下，一方面，老年人的生活照料需求增多，另一方面，家庭照料老年人的资源在逐渐减少，这就需要通过发展社会服务来弥补家庭养老功能的不足，社区养老社会化将成为城镇工作的重点，社区老年照料服务体系的建设越来越急切。这个体系的建设要以满足老年人的实际需求为目标，在政府的扶持下，多方集资，根据本市实情建设多层次的服务设施，向老年人提供多样化、不同层次的助老服务，并有步骤地加强疾病医护、生活服务、精神安慰、文化体育等养老环境的建设。此外，需要努力解决老年人与社会的关系问题。以"老有所养、老有所依、老有所学、老有所乐、老有所为"的指导方针，鼓励和促进老年人积极参与社会发展，满足老年人劳动就业、收入保障和社会融合的需要，以"为"促"养"，以"学"促"为"，发动有才能、有经验、身体健康的老年人从事生产经营、社会公益等活动，为其创造参与经济活动、融入社会的机会，在享受基本的经济保障和社会服务保障的同时，为社区发展做出贡献。

4. 加强老龄事业对外交流，不断借鉴别国和国内其他地区应对人口老龄化的经验，吸取教训，从而尽可能在应对人口老龄化问题上少走弯路。在这方面，一次有意义的尝试是2007年市老龄办工作人员与德国部分专家进行了一次富有成效的交流。① 德国是较早进入人口老龄化的国家，经过几十年的发展，在老年人养老及护理等工作方面走了一些弯路，也积累了丰富的经验。因此，这样的交流可以更好地为青岛市应对老龄化问题提供有益的借鉴。

———————————

① 2007年10月26日，德国驻华大使馆一等参赞哈克博士、科技助理张柏玉博士、欧洲职业教育和社会教育协会亚洲地区首席代表洋森博士，与青岛市老龄办工作人员进行了友好会谈，双方交流了中德两国人口老龄化问题及其对社会、经济发展的影响，并就养老护理培训合作等事宜进行了深入探讨。德方认为，他们在处理人口老龄化问题上的最大教训是对问题认识得较晚，没有做好应对人口老龄化问题的准备，等到人口老龄化的问题的严重性凸显时，已经给社会的发展带来了很大的不利影响，从而使他们感觉有点措手不及。德国的经验和教训对青岛老龄事业的发展是个很好的借鉴，德国在老年人护理和科研方面有很多经验，与中国在养老领域合作的可能性非常大，希望能够通过双方的交流，帮助老年护理刚刚起步的青岛更好地解决老年人护理乃至老龄化问题。

第三章

中国省域人口迁移的经济增长效应

一　引言

　　长期以来，中国的二元经济结构具有明显的封闭型自给自足特征。源于信息的闭塞、观念的守旧以及传统的风险规避意识，劳动力的农业化、本地化生产性投入非常明显。而新中国成立后长期实施的户籍管理制度强化了这种模式。因此大部分劳动力被束缚于低效率农业生产部门而未尽其生产能力，导致我国整体的劳动生产效率远未充分发挥其潜力。同时，受区位条件、地缘环境、历史积淀以及政策导向等因素的影响，我国区域经济发展差异一直较为明显。这两个方面成为我国社会经济发展特征最鲜明的写照。

　　改革开放后，伴随着市场化进程的不断推进，生产要素自由流动的动力被逐步激活，生产要素配置的逐利化原则导致要素由经济发展低梯度的中西部地区、农村地区向高梯度的东部地区、城市地区广泛集聚。由此产生了要素的空间配置优化，不但对中国经济的快速发展和稳步推进起到了重要推动作用，而且产生了强大的区域发展差异推力。在诸多要素当中，当数劳动力迁流最具典型意义，劳动力在二元经济结构逐步调整的过程中获得了前所未有的自由迁流空间，这不仅体现为中国出现了人类历史上最大规模的人口迁流，更为重要的是，这也是对我国丰富的劳动力资源进行自然优化配置的必然选择。但随之而来的是，区域经济发展差异随着劳动力等要素在特定范围集聚被不断放大。因此，审视这两个具有鲜明特征而又紧密相连的问题，可以形成二者循环变动的认知：第一，以经济和人口两方面的政策优化演进为背景，国民经济的

二、三产业产生了对生产要素优化配置的强烈要求；第二，生产要素被引导于具有比较优势区域的工、商业部门，进而促进其经济的快速发展；第三，经济快速发展区域，商业和服务业得以迅速发展，收入水平也随之快速上升，进一步产生了对要素集聚的吸引力，人口净迁入的特征明显；第四，人口迁出区域，土地的人口负担系数下降，农业部门的生产力逐步提升，但有效劳动力逐步减少；第五，外出劳动力不但促进了流入地经济的繁荣，而且其快速增长的个人收入也大幅提升了流出地的人均收入和财富水平；第六，人口流出地的经济并不具备流入地的发展优势和条件，自我发展机制不健全，因此缺乏有效的经济增长动力，仅靠劳动力外出务工返回的收入无法真正有效提升人口迁出地的经济发展。因此，由人口迁入与迁出为表现，就体现出净迁入地和净迁出地经济发展水平的差异。这一差异不但在城乡间，在东、中、西、东北四大区域间明显存在，更一般化来看，省域层面也体现得非常明显。因此，从不同空间层面审视人口迁流的特征、考察经济发展水平的差异，进而尽可能合理有效地揭示二者之间相互作用、相互依存的关系，对于加深该认识和理解我国的人口迁流与区域经济差异之特征，进而制定与实施更为有效的人口迁移与城市化发展的政策创新具有重要意义。基于此，本章拟对上述问题展开讨论，第二节对既有的研究文献做出简要梳理与评述，第三节对新中国成立后特别是近 20 年人口迁移的特征进行简要的统计性描述，第四节依次从一般均衡理论、新古典增长模型以及内生增长视角，从理论上解析人口迁移过程及其与经济增长的关系，第五节实证检验我国省域人口迁移对经济增长的作用，最后一节做以小结与展望。

二　文献回顾

　　自 20 世纪 80 年代以来，我国一直保持着世界上最大的人口迁移规模；同时，在制度变迁和经济转型共同作用下，地区之间经济发展差异日益扩大。由此带动了人口迁移与区域经济发展水平差异之间相互影响机制研究的兴起，其基本逻辑依据是，区域经济发展差异形成了人口迁移最重要的影响因素；而人口迁移又加剧了这种差异。基于这一背景，有关我国区域经济发展差异与人口迁移关系的研究主要涉及如下三个方面：

第一，人口迁移的经济动因分析。王桂新（1997，2005a，2007）、毛新雅等（2006）、任远等（2003）、俞路等（2005）学者的研究表明，影响地区间人口迁移量的主要因素有经济差距、人口规模、市区非农业人口规模等，同时这些研究也对人口迁移的空间分布及结构特征做出了陈述。杨云彦等（1999）应用重力模型分析了中国人口迁移的决定因子，结果表明，空间距离、人口数量以及投资与消费等经济变量对人口迁移的作用较为明显。

第二，人口迁移与经济增长的关系。这个方面的研究主要是以我国二元人口分割为背景而展开的。蔡昉等（1999）的实证结果表明，中国1978—1998年间GDP增长率中有21%来自劳动力从农业向非农产业转移的贡献。孙自铎（2004）发现，农民工跨省流动对增加流出地和流入地收入有正向作用，但对流出地也有GDP的机会损失。董智勇（2010）认为，人口迁入对工业发展起到了重要作用，其贡献也并非单一提供劳动力，同时也为工业发展提供了所必需的资本、技术和市场。

第三，人口迁移对区域经济发展差异的影响。王德等（2006）通过计算"人口—GDP"基尼系数发现，人口迁移对区域经济发展不平衡有减缓作用。段平忠等（2005）、王桂新等（2005b，2006）的研究表明，人口流动对区域经济增长差距的收敛作用明显，人口迁入对东部地区经济增长的贡献较为明显，而人口迁出对中西部地区的经济增长有较强的促进作用。但另有学者认为人口迁移可能扩大了区域经济差距。如刘传江（2003）认为，改革开放以来我国地区发展差距呈现先缩小后扩大的趋势肯定受到了人口流动地区分布差异的影响。王桂新（2003）实证结果则表明，一个地区的人口迁出率与其期初的经济发展水平存在一定负相关，而人口迁入率则与其期初的经济发展水平高度正相关。

此外，有关人口迁移与经济增长关系的实证研究方法主要有两方面的思路：第一，对特定时序，如改革开放以来人口迁移对经济增长的影响做出区域层面的核算，核心内容是人口迁移对经济发展的贡献率的测算（王桂新，1997，2005a；段平忠，2005，2008）。一般多采用多元线性回归方法，近期见到有面板回归模型（panel data）（杜小敏，2010）和非参数可加模型（潘越等，2010）分析。第二，人口迁移的经济因素分解核算，核心内容是将人口迁移的动因做出分类，分别核算各类别的作用力，其中经济因素（如收入）是主要的类别之一（李树茁，1996；杨云彦，1999；李国平等，2004）。

三　我国人口迁移的基本特征

（一）整体特征

据不完全统计，1950—1982 年间，全国省际迁移人口约为 3000 万人，年均约 90 万人（邓文胜，2000）。由于受到户籍制度的严格限制，这一时期的人口迁移、特别是城乡人口迁移的规模较小。改革开放后，人口迁移活性显著增强，迁移规模不断扩大。

1990 年第四次人口普查和 1987 年、1995 年两次 1% 人口抽样调查资料显示，1982—1987 年、1985—1990 年以及 1990—1995 年三个时期，全国的人口迁移规模分别达到 3053.3 万人、3412.8 万人及 3642.2 万人，年均迁移人数分别为 610.7 万人、682.6 万人及 728.2 万人，其中省际人口迁移规模年均分别为 126.3 万人、221.3 万人及 239.7 万人，农村迁出人口累计达 2076 万人、2131.1 万人及 2176.2 万人，年均规模为 415.2 万人、426 万人及 435.2 万人。在上述三个时期内，全国人口迁移的整体规模呈持续增大趋势，但迁移强度却有不同变化。表示人口迁移强度的人口迁移率分别为 2.86%、3.02% 和 3.02%，省际人口迁移率分别为 0.59%、0.98% 和 0.99%，二者都呈先增后稳态势。由上述三个时期人口迁移率的变化可看出，80 年代全国的总迁移强度和省际迁移强度呈明显增强趋势，而进入 90 年代后，人口迁移的强度转缓、渐显钝化（王桂新，2000）。但经过数年的能量累积以后，到 90 年代后期，人口迁移规模又开始急剧扩张。与以上三个时期的省际迁移水平相比，几乎呈指数函数陡增（王桂新，2003）。第五次人口普查资料显示，1995—2000 年，全国迁移人口总量达到 12466 万人，比 1990 年第四次人口普查时增长了 2.65 倍，其中省际迁移人口规模达 3398.1

万人，年均规模约为 679.6 万人。①

进入新世纪后，人口迁移规模依旧保持了快速增长，伴随改革开放以来第三个高经济增长周期的到来，2000—2006 年，仅从农村向城镇年均净迁入人口就达到 1682 万人，远高于整个 90 年代 1107 万人的年均值，但又低于 1996—1999 年 1820 万人的年均值。

(二) 省域特征

近十多年来，全国多数省份经历了人口净迁移率先增后降的过程。迁出人口主要以农村人口为主，占全国省际迁移人口比重的六成以上，其中又有七成以上迁入城市（王桂新，2003），且人口的省际迁移流向表现出明显的"东迁西移"特征。如表 1-3-1 所示，其间先后出现了以北京、天津、上海、广东、河南、山西、青海、宁夏、新疆等省市区为主的人口迁入中心地。但 2005 年以来多数省份的人口净迁移率呈下降趋势。从四大区域来看：东部地区的河北、山东、福建、海南等地人口净迁移率变动缓慢；东北地区除辽宁的人口净迁入相对稳定外，吉林和黑龙江人口迁出较为明显；中部六省中，山西、湖北和江西的人口净迁移率变动较大，河南、湖南和安徽相对较为稳定，同时湖北、安徽与江西三省净迁移率相对较低；西部 12 省大都维持了人口净迁入，其中西藏、青海、宁夏与新疆的人口净迁移率普遍较高。整体而言，我国省域人口净迁移趋于稳定，东部的珠三角和长三角、西部特别是西北成为人口跨省迁移的主要目的地。需要引起注意的是，随着西部各省逐渐成为新的人口净迁入地，今后可能出现人口迁移的"中部塌陷"趋势。

表 1-3-1　　　　　　　　省域人口净迁移率　　　　　　　（单位:‰）

年份		1995	2000	2005	2006	2007	2008	2009
东部	北京	5.95	7.75	13.92	11.9	8.89	9.0	9.06
	天津	1.2	2.18	6.73	7.09	7.03	5.13	7.16
	上海	4.82	7.74	6.9	6.75	7.82	9.37	1.81
	河北	3.96	1.4	0.11	1.29	2.58	2.54	1.38

---

① 虽然历次人口抽样调查和人口普查的统计口径存在一定差别，即可能存在 1990 年人口普查的迁移人数较其他几次调查口径的迁移人数可能偏少的情况，但从总体上看，人口迁移规律未受到较大影响。

续表

年份		1995	2000	2005	2006	2007	2008	2009
东部	山东	1.14	0.21	0.37	1.25	1.37	0.59	0.37
	江苏	0.92	2.11	2.21	3.32	2.5	1.08	0.88
	浙江	0.67	0.27	1.41	2.15	2.64	3.0	2.86
	福建	-0.32	-0.98	-0.54	1.29	1.54	0.89	0.26
	广东	2.73	3.65	4.68	8.14	5.96	3.79	3.83
	海南	2.95	1.95	1.45	1.68	1.69	1.45	0.86
东北	辽宁	1.85	2.04	1.29	2.82	2.13	1.77	1.31
	吉林	2.78	0.62	-1.37	-0.21	-0.49	-0.74	-1.17
	黑龙江	0.98	4.05	-1.66	-0.27	-0.23	-2.27	-0.98
中部	河南	4.12	3.18	4.89	6.08	3.59	2.88	2.74
	山西	2.87	3.22	-0.34	2.8	6.36	3.48	1.45
	湖南	2.31	1.0	0.22	5.26	1.73	0.57	1.61
	湖北	3.22	0.9	2.04	2.05	0.5	-0.47	-0.39
	安徽	0.91	1.64	0.52	2.1	2.17	0.78	0.46
	江西	2.68	1.05	1.09	2.04	0.14	-0.06	0.03
西部	四川	0.53	1.45	1.99	1.98	3.39	2.03	1.51
	重庆	–	1.24	3.57	1.07	0.12	7.46	0.77
	贵州	1.7	3.11	0.43	2.22	2.54	1.55	1.45
	云南	0.85	1.09	1.71	0.46	0.31	0.56	0.35
	广西	2.81	0.39	-0.08	1.97	2.51	1.29	0.40
	西藏	1.5	4.35	2.31	3.22	2.30	2.9	5.75
	陕西	2.88	5.72	2.73	1.54	2.94	1.65	2.53
	甘肃	3.48	2.69	-1.69	-0.89	5.74	2.41	0.62
	青海	0.7	1.8	2.64	4.73	8.41	5.79	7.41
	宁夏	5.22	13.59	-8.79	7.18	6.79	3.71	1.36
	新疆	7.0	4.87	10.95	6.21	8.29	4.73	3.61
	内蒙古	-1.59	2.09	-2.32	3.29	2.5	1.22	0.35

资料来源:《1987 年全国 1% 人口抽样调查资料》、《中国 1990 年人口普查资料》、各年度《中华人民共和国全国分县市人口统计资料》。

四　人口迁移与经济变迁过程的理论解析

（一）两部门人口变迁及其经济影响的一般均衡特征

1. 假设条件

一个二元的城乡两部门经济体；农业人口在短期内存在无限供给；人口迁移没有任何约束，并存在单向的农村—城市人口迁移流；两部门劳动生产率相同，但初始阶段非农部门的人均资本高于农业部门，从而非农部门的人均收入也相对较高；不存在技术进步和资本折旧，资本总量不变。

2. 变量说明

（1）设 $P(t)$ 为总人口，$N(t)$ 为农业人口，$W(t)$ 为非农业人口。t 为时间变量。

（2）设 $X = W/P$，X 为非农业人口占总人口的比重；$Z = N/P$，Z 为农业人口占总人口的比重。

（3）设 I_P 为总人口增长率，I_W 为非农人口增长率，I_N 为农业人口增长率。

（4）两部门人均资本量分别为和。

（5）MRP_W 和 MRP_N 分别为非农业和农业两部门劳动的边际产品收益，以此表征劳动生产率。

3. 一般均衡特征

图 1 - 3 - 1 中，（A）、（B）、（C）三个象限代表了人口数量的变化过程。

首先，在初始阶段，总人口和农业人口的数量分别为 $P(0)$ 和 $N(0)$。在总人口增长的过程中，劳动力在两部门的分配会出现相反的变化，即在经济转型期高速增长阶段，农业人口总量持续递减，增长率先递减，后为负，表现为（A）象限中 $N(t)$ 曲线的倒 U 形变化轨迹及（B）中 I_N 曲线的递减形状。非农人口总量的增长率先递增，后递减，表现为（A）象限中 $W(t)$ 持续增加及（B）中 I_W 曲线的倒 U 形态。在此过程中，总人口、农业和非农业人口的变化规律有如下四个方面：

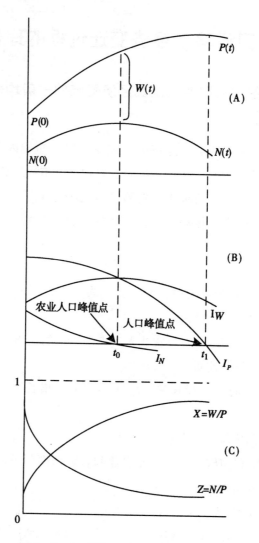

图1-3-1　两部门人口迁移的一般过程

第一，在人口达到峰值时点 t_1（人口增长率为0）之前，总人口 $P(t)$ 持续增长，但其增长率 I_P 持续递减，在 t_1 后，总人口开始出现负增长。

第二，农业人口于时点 t_0 最先达到峰值，这主要是因为，一方面农业人口自然增长率随经济发展会降低；另一方面人口迁出加剧了农业人口的递减。

第三，在总人口达到峰值后，由于迁移人口的支撑，导致非农业部门人口还可能会增长，这主要是缘于非农业部门的人口自然增长以及由农业部门迁入人口的增长。因此，非农部门的人口峰值最晚出现。

第四，长期看农业和非农业人口数量变化规律是相反的，而一旦经济发展到较高水平，两部门的人口数量将趋于稳定，因此如象限（C）所示，长期看非农业部门的人口比重要远大于农业部门。

以上述为参照可以发现，目前我国的总人口和两部门人口都在增加，总人口和农业人口的峰值都未达到，城市化带动的高强度城乡二元人口迁移已持续多年，人口发展还处于 t_0 时点之前的阶段。此外尤为特殊的一点是，根据发达国家的经验，经济起飞阶段导致非农业部门对农业人口的吸纳能力大幅提高，因而农业人口的二元转换在客观上有较宽松的条件。不过由于我国农业人口基数太大，因此即使非农部门吸纳能力很强，也无法满足全部农业剩余人口的迁移要求。

其次，从二元人口迁移的产出效应看，存在三方面特征：

第一，一旦农业人口达到峰值，从 t_0 右侧看，短期内其他要素投入不变时，如果二元人口迁移导致农业人口数量净下降，则农业人口的边际收益产品会增加，非农劳动力的边际收益产品会下降。因此如图 1 - 3 - 2 可知，初始阶段非农业部门的劳动生产率要远高于农业部门，但随时间推移，长期内两部门的边际收益产品曲线最终会在时点 e 相交，即 $MRP_N(e) = MRP_W(e)$。此时，两部门的收入水平也趋于一致，人口迁移停滞。

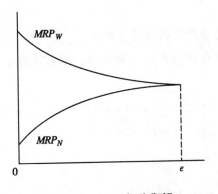

图 1 - 3 - 2　一般均衡解

第二，长期内在农业人口达到峰值后，如果非农业部门的人均资本水平依旧高于农业部门，则人口净迁移能够得以持续，从而一定会出现农业部门人口数量的绝对减少，此时非农业部门人口远大于农业部门。

进一步考虑，如图 1 - 3 - 3 所示，如果农业部门人口不断减少，但人均资本量、进而边际产出会持续增加，即 $\Delta k_N = sf(k_{N1}) - sf(k_N) > 0$，则有

$$\Delta f(k_N) = f(k_{N1}) - f(k_N) > 0$$

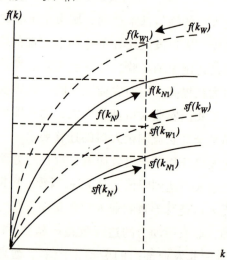

图 1 - 3 - 3　两部门人均资本与
产出的变动

如果 $\dfrac{\Delta k_N}{k_N} > \dfrac{\Delta N}{N}$

　　　　　　　　　　　　　　　　　　　　　　　　　　　　（1）

则农业部门的总产出将保持正增长。

同理，如果非农部门人口不断增加，则人均资本、进而边际产出会下降，即：

$\Delta k_W = sf(k_{W1}) - sf(k_W) < 0$，则有

$\Delta f(k_W) = f(k_{W1}) - f(k_W) < 0$

如果 $\dfrac{\Delta W}{W} > \dfrac{\Delta k_W}{k_W}$

　　　　　　　　　　　　　　　　　　　　　　　　　　　　（2）

则非农业部门的产出也将保持增长。

因此，总体看，两部门的总产出会持续增长。但不可否认，上述结

论得益于（1）、（2）两式的支撑，如果两式的对比关系发生变化，则也可能出现两部门、进而社会总产出的下降。

第三，进一步考虑，与上述相反，如果长期内两部门边际产出达于一致，同时相继出现农业人口、总人口以及非农人口峰值，则人口迁移会出现停滞，在其他条件不变时，两部门人均产出会趋于极值。这种情况下，人口迁移对经济增长的支撑将会消失，除非有其他投入的支撑，否则社会总产出会陷于停滞。

以上分析了人口迁移的不同阶段，非农业部门对农业人口的吸纳过程及社会产出的变化。这一过程最显著的特点是两部门人口数量发生反向变化，从而保证了经济的持续增长。就我国来看，虽然人口现状有其特殊性，但可以肯定二元人口迁移对经济增长的作用是符合上述规律的，只是由于人口基数大，造成未完全迁移的农村剩余劳动力对产出的贡献并未完全显现出来。从现阶段来看，一旦更多的农业人口实现了迁移，则伴随我国城市化水平的不断提高，其将对经济发展产生持续的动力。但从长期看，一旦人口迁移出现停滞，则由其带动的经济增长也将停滞。进一步考虑，二元人口迁移是我国近年来城市化水平快速增进的主要推动力，而快速城市化是当前中国经济增长的主要动力之一，因此一旦人口迁移停滞，则城市化过程将趋于完成，由其所带动的经济增长将不具备持续性，从而只能以其他模式继续支撑经济增长，如人力资本水平和技术创新能力的不断提升。

（二）人口迁移与经济增长稳态

上述分析表明二元人口迁移会带动经济的持续增长，并促使两部门劳动生产率的趋同。但人口迁移从长期看会停滞，从而在其他条件不变时会导致经济增长停滞。因此，从两部门人均资本与产出的趋同看，人口迁移体现了一般均衡的动态变迁过程，最终的结果是经济增长的稳态。那么稳态的解是什么？稳态有什么特征？如下以新古典增长理论对此做出进一步解析。

1. 假设、变量与增长方程

（1）假设人口总量不变，且两部门始终处于充分就业状态；人口迁移的动因在于城乡间人均资本水平差距；部门内人口数量的变化仅来源于人口迁移所引致的人口机械变动。

（2）设两部门人口具有相同的劳动生产率，非农业部门人口机械增长率为I_w；无资本折旧。

由 C - D 生产函数和资本积累函数可得非农业部门人均资本的变动量为：

$$\dot{k}_W = sf(k_W) - I_W k_W \tag{3}$$

（3）设非农业部门的人口机械增长率与两部门之间的人均物质资本的差同向变动，即两部门之间人均物质资本的差越大，非农业部门的人口机械增长越快，因此有：

$$I_w = G(k_W - k_N), \quad G(0) = 0, \quad G'(\cdot) > 0 \tag{4}$$

将（4）式代入（3）式可得：

$$\dot{k}_W = sf(k_W) - G(k_W - k_N)k_W \tag{5}$$

（4）设农业部门人均资本增加量与非农业部门人口增长率也同向变化，即人口向非农业部门迁移越多，农业部门的人均资本量越多，故有

$$\dot{k}_N = V(I_W) \tag{6}$$

由（4）、（6）两式可知：

$$\dot{k}_N = V[G(k_W - k_N)]$$

令 $F(k_W - k_N) = V[G(k_W - k_N)]$，则有：

$$\dot{k}_N = F(k_W - k_N) \tag{7}$$

（5）、（7）两式分别为两部门的新古典增长模型。

2. 经济增长的稳态解析

由（5）、（7）两式可以观察人口迁移过程中人均资本变化的特征。

第一，某一特定时点，非农业部门达到人口峰值，此时二元人口的迁移过程完成，两部门人均资本量一致，经济增长达到稳态。此时有：

$k_N = k_W$，则

$$\dot{k}_W = sf(k_W) - G(k_W - k_N)k_W = \dot{k}_N = F(k_W - k_N) = 0$$

从而两部门的资本深化结束，人口迁移停止，此时 $sf(k_W) = 0$，经济增长出现停滞。因此，人口迁移条件下的经济增长稳态实际上就意味

着增长停滞。

第二，达到稳态均衡时，在劳动力总量一定的假定下，非农业部门已吸收了大量农业劳动力，导致农业部门的劳动力存量要远低于非农业部门。此时，经济增长方式转型已基本完成，社会生产进入以发达的二、三产业为主的现代生产方式。

第三，上述分析是以劳动力总量一定且非农部门可以完全吸收过剩的、同质的农业劳动力为条件的，但这并不完全符合中国的现状。因为我国农村的劳动力供给几乎是无限的，而非农部门的吸纳能力在现阶段却十分有限。即便如此，可以肯定的一点是，在我国当前农村劳动力大规模迁移的背景下（虽然户籍制度和社会保障制度在一定程度上阻碍了这种转移），非农产业对农业人口的吸纳肯定对提升农村劳动力的产出水平有所促进，而且对减缓农业就业压力，减轻农业部门的负担有正向作用。从长远来看，伴随国民经济的快速发展、城市化进程的加快，人口二元迁移会持续下去，直至人口峰值（甚至负增长）的到来。同时，伴随其他要素，如技术和人力资本水平的不断提升，其内生作用所产生的溢出效应会导致劳动力报酬递增。因此在人口迁移停滞后，两部门的人均资本水平还会上升，经济增长不会出现停滞。

（三）人口迁移的内生经济增长机制

上文分析表明，从长期看人均资本差异会导致二元人口迁移经历一般均衡的变动过程，最终使得两部门进入稳态。此时，人口迁移和经济增长都会陷于停滞。但在人口迁移停滞前，伴随人口迁移的持续，则在其他条件不变，由其所带动的经济增长将会持续，从而产生内生的经济增长效应，但这一效应是如何是体现的呢？基于经典的附带人力资本因素的内生经济增长模型（Mankiw & Romer & Weil，1992），对其进行扩展，如下构建一个简单的包含人口迁移变量的内生经济增长模型，对上述过程可作如下推解。

1. 假设

为排除其他因素的干扰而单独考察人口迁移对经济增长的影响，需设置如下假设条件：人力资本和物质资本的折旧率均为 μ ；人口迁移存在于城乡两部门间；人口自然增长率为 n ，人口净迁移率为 m ，所有人口具有相同的劳动力及人力资本水平；迁移人口充分就业；技术水平不变。

2. 建模

首先，以 C－D 函数构建基本的经济增长方程：

$$Y(t) = AK(t)^{\alpha}H(t)^{\beta}L(t)^{1-\alpha-\beta} \tag{8}$$

设 $\alpha > 0$，$\beta > 0$，且 $\alpha + \beta < 1$，即方程符合"哈罗德技术进步"；式中 Y、K、H、L 分别为总产出、固定资产投资总量、人力资本存量以及劳动力存量。

进一步加入时间因素，可得资本、人力资本、劳动力存量的动态方程为：

$$\dot{K}(t) = s_K Y(t) - \mu K(t) \tag{9}$$

$$\dot{H}(t) = s_H Y(t) - \mu H(t) \tag{10}$$

$$\dot{L}(t) = nL(t) \tag{11}$$

其中，$s_K Y$ 为物质资本投资；$s_H Y$ 为人力资本投资。

由于 $k(t) = \dfrac{K(t)}{L(t)}$，则有 $\ln k(t) = \ln K(t) - \ln L(t)$，对本式两边求关于时间 t 的一阶导数可得：

$$\dfrac{d\ln k(t)}{dt} = \dfrac{d\ln K(t)}{dt} - \dfrac{d\ln L(t)}{dt}，则$$

$$\dfrac{\dot{k}(t)}{k(t)} = \dfrac{\dot{K}(t)}{K(t)} - \dfrac{\dot{L}(t)}{L(t)} \tag{12}$$

进一步由（9）、（11）及（12）式可得：

$$\dot{k}(t) = \left[\dfrac{s_K y(t) - \mu K(t)}{K(t)} - \dfrac{nL(t)}{L(t)} \right] \cdot k(t) = s_K y(t) - (n + \mu)k(t) \tag{13}$$

同理，由于 $h(t) = \dfrac{H(t)}{L(t)}$，则有 $\ln h(t) = \ln h(t) - \ln L(t)$，对本式两边求关于时间 t 的一阶导数可得：

$$\dfrac{d\ln h(t)}{dt} = \dfrac{d\ln H(t)}{dt} - \dfrac{d\ln L(t)}{dt}，则$$

$$\dfrac{\dot{h}(t)}{h(t)} = \dfrac{\dot{H}(t)}{H(t)} - \dfrac{\dot{L}(t)}{L(t)} \tag{14}$$

则由（10）、（12）及（14）式可得：

$$\dot{h}(t) = s_H y(t) - (n + \mu)h(t) \tag{15}$$

将（8）式变形为密集函数形式：

$$y(t) = k(t)^\alpha h(t)^\beta \tag{16}$$

则由（13）、（15）及（16）式可得劳均物质资本与人力资本的积累方程分别为：

$$\dot{k}(t) = s_K k(t)^\alpha h(t)^\beta - (n + \mu)k(t) \tag{17}$$

$$\dot{h}(t) = s_h k(t)^\alpha h(t)^\beta - (n + \mu)h(t) \tag{18}$$

其次，在上述模型的基础上可引入人口迁移因素。为消除人口迁出因素的影响，这里以人口净迁移率替代人口机械增长率。据此引入下式：

$$s_H^T = S_e m$$

s_H^T 为包含迁移人口的人力资本投资率，s_e 为人口净迁移的投资弹性系数。本式表明，s_e 在不变时，人力资本投资与人口净迁移成正比。同时，考虑到人口净迁移引致的人口数量变化，据此可将（17）、（18）两式扩展为：

$$\dot{k}(t) = s_K k(t)^\alpha h(t)^\beta - (m + n + \mu)k(t) \tag{19}$$

$$\dot{h}(t) = s_K^T k(t)^\alpha h(t)^\beta - (m + n + \mu)h(t) \tag{20}$$

由（19）、（20）两式可知，假设不同省份间除外其他条件都相同，$\dot{k}(t)$ 和 $\dot{h}(t)$ 也将不同，则经济增长率会存在差异，由此即可解释人口迁移对经济增长的影响。

进一步，令 y^*、k^* 和 h^* 为稳态时的人均产出、资本与人力资本，据上文推导可得如下等式：

$$s_K k^*(t)^\alpha h^*(t)^\beta = (m + n + \mu)k^*(t) \tag{21}$$

$$s_K^T k^*(t)^\alpha h^*(t)^\beta = (m + n + \mu)h^*(t) \tag{22}$$

对（16）式两边取对数：

$$\ln y^*(t) = \alpha \ln k^*(t) + \beta \ln h^*(t) \tag{23}$$

对（21）、（22）式两边取对数并求解，而后代入（23）式可得：

$$\ln y^* \ (t) = \frac{\alpha}{1-\alpha-\beta}\ln s_K + \frac{\beta}{1-\alpha-\beta}\ln s_H^T - \frac{\alpha+\beta}{1-\alpha-\beta}\ln \ (m+n+\mu)$$

（24）

（24）式表明，如果 α、β 相同，且除 m 外其他参量都不变，则人均产出就会随 m 变化相应发生变动。而从省域看，由于人口净迁移不同，导致其所引致的经济增长存在差异。

五　实证分析

（一）初步判断

设某区域前后两时点 t_1、t_2 的人口迁移率存在差异，同时两时点的稳态产出水平分别为 $y^* \ (t_1)$、$y^* \ (t_2)$，则可由（24）式得：

$$\ln y^* \ (t_2) \ -\ln y^* \ (t_1) = \frac{\beta}{1-\alpha-\beta}\ln\frac{m_{t_2}}{m_{t_1}} - \frac{\alpha+\beta}{1-\alpha-\beta}\ln\left(\frac{m_{t_2}+n+\mu}{m_{t_1}+n+\mu}\right)$$

（25）

依据罗默原文，假设 $\alpha=0.35$，$\beta=0.4$；并设各省人口增长率与折旧率的和都为 $n+\mu=0.1$。设定以上参数值，目的在于排除其他因素的干扰，单独衡量各省区人口迁移对经济增长的影响。

表 1 - 3 - 2　　　　全国各省区市人口迁移对经济增长的影响　　　（单位：%）

		y^*_{2005}/y^*_{2000}	y^*_{2006}/y^*_{2005}	y^*_{2007}/y^*_{2006}	y^*_{2008}/y^*_{2007}	y^*_{2009}/y^*_{2008}
东部	北京	2.16	0.82	0.68	1.02	1.01
	天津	5.33	1.08	0.99	0.64	1.61
	上海	0.85	0.97	1.23	1.28	0.09
	河北	0.02	49.60	2.92	0.98	0.39
	山东	2.46	6.83	1.15	0.27	0.48
	江苏	1.07	1.86	0.65	0.27	0.72
	浙江	13.61	1.92	1.37	1.21	0.93
	福建	0.38	—	1.32	0.42	0.14
	广东	1.44	2.20	0.65	0.52	1.02
	海南	0.63	1.26	1.01	0.79	0.44
	均值	2.80	7.39	1.19	0.74	0.68

续表

		y^*_{2005}/y^*_{2000}	y^*_{2006}/y^*_{2005}	y^*_{2007}/y^*_{2006}	y^*_{2008}/y^*_{2007}	y^*_{2009}/y^*_{2008}
东北	辽宁	0.49	3.34	0.65	0.75	0.63
	吉林	—	0.05	3.91	1.95	2.11
	黑龙江	—	0.05	0.77	41.48	0.25
	均值	0.49	1.15	1.78	14.72	0.99
中部	河南	1.89	1.37	0.46	0.72	0.93
	山西	—	—	3.36	0.41	0.26
	湖南	0.09	—	0.19	0.18	5.11
	湖北	3.58	1.01	0.11	—	0.74
	安徽	0.16	8.90	1.05	0.20	0.43
	江西	1.06	2.65	0.01	—	—
	均值	1.36	3.50	0.86	0.38	1.49
西部	四川	1.63	0.99	2.27	0.46	0.63
	重庆	5.07	0.16	0.03	—	0.03
	贵州	0.05	13.11	1.23	0.47	0.90
	云南	2.02	0.13	0.53	2.56	0.47
	广西	—	—	1.45	0.36	0.16
	西藏	0.39	1.66	0.60	1.42	2.75
	陕西	0.33	0.41	2.70	0.41	1.93
	甘肃	—	0.35	—	0.27	0.12
	青海	1.80	2.39	2.26	0.59	1.42
	宁夏	—	—	0.92	0.42	0.22
	新疆	3.09	0.46	1.50	0.45	0.67
	内蒙古	—	—	0.66	0.33	0.14
	均值	1.80	2.18	1.29	0.70	0.79
总体均值		2.07	3.56	1.22	4.14	0.89

　　数据见表 1 - 3 - 1，计算结果见表 1 - 3 - 2。[①] 表中"—"表示迁

　　[①] 考虑到我国以户籍为约束的人口迁移群体主要是农村人口，且快速城市化进程中的人口迁移主要表现为城乡迁移流，因此大致可以认为我国的人口迁移主要是城乡二元结构的。这样这里的实证分析所选取的人口净迁移数值就可以认为是省域二元人口迁移数据，从而使得实证分析与前述理论解析相对应。

移率为负时无法应用本模型做出计算；此外，原始数据有 3 个迁移率过高的奇异值在本表中也未列出相应的计算结果。结果显示各省区存在较为明显的人口迁移对经济增长的影响特征：

第一，各省区人均 GDP 与人口净迁移率之间存在一定的正向协同变动规律，即如果紧临两个时点人口净迁移率之差大于零，则人均 GDP 之比应大于 1，即区域人口净迁移率越高，则人均产出也越高。反之则相反。

第二，由表中数据绘制各省区的时序散点图，并拟合其趋势线可以发现，① 全国 26 个省区（东部 10 个，东北 1 个，中部 5 个，西部 10 个）人口净迁移的经济增长效应呈下降趋势；只有东北的吉林、黑龙江，中部的江西，西部的重庆、广西呈上升趋势。即随着近年来大部分省份人口净迁移率的下降，其对经济增长的正向作用正在减弱，北京、江苏、浙江等发达省份尤为明显。由原始数据可知，部分省份人口净迁移率大致稳定，但其经济增长迅速；而另有部分省份人口净迁移率持续下降，但其经济增速仍然较高。这表明人口净迁移的增长效应十分有限。从四大区域以及总体均值看，也存在类似规律。

第三，上述第二点表明各省区人口机械增长对经济增长的推动力正逐渐下降。考虑到我国各省区人口自然增长率早已进入较低水平，因此二者合计对经济增长的贡献也随之而降。这在一定程度上与我国"转方式、调结构"对劳动力的需求模式相关。当前经济结构正由粗放型向集约型调整，因而对人口素质的要求快速提高，而对人口数量的依赖性有所下降。考虑到我国人口迁移存在典型城乡二元特征，省域间迁移以农业人口为主，而农业人口的人力资本水平普遍较低，因此对增长的贡献率日渐降低。

第四，值得关注的一点是，西藏和青海两个西部经济欠发达民族省份，其人口净迁移的正向作用非常明显，而其又都具有幅员辽阔、人口稀少的特征。这表明，人口机械增长对落后区域的经济发展具有切实的促进作用，但考虑其生态脆弱性以及在我国生态平衡中的重要地位，则在推进人口净迁移的过程中应确定人口的合理扩张规模。

---

① 限于篇幅，这里未列出 31 个省区的散点趋势图。

（二）整体趋势分析

前文初步考察了人口迁移对区域经济发展差异的影响，从计算结果和结论看，正向影响较为明确，但分省看影响的差异性较大，且规律性不强。进一步，对表1-3-2所列四大区域及全国均值做出拟合，可得出更为丰富而又新颖的结论。由图1-3-4可知：

第一，在保证拟合优度的前提下，所列五条曲线分别遵从3次和4次函数形态。

第二，与前文分析类似，整体上看，各区域人口迁移对经济增长的作用力存在减弱的趋势，特别是东部和东北的拟合系数值为负。但各区域的短期特征存在差异。东部和东北地区的拟合线在近期呈现出完全递减态势，这一特征与全国的曲线形态是相同的，表明今后一段时间我国的人口迁移对经济增长的正向影响还将持续减弱。然而中部和西北在近期出现了作用力递增趋势，由此可以预知，今后这两个区域的人口迁移对经济增长的支撑力将进一步增强。而这点可以看作是对我国产业结构升级、东部产业向中、西部推移的正面回应。

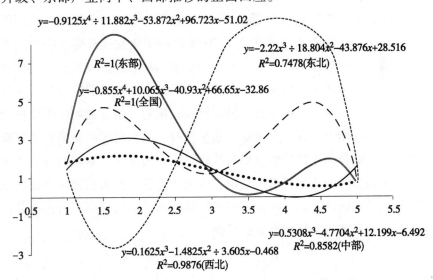

图1-3-4　各区域人口净迁移对经济增长影响的趋势拟合

注：横轴整数为表1-3-2中5个产出比值的时间点。

六　结语

本章以二元人口迁移模式为基础，首先，从理论上分析了人口迁移的动态变迁过程，并从一般均衡、新古典增长及内生增长三个层次对人口迁移过程中经济发展水平的变动过程依次做出了解析。其次，实证分析了我国省域近十年来人口迁移对经济增长的内生影响特征与变动趋势。研究表明：第一，二元人口迁移存在明确的动态均衡过程，同时受其影响，会导致城乡两部门出现产出的一般均衡状态。第二，二元人口迁移过程符合新古典增长模型所设定的假设条件与稳态结论，特别是在人口净迁移为 0 时，经济将陷入停滞。第三，从我国省域看，城乡二元人口净迁移具有明确的经济增长效应，同时不同省份、四大区域总体上表现出增长效应递减、差异化明显的特征。此外，更富实际意义的是，实证表现出的诸多特征与当前宏观经济转方式、调结构的大趋势是吻合的。实际上，人口迁移数量的变化是宏观经济变动的重要指标，而这一点在本章得到了直接体现。

目前，历经改革开放 30 多年的中国经济已经进入发展方式转型的关键时期，同时伴随已持续推进了 20 年的城市化发展战略，中国的人口迁移结构、形态及空间分布在不断变迁中呈现对经济增长较强的促动力。而在面临当前及今后相当长的时期内纷繁复杂的发展环境时，如何以人口迁移长期有效地推动我国经济增长，则需要结合诸如产业结构调整、自我创新能力培育、人力资本水平提升、城乡与区域协调发展等众多方面做出综合的人口迁移规划与战略。正因为如此，本章的研究尚属一个初步的分析架构和简单的结论，后续还需展开更为细致而全面的研究，借此对我国的人口迁移及其经济影响做出全面而深刻的讨论，并为相关政策的实施提供切实有效的依据。

第四章

人口迁移、经济增长与区域发展分异

一　引言

　　考量改革开放30多年中国社会经济形态的变迁，诸多领域结构与体制的变革引人注目且发人深省。改革开放之初确立的以非均衡发展战略为先导的经济发展模式，助推东部经济飞速发展的同时，却使区域经济发展差距日显，从而带动各类生产要素不断向东部集聚，这从客观上促使严格的户籍管理制度开始松动，引致海量人口和劳动力展开了大范围的空间迁移。人口的空间移动促使迁移群体的思想逐步开放、对外部新鲜事物的好奇心持续增强，进而激发了他们对高品质生活环境的向往，并对社会福利、公平与安全感产生了广泛诉求。这些变化有力推动了相关政策的演进，激励了社会制度的创新。与此同时，超大规模的人口迁移对经济发展也产生了重要影响。人口的空间分布变动，推动了劳动力与人力资本在特定区域的集聚，优化了生产要素的空间配置，从而有力促进了区域产出的快速增长，进而在开放的环境中，形成了有中国特色的经济发展与人口流迁互促之局面。

　　上述人口迁移与经济发展之间的关系，类似于典型的"棘轮效应"原理，即伴随城市化进程的迅速发展以及户籍制度约束的逐步放松，二者逐步显现出正向棘轮效应。一方面，经济增长促进了人口迁移的不断演进，导致人口迁移数量、空间分布以及整体劳动生产效率得以不断提高和优化；另一方面，人口迁移又通过生产要素的重新优化配置，对经济增长不断产生正向刺激。因此，探究二者之间的深层次关系，特别是从空间分异角度审视二者之间的相互影响，对于揭示我国经济快速发展的动因，特别是区域间经济发展差异的形成机理有着重要的现实意义。

目前相关研究主要聚焦于四个方面：一是人口迁移的影响因素界定（杨云彦，1999；蔡昉，2000，2003，2001；段成荣，2001；王桂新，2005a；许召元，2008）；二是人口迁入迁出对迁入地和迁出地经济发展的影响（姚枝仲，2003；卢向虎，2006；梁明，2007；段平忠，2005）；三是经济发展对人口迁移的影响（王桂新，2005a，2005b，2006；许召元，2009；樊士德，2011；段平忠，2005，2008）；四是人口迁移与区域经济发展差异的形成机理（段平忠，2005；王德，2006；王桂新，2005b；王桂新，2010）。上述几个方面的研究存在一定的联系，且目前后三个方面的研究较为活跃。从整体来看，出于制度性约束与数据可得性限制，研究方法多以定性为主，而相关定量方法得出的结论差异又较大，特别是对人口迁移与经济增长、进而与区域经济发展差异关系的研究相对不足，系统而精确化的分析并不多见。此外，既有研究存在循环论证的不足，即人口迁移与经济增长之间的存在因果关系的互证。为此本章欲从如下三个方面进一步展开分析：第一，构造一个新的研究思路，即从二者互促模式理解人口迁移的经济增长效应，进而形成展现二者关系的新架构；第二，以耦合演进理论对上述架构做出论证，进而得出系统而有一定新意的研究结论；第三，从宏观（四大区域）和中观（31 个省区市）两个层面审视二者关系的细节特征，借此对我国区域经济发展差异的成因与表现做出新的解释。

本章第二节采用耦合模型测度了人口迁移与经济增长的协调发展程度，第三节对协调发展的细节特征及可能出现的耦合趋势展开了扩展讨论，并对人口迁移与经济增长之间的适宜性问题展开了初步解析。最后是总结与展望。需要说明的是，出于研究目的与数据可得性要求，以下将统一以人口迁移率代表人口迁移的空间变动特征，这一点无论是从户籍制度还是从我国对迁移人口的定义看，都具有可行性。

二　人口迁移与经济增长的耦合分析

目前除资源环境经济学外，经济学其他领域很少应用"耦合"实证方法。考虑到本章所涉及的人口迁移与经济增长两个变量（系统）可能存在正向交互作用机制，因此如下将应用这一方法对二者的关系加以判断。

（一）指标体系与数据来源

由于人口迁移的统计口径统一，且指标也较为单一，因此本着权威与数据可得性原则，选取了人口迁入率、迁出率及由此衍生的人口迁入迁出比，作为人口迁移指数的描述分指标（二级指标）；同时以 GDP、人均 GDP 以及 GDP 增长率作为经济增长指数的分指标。指标分类见表 1-4-1。数据来源于历年《中国统计年鉴》、各省《统计年鉴》以及《中华人民共和国分县市人口统计资料》。实际计算时，部分缺失数据经过了相应处理。另外，受数据可得性所限，研究时序定为 2000—2009 年。限于篇幅，原始数据不再列出。

（二）迁移与增长综合指数的核算

1. 指标权重的确定

这里采用三标度层次分析法（李新运等，1998）确定指标权重。具体过程为：第一，设定主观判断矩阵；第二，设定感觉判断矩阵；第三，构造客观判断矩阵；第四，确定指标权重。限于篇幅，不再列出计算过程及权重值的计算结果。

2. 数据的标准化处理

鉴于迁移和增长原始数据的量纲和量级差异较大，为此需首先进行数据的标准化处理。依据我国人口迁移对经济发展影响所表现出的一般规律及本章实证所需，可将人口迁入率、人口迁入/人口迁出比界定为正指标，人口迁出率界定为负指标，[①]并采用如下标准化公式分别处理：

---

① 本章正负指标的界定可从两方面作出解释。首先，经济发展水平最高的东部地区，带有典型的人口迁入大于人口迁出的特征，而西部大开发以来，西部也表现出同样特征，因此可以认为人口迁入促进了经济增长，故可将人口迁入率及人口迁入/人口迁出比列为正指标；其次，迁移人口可大致分为简单和高级两类劳动力，在劳动适龄阶段，年龄越小，人力资本水平越高，则对经济增长的正向促进越强，而从我国迁移人口的年龄结构与素质特征看，迁入人口正好具有这一特征。因此将上述两指标设为正向指标是合理的，相应的，人口迁出则应设为负指标。另外，虽然部分观点认为人口迁出对落后地区的发展有促进作用，但这一结论也主要得自资源、生态与环境对人口承载力的约束，如生态移民等，而这一现象不带有普遍性，因此将人口迁出定为负指标。

正指标：$x_{ij}' \dfrac{x_{ij} \min X_{ij}}{\max X_{ij} - \min X_{ij}}$

负指标：$x_{ij}' \dfrac{\max X_{ij} - x_{ij}}{\max X_{ij} - \min X_{ij}}$

3. 综合指数的计算

表1-4-1　　　　　人口迁移与经济增长的指标体系

一级指标	二级指标
人口迁移指数 X	x_{11}人口迁入率、x_{12}人口迁出率、x_{13}人口迁入/人口迁出比
经济增长指数 Y	y_{11} GDP、y_{12}人均 GDP、y_{13} GDP 增长率

　　将各指标的标准化数据乘以相应的权重值并求和，即可得出人口迁移与经济增长两个综合指数。部分年度综合指数的计算结果见表1-4-2。

表1-4-2　　　部分年度各省区人口迁移与经济增长指数

省份		人口迁移指数								经济增长指数							
		2000	2003	2005	2006	2007	2008	2009	均值	2000	2003	2005	2006	2007	2008	2009	均值
东部	北京	0.45	0.52	0.64	0.6	0.51	0.51	0.51	0.53	0.21	0.26	0.37	0.41	0.47	0.42	0.49	0.38
	天津	0.35	0.42	0.37	0.4	0.43	0.37	0.39	0.39	0.18	0.30	0.35	0.37	0.41	0.49	0.53	0.38
	上海	0.49	0.61	0.59	0.57	0.60	0.64	0.56	0.58	0.28	0.37	0.40	0.45	0.54	0.50	0.52	0.44
	河北	0.34	0.33	0.32	0.34	0.36	0.36	0.34	0.34	0.14	0.21	0.29	0.31	0.33	0.32	0.33	0.28
	山东	0.32	0.33	0.32	0.34	0.34	0.33	0.32	0.33	0.2	0.31	0.41	0.45	0.49	0.52	0.56	0.42
	江苏	0.34	0.36	0.35	0.37	0.35	0.33	0.33	0.35	0.21	0.32	0.42	0.47	0.53	0.55	0.61	0.44
	浙江	0.32	0.32	0.34	0.35	0.36	0.37	0.37	0.35	0.2	0.32	0.36	0.42	0.48	0.44	0.45	0.38
	福建	0.3	0.31	0.31	0.33	0.34	0.33	0.32	0.32	0.15	0.22	0.24	0.32	0.36	0.35	0.37	0.29
	广东	0.37	0.36	0.4	0.45	0.43	0.38	0.39	0.4	0.23	0.34	0.44	0.50	0.57	0.54	0.58	0.46
	海南	0.35	0.35	0.34	0.34	0.34	0.34	0.33	0.34	0.09	0.13	0.14	0.19	0.24	0.16	0.2	0.16
	均值	0.36	0.39	0.40	0.41	0.41	0.40	0.39	0.39	0.19	0.28	0.34	0.39	0.44	0.43	0.46	0.36

续表

省份		人口迁移指数								经济增长指数							
		2000	2003	2005	2006	2007	2008	2009	均值	2000	2003	2005	2006	2007	2008	2009	均值
东北	辽宁	0.35	0.33	0.34	0.37	0.36	0.35	0.35	0.35	0.15	0.22	0.27	0.32	0.36	0.38	0.41	0.3
	吉林	0.32	0.33	0.3	0.31	0.31	0.31	0.30	0.31	0.11	0.14	0.2	0.27	0.31	0.34	0.32	0.24
	黑龙江	0.37	0.27	0.29	0.31	0.31	0.29	0.30	0.31	0.11	0.17	0.21	0.24	0.25	0.27	0.27	0.22
	均值	0.35	0.31	0.31	0.33	0.33	0.32	0.32	0.32	0.12	0.18	0.23	0.28	0.31	0.33	0.33	0.25
中部	河南	0.36	0.36	0.39	0.4	0.36	0.37	0.37	0.37	0.13	0.18	0.29	0.32	0.36	0.36	0.35	0.28
	山西	0.36	0.33	0.31	0.35	0.39	0.36	0.34	0.35	0.07	0.2	0.21	0.21	0.28	0.19	0.15	0.19
	湖南	0.33	0.33	0.32	0.4	0.34	0.33	0.35	0.34	0.11	0.14	0.21	0.23	0.3	0.3	0.34	0.23
	湖北	0.33	0.34	0.35	0.35	0.32	0.31	0.35	0.33	0.13	0.15	0.22	0.26	0.31	0.3	0.35	0.25
	安徽	0.34	0.34	0.33	0.35	0.35	0.33	0.32	0.34	0.09	0.12	0.19	0.22	0.26	0.26	0.28	0.2
	江西	0.33	0.34	0.33	0.34	0.32	0.32	0.32	0.33	0.08	0.18	0.2	0.23	0.24	0.27		0.2
	均值	0.34	0.34	0.34	0.37	0.35	0.34	0.34	0.35	0.1	0.16	0.22	0.24	0.29	0.28	0.29	0.23
西部	四川	0.34	0.35	0.35	0.35	0.36	0.34	0.36	0.35	0.08	0.23	0.25	0.3		0.24	0.35	0.24
	重庆	0.33	0.35	0.33	0.32	0.40	0.33		0.35	0.09	0.15	0.18	0.2	0.28	0.27	0.32	0.21
	贵州	0.36	0.35	0.32	0.35	0.35	0.34		0.34	0.07	0.11	0.14	0.15	0.2	0.15	0.18	0.14
	云南	0.33	0.33	0.32		0.32	0.32	0.32	0.33	0.06	0.1	0.12	0.18	0.21	0.2	0.23	0.16
	广西	0.32	0.31	0.32	0.35	0.35	0.34	0.32	0.33	0.06	0.13	0.21	0.23	0.27	0.25	0.28	0.2
	西藏	0.39	0.36	0.36	0.4	0.37	0.38	0.44	0.39	0.09	0.15	0.16	0.18	0.2	0.14	0.19	0.16
	陕西	0.4	0.38	0.35	0.34	0.36	0.34	0.35	0.36	0.09	0.14	0.2	0.22	0.27	0.31	0.3	0.22
	甘肃	0.36	0.3	0.3	0.31	0.38	0.35	0.32	0.33	0.08	0.11	0.16	0.16	0.19	0.16	0.17	0.15
	青海	0.33	0.32	0.34	0.35	0.39	0.39	0.42	0.36	0.08	0.15	0.16	0.17	0.19	0.16	0.17	0.16
	宁夏	0.45	0.39	0.23	0.39	0.4	0.36	0.33	0.36	0.10	0.15	0.14	0.18	0.20	0.20	0.22	0.17
	新疆	0.38	0.4	0.45	0.4	0.43	0.38	0.37	0.39	0.09	0.15	0.17	0.19	0.22	0.22	0.17	0.17
	内蒙古	0.34	0.33	0.29	0.36	0.36	0.33	0.32	0.33	0.11	0.26	0.43	0.36	0.40	0.41	0.46	0.35
	均值	0.36	0.35	0.33	0.35	0.37	0.36	0.35	0.35	0.09	0.15	0.19	0.21	0.24	0.23	0.25	0.19
总体均值		0.35	0.35	0.34	0.36	0.37	0.36	0.35	0.36	0.13	0.20	0.25	0.28	0.32	0.31	0.34	0.26

（三）耦合机理解析

耦合的概念源于物理学，表示两个及两个以上系统之间相互依赖、相互作用的机制。系统之间的耦合是通过各自分系统的交互作用与影响，促使总系统从无序走向有序的过程，它的动态变动过程展现了系统演变的规律。借鉴这一思想，耦合方法可用于任何相互关联的系统（变量）之间交互作用的描述，而不刻意考虑系统之间的因果关系。

耦合涵盖了协调与发展两大内容，即耦合过程是在系统协调改进和综合发展水平递进的共同作用下形成的。"协调"考察时序动态演变过程中系统之间的差异程度，如果两系统的差异程度（可以离差表示）低，则表明系统之间的相互配合优化程度高。"综合发展水平"考察系统组合的优势状态，如果综合发展水平高，则表明系统整体上处于较高的综合优势状态。对上述思路的解析可以如下过程加以推解。

假定存在相互关联的两经济系统，其发展水平分别为 X 和 Y。设有如下两个线性方程：

$A = MX - NY$

$B = \theta X + \delta Y$

其中 A 为 X、Y 的离差，B 为 X、Y 的综合发展水平。M、N、θ、δ 为模型参数，可以看作是外生给定的。很显然，A 越小越好，B 越大越好。

由两式进一步可得：

$$X = \frac{A}{M} + \frac{N}{M}Y \tag{1}$$

$$X = \frac{B}{\theta} - \frac{\delta}{\theta}Y \tag{2}$$

首先，由（1）式可知：第一，如图 1-4-1（a）所示，根据协调的定义，X 和 Y 的离差越小，协调程度就越高，因此如果 X 和 Y 的离差 A 为 0，则可形成一条经过原点的射线：$\frac{X}{Y} = \frac{N}{M}$，斜率为 $\frac{N}{M}$。在这条射线上，X 和 Y 的协调程度始终为最优，如 J 和 J' 点。第二，$\frac{N}{M}$ 值的变化，如图 1-4-1（b）所示，仅表明射线斜率的变动，并不对最优协调水平的意义产生影响，如 OK 和 OP 线都为最优协调线。第三，在 M、N 一定时，如图 1-4-1（c）所示，当该射线偏离原点，在纵轴产生正或负截距时，表明离差 A 不再为 0，此时可推知 X 和 Y 的协调程度将低于其最优值，如 Q 点和 T 点代表的协调程度低于 R 点。

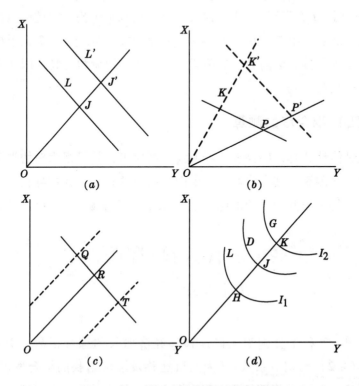

图 1 - 4 - 1　耦合机制的理论解析模型

其次，由（2）式可知：第一，如果 X 和 Y 的综合发展水平不变，则 X 和 Y 之间存在完全替代关系，可形成直线型的无差异曲线，如图 1 - 4 - 1（a）中的 LJ 线，且每一条无差异曲线对应唯一的 B 值。第二，B 值随无差异曲线平移而发生变化，如图 1 - 4 - 1（a）所示，LJ 线变动为 $L'J'$ 线，则 B 值增加，两系统所形成的综合发展水平提高。这表明由 X 和 Y 组成的综合系统的发展水平存在动态优化趋势。第三，值的变化仅表明无差异曲线的斜率变化，无差异的特征并不随之改变，如图 1 - 4 - 1（b）中的 KP 线和 KP' 线。第四，如果遵循无差异曲线边际替代率递减的一般化规律，则可得图 1 - 4 - 1（d）中的凸曲线，其经济含义与上述直线型相同，关键意义在于随凸曲线的向右外移表明系统综合发展水平的不断提高。

根据上述解析，可进一步明确耦合的演变规律。第一，如图 1 -

4-1（a）所示，OJJ'线上的任一点都是协调程度最优点，如J点优于L点；同时，$L'J'$高于LJ线，代表综合发展水平更高。因此，点的耦合水平高于J点。第二，在图1-4-1（c）中，R点与Q、T两点的综合发展水平无差异，但前者比后两者的离差小、协调程度高，因此R点的耦合水平更高。

（四）耦合度的测算

在具体计算时，耦合水平可由耦合度代表，其可视为对协调度与发展度的综合测算。其中协调度可由两个系统的离差公式推导得出，而发展度则可等价于两个系统的综合发展水平（廖重斌，1999）。计算公式如下：

$$C = \left\{ X + Y / \left(\frac{X+Y}{2} \right)^2 \right\}^k \tag{3}$$

$$I = \theta X + \delta Y \tag{4}$$

$$D = \sqrt{C \times I} \tag{5}$$

这里，X和Y分别为人口迁移和经济增长的综合指数，C为协调度，k（≥ 2）为调节系数。I为人口迁移及经济增长的综合发展水平，即发展度，θ、δ为指数权重。D为耦合度。笔者认为，人口迁移与经济增长在耦合系统中同等重要，故这里取$\theta = \delta = 0.5$。计算结果如表1-4-3所示。需要说明的是（4）式与（2）式无差别，（1）式与（3）式的数理意义及形式也是大致相同的，具体推解见章末附录。

（五）结果分析

1. 综合指数分析

第一，如表1-4-2末行所示，通过对各年度所有省份人口迁移与经济增长指数均值的求解可以发现，人口迁移指数的总体均值大致在0.36左右微幅波动，表明这段时间我国人口迁移强度较为稳定；但经济增长指数的总体均值从0.13变动至0.34，呈缓慢上升态势。由此可知，近年来省域经济的快速发展并未伴随人口迁移强度的同步变化。而从四大区域的均值看，这一规律依旧明显。

第二，以总体均值0.36和0.26为分界点，将各省区的人口迁移和经济增长做出类别划分，则图1－4－2、图1－4－3可清晰表明，① 东部的经济增长具有明显优势，且东部和西部是我国人口迁移的活跃区域。

经济增长指数
■ 0.26—0.5（12）
▨ 0.1—0.26（19）

**图1－4－2　省域经济增长指数
空间分布态势**

人口迁移指数
■ 0.36—0.6（10）
▨ 0.3—0.36（21）

**图1－4－3　省域人口迁移指数
空间分布态势**

由上可知，人口迁移与经济增长二者存在一定的协同变动特征。首先，人口迁移与经济增长两个指数总体上都呈上升趋势，但后者的波动幅度要远大于前者，即人口迁移指数稳定中略有上升，而经济增长指数则在波动中快速上升。其次，2003—2007年的高经济增长周期，各省区经济发展对劳动力的需求量较大，因此人口迁移指数与经济增长指数同时呈上升趋势；但2008年和2009年，多数省区经济增长指数和人口迁移指数都有小幅下降。此外，东部地区在人口迁移和经济增长两方面都具有明显优势，意味着高质快速的经济发展可能是各省区维持人口净迁移规模的必要条件。

2. 耦合分析

耦合关系总体上可划分为两大类：如变量间配合得当，则为正向耦合或协调发展；反之，则为负向耦合或失调发展。具体看，耦合度介于0—1之间，因此可根据均匀分布模式，将其划分为10个具体类型，见表1－4－4。耦合度计算结果见表1－4－3，观察表中计算结果可得如下结论：

———————————

① 本书未将中国台湾纳入分析，故图中未着颜色。

表1-4-4　　　　　　耦合度的判别标准及划分类型

负向耦合（失调发展）		正向耦合（协调发展）	
D值	类型	D值	类型
0.00—0.09	极度失调衰退	0.50—0.59	勉强协调发展
0.10—0.19	严重失调衰退	0.60—0.69	初级协调发展
0.20—0.29	中度失调衰退	0.70—0.79	中级协调发展
0.30—0.39	轻度失调衰退	0.80—0.89	良好协调发展
0.40—0.49	濒临失调衰退	0.90—1.00	优质协调发展

第一，从各年度全国均值看，除2008年小幅下降外，2000—2009年人口迁移与经济增长的耦合度持续递增，从0.36上升至0.56，总体上二者趋于协调共进，但耦合水平较低，仅从轻度失调转变为勉强协调。外部因素对二者的耦合度有一定影响，如2008年的异动可能主要是受到全球经济危机的影响。而从省域看，上述特征也较明显。

第二，从四大区域看，与上述规律一致，各年度耦合度均值不断上升。东部、东北、中部、西部分别从0.47、0.37、0.33、0.29变动为0.63、0.57、0.55、0.51，增幅分别为34%、54%、67%、76%。从区域间比较可知，一方面，各年度耦合度均值从东至西依次递减，即经济发展水平越低，人口迁移与经济发展越不协调，这意味着人口迁移与经济发展的耦合水平存在区域间差距。另一方面，耦合度增幅从东至西依次上升，表明区域间人口迁移与经济发展的耦合差距正在相对缩小，各区域可能有"耦合趋同"态势。

第三，从省域看，耦合态势不容乐观。首先，各省区人口迁移与经济增长的耦合度都呈波动上升趋势，但2008年和2009年分别有24个和11个省份出现了下降或停滞。其次，2000—2009年，各省区耦合度总体上都获得了提升。其中，增幅最快的10个省份全部在中、西部；而增幅最慢的省份，除湖北外，其余9个省份全部在东部。此外，省域间人口迁移与经济增长的耦合度具有明显差异，经济发展水平较高的省区其耦合度也较高。

第四，人口迁移与经济增长的耦合度具有较强的分类特征。以两类指数与耦合度的全国总体均值为分界点，可将各省区大致归为四类，见表1-4-5。

表1-4-5 两类指数与耦合度的类别划分

类别	经济增长指数	人口迁移指数	耦合度
第一类	≥0.26	≥0.36	>0.49
第二类	≥0.26	<0.36	>0.49
第三类	<0.26	≥0.36	<0.49
第四类	<0.26	<0.36	<0.49

第一类，经济增长和人口迁移指数均较高，且二者耦合度较高。如上海、北京、广东、天津。第二类，经济增长指数较高，人口迁移指数较低，二者耦合度较高。如山东、江苏、浙江。第三类，经济增长指数较低，人口迁移指数较高，二者耦合度较低。如大部分西部省区。第四类，两指数都较低，且二者耦合度较低。如海南、吉林、黑龙江。进一步如图1-4-4所示，以耦合度为条件将各省排序，考察各省区人口迁移指数、经济增长指数与耦合均值的差异特征，可以发现，耦合度以0.49为分界值，从上海到内蒙古，大致表现为经济增长水平较高、耦合度较高，这些省份大都集中于东部；与此相反，经济增长水平较低、耦合度较低的省份大都集中在西部。

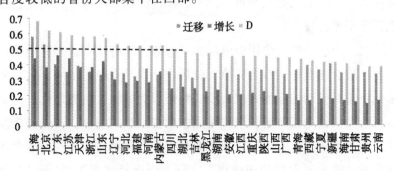

图1-4-4 各省人口迁移指数、经济增长指数与耦合度的均值比

（六）耦合特征的详细分解

1. 总体耦合态势的特征

拟合表1-4-3中全国及四大区域耦合值的时序变动曲线，拟合线及函数见图1-4-5。图中5条拟合线直观显示了前述分析内容，并展现出更丰富的细节特征：

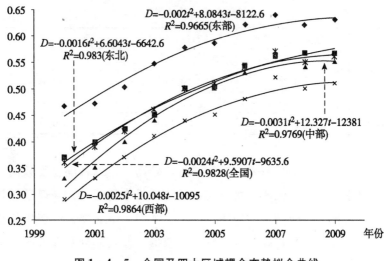

图 1－4－5　全国及四大区域耦合态势拟合曲线

注：图中 D 为耦合度，后图同。

第一，各曲线都呈现逐步上升态势，但都表现为二次衰减，即耦合的边际量在逐步下降。这表明，近十年整体上我国的人口迁移与经济增长出现逐步共进的发展历程，但持续协调发展的速度不断降低，今后二者互促式发展将面临更大困难。此外，东部的耦合优势较为明显，区域间耦合水平差异较大。

第二，今后的耦合演化会出现如下态势：既有耦合状态将持续，全国及各区域会相继达到耦合极值，其后耦合水平将绝对下降。这表明主要由经济增长带动的互促式发展模式将难以为继。快速城市化、海量低素质劳动力供给的经济增长模式将面临举步维艰的境地，转变经济发展方式迫在眉睫。因此，以人口迁移数量促进经济增长的模式将随着经济发展方式的逐步转型而趋于结束。实际上，近年"民工荒"、"东部民营企业大面积倒闭"等现象一定程度上验证了这一趋势，而"人口老龄化"、"经济发展方式转型"的持续推进加剧了这一趋势。因此，从中、长期看，二者的耦合下降是合理的，需要以更好的模式加以替代。进一步考虑到我国经济增长的长期递增趋势，则可以认为，如果迁移人口的素质不断提升，将为经济发展方式转型提供更为强劲的动力，进而有可能保证了迁移人口的人力资本与经济增长的持续互促共进，但这一过程将伴随迁移人口数量的绝对下降。这将涉及人力资本迁移与经济增长协同关系的探讨，留待今后讨论。

2. 区域耦合因素分解的转型特征

拟合表1-4-2、表1-4-3中四大区域的两类综合指数与耦合值的时序变动曲线，拟合线及函数见图1-4-6至图1-4-9。按目前耦合态势，未来各区域将达到耦合极值，这体现为耦合度的上升将越发缓慢，并进入衰退过程。因此，面对这一可能出现的结果，应如何看待并应对之，是对我国政策导向与发展战略的深层考量。结合前文综合指数与耦合度计算的内容，有如下几个需要深思的问题：

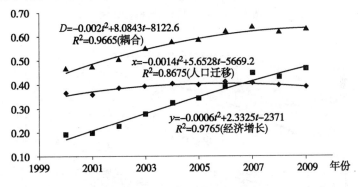

图1-4-6 东部地区拟合曲线

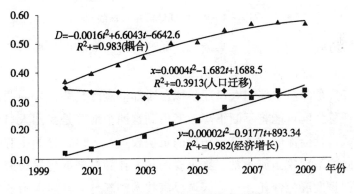

图1-4-7 东北地区拟合曲线

第一，除东北外，其余三区域经济增长拟合线的时间二次项系数为负，曲线呈衰减趋势。这一趋势可能主要由此次经济危机影响所致，依此尚难判断今后走势。但基于国内今后若干年经济增速下调的预期，预计经济增速走低将持续。这将对人口迁移与经济增长未来短期的耦合递增形成巨大压力，四大区域都将面临这一难题。但正如前文所述，也许

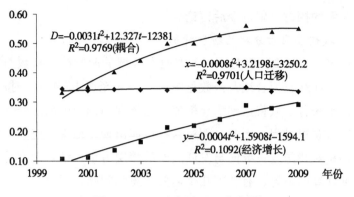

图 1 - 4 - 8　中部地区拟合曲线

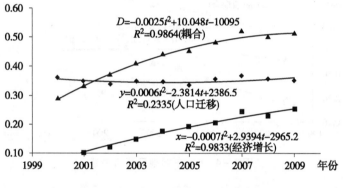

图 1 - 4 - 9　西部地区拟合曲线

这正是转方式、调结构攻坚号吹响的初始表现，从我国长期经济增长的可持续性看，这点具有重要的积极意义。

第二，东部与中部的人口迁移拟合线都呈衰减趋势，表明两区域的人口净迁移强度可能将不断下降。考虑到这两个地区是我国人口最为稠密的区域，社会保障与城市化拓展的负担较重、人口迁移的生存成本较高，因此这一现象当属正常。更重要的是，伴随东部率先发展战略的实施，以创新发展为依托，这一区域以高技术创新与高素质人力资本快速积累为特征的经济发展方式转型步伐将加速，其对一般劳动力的需要将逐步降低，这会进一步导致人口净迁移下降。而作为与东部紧邻的腹地，中部也将面临相同的情况。

第三，东北和西部人口迁移曲线都呈上升趋势，表明两个区域人口净迁移的强度持续上升。考虑到这两个区域相对较低的人口密度和经济发展水平，则今后这一趋势恰好可以与前两个地区形成互补。因此，在生态、环境与资源可持续发展的前提下，今后有序推进东北特别是西北地区的城市化规模，并以承接东部产业梯度推移为契机，在稳定本地区人口数量的基础上，积极吸纳中、东部人口的内迁，不但可以有效均衡全国人口的空间合理分布，而且可以为本区域的发展提供较为充分的劳动力。

第四，"经济发展方式转型"、"区域均衡协调可持续发展"、"创新型国家建设"三大发展战略将是我国"十二五"及中长期社会经济发展的根本性导向。以此为参照，结合前述总体耦合态势的特征中第二点分析可知，未来耦合达到极值并进入绝对下降后，各省区将完全进入以创新发展带动的经济发展方式的转型期，而随着转型过程的持续，在最终实现转型后，以人口空间均衡分布为特征，各省区人口迁移将进入低变动率的稳定状态，从而实现由人口迁移与经济增长的互促向高素质人力资本与经济的互促为特征的长期良性发展模式的转变。

综上所述，如果将人口迁移作为突破口，聚焦我国区域经济发展差异问题，则可以很好地影射上述研究结论，进而形成如下逻辑：各区域人口迁移与经济增长正在经历互促式发展→未来耦合呈衰退态势，且各区域人口净迁移水平将下降→在人口老龄化、城市化瓶颈、迁移成本增加、人口素质偏低、社会保障不足等因素的胁迫下，区域人口净迁移水平将加速下降→同时，创新型国家建设引导的经济发展方式转型，需要从目前海量简单劳动力投入的粗放模式转向以技术创新和高水平人才积累带动的可持续模式转变→东、中部高集聚的人口开始出现分散，西部和东北开始有序接纳之→区域人口迁移趋于稳态，人口空间分布趋于均衡→区域均衡协调可持续发展的人口迁移模式实现。

三　扩展讨论：人口迁移与经济增长的适宜性

前文分析结果出现了一个有意义的现象：从整体上看，东部的耦合度最高，即人口迁移与经济发展的总体水平最高，但经济发展较为落后的西部地区，其耦合度上升最快，均值增幅是东部的两倍多，特别是内蒙古的耦合度已位居全国前列，与东部的河北、福建相当。难道西部的人口迁移与经济增长的互促模式优于东部？对这一现象应如何做出解释呢？

　　根据新增长理论的观点，后进经济体在实施经济赶超战略时，为实现长期快速经济增长，需要有效模仿与吸纳发达国家的先进技术，并以此缩小与之在技术、进而经济发展水平之间的差距，从而以"技术后发优势"实现与经济发达体相似的增长收敛。但实际情况是，绝大多数后进国家并未能通过技术引进与模仿缩小与发达国家之间的差距。针对这一现象，众多经济学家从技术适宜性理论对此做出了解释（Beil & Weil，1998；Acemoglu & Zilibotti，2001）。适宜性技术是指资本与劳动力的配比达到最优时，经济保持有效快速增长时的技术水平。如果技术水平过高或过低，都会导致要素边际生产率的浪费。因此，一个适宜的技术水平与其他要素的生产配合达到最优，才会产生最优的生产效率。将这一思想扩展到本章研究结论，考虑人口迁移数量与经济增长的适宜性，则可以对上述现象做出解释。具体可以从两个方面加以考量。

　　首先，如前所述，耦合代表了两经济变量之间协调共进的发展程度，可以很好地说明两变量之间的适宜性特征。如图 1 - 4 - 10 所示，我们可以比较 L、J 两点的适宜性差异。设 OJ 线的斜率为 1，观察两点的位置特征可以发现 J 点的协调度远优于 L 点，但发展度相对较低。此时分别以 J'、K 两点为参照，则有：

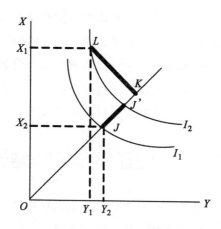

图 1 - 4 - 10　人口迁移与经济增长适宜性解析

协调度 C：J 点 = K 点 > L 点 $\Rightarrow C_J - C_L = LK$

发展度 I：L 点 $= J$ 点 $> J'$ 点 $\Rightarrow I_L - I_J = JJ'$

因为 $LK > JJ'$，所以可知 L 点耦合度比 J 点低。这表明并非人口迁移量越多越好，而是应该与经济增长保持一个适宜比例（本例为 1：1）。

其次，可以进一步衡量 J 与 J' 两点的适宜性差异。由于两点两指数的离差都为 0，即两指数始终保持最优配比，则可知射线上所有点的适宜性都是相同的，即每个点都是协调的。从这一观点看，适宜性更类似于协调度，而与综合发展度无关。

综合来看，首先，适宜性能够以协调度表示，这样，人口迁移或经济发展水平高并非一定意味着更协调。其次，在综合发展度相同的前提下，协调度更高，则适宜性越强，耦合度才会越高。以此结论结合表 1－4－6 可以发现，北京、上海的两指数都大于内蒙古，但两指数的离差也要远大于内蒙古，因此可以判断，虽然内蒙古的人口迁移与经济增长水平比北京、上海低，但内蒙古人口迁移与经济发展水平更加适宜一些。据此可知，北京、上海只有进一步提升经济增长水平，才会达到更好的适宜性，并以此可以进一步提升其耦合度。而内蒙古虽然适宜性较强，但在两指数相对较低基础上的适宜性，导致二者的耦合度并不高，因此并不能说明其人口迁移与经济增长的模式是优化的。

表 1－4－6　　　　　　　　部分省区两类指数均值的离差

省份	人口迁移指数	经济增长指数	离差绝对值
北京	0.53	0.38	0.15
上海	0.58	0.44	0.14
内蒙古	0.33	0.35	0.02

进一步来看，如图 1－4－11 所示，假设某区域人口迁移与经济增长两指数 X、Y 在考察时序内上升，但 X 增幅递减，并在特定时点 t_1 出现极值，同时假定 Y 与 X 于极值点相交，此时耦合如 G 点所示。这样，伴随经济的长期增长，人口迁移与经济增长的离差于 G 点左右分别出现了递减与递增两种状态，二者的适宜性也随之而出现了递增和递减；同时，综合发展水平由 I_1 上升至 I_2，但可以设想，即便人口迁移在经济发展达到特定水平（如 t_1 时刻）出现完全递减，但经济增长仍旧可以持

续，这可以以图中的虚线 H 所代表的人力资本迁移水平的不断提升所支撑，从而避免了耦合度在 G 点后的下降，而沿虚线 D 上升。因此，一种理想的状态是，从长期看，人口迁移会趋于稳定，不可能与经济增长维持相适宜的耦合发展，即随着经济发展水平达到一个相对较高水平，人口迁移的拐点会随之出现，但此时如果人口迁移一旦完成了从数量到质量的结构性转变，则人力资本迁移会替代人口迁移，长期的经济增长会持续。由于本章并未涉及人力资本迁移问题，因此有关其与经济增长的关系会另加讨论。

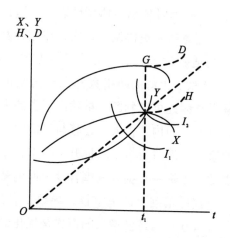

图 1－4－11　人口迁移与经济增长适宜性
的长期变动特征

四　结语

改革开放以来我国的人口迁移被逐步激活，呈现出规模巨大、地域广泛、影响深远之特征。在这一背景下，本章分析表明，近十多年高速经济增长期，伴随户籍制度的逐步放松以及城市规模的大幅扩张，各省区人口迁移与经济增长存在明显的正向耦合协同演进机制，耦合度正趋于不断提升，且经济增长对耦合度的提升具有主导作用，但整体上看，耦合程度不高，且有衰退态势。同时，省域间耦合程度存在较大差异，经济越发达的省区二者的耦合度越高。此外，不同省区间人口迁移与经济增长的适宜性也存在较大差异，经济发展水平高，耦合度高，但适宜性可能较低。据此，今后可以分两个步骤深化人口迁移。首先，在短期内，在保证经济持续增长的基础上，强化人口迁移的经济增长效应，借此不断提升二者的耦合度，就能保证"以迁移促增长、以增长带迁移"的经济发展模式的持续推进。其次，从中、长期看，在当前的耦合态势发展到极限前，尽快探索和实施符合各省区特点的人口迁移模式，加快转变人口迁移模式，以高素质的人才流动替代人口流动，则可以更好地应对耦合衰退，并支撑经济长期增长。例如，伴随老龄化社会的到来、未来劳动人口绝对数的下降以及生态与环境约束的加强，需要东部地区持续实施以高素质人口迁入带动经济快速增长，迈入以人力资本和技术创新带动的、具有自我发展机制的集约化经济发展模式；而西部则应在普遍提升人口素质的基础上，以战略性和全局性的眼光审视日益严重的资源与环境问题，将有计划地引智与生态移民有机结合，提升其可持续的发展能力；而在二者之间的中部和东北地区，不但可以作为人口迁移的缓冲区，同时也可以作为技术梯度推移的转换区。此外，如果以户籍、农地、计划生育以及社会保障等制度的深入改革与创新为先导，带动人口有序迁移以及城市化水平的稳步提高，将有助于迁移人口空间分布结构的优化，进而促进各省区城市化的有序扩张与经济的持续发展。另外值得注意的是，各省区在探索耦合发展的有效途径时，还需重点关注人口迁移与经济发展的适宜性问题，至少在现阶段，通过改善二者的适宜性能够有效提升耦合度，这一点对北京和上海等经济发达省区更具有现实意义。而提升适宜性的关键在于界定一个与高质快速经济发展相对应的、尽可能合理的人口迁移模式，这一点又极大地关乎城市化进程与规模，在这方面应尽快做出更多有意义的尝试与努力。

　　人口迁移与经济增长两大系统的耦合发展是一个较为复杂而持续变迁的演进过程。由于数据来源和质量所限，以十年的时序对四大区域、31个省区两大系统的关系做出深入描述显然存在局限。但鉴于我国省域人口迁移与经济发展持续而剧烈的变动本身就具有难以把握的特点，因此，本章虽属初步研究，但结论和方法仍具有一定参考价值。同时，以本章研究思路和结论为基础，为今后展开进一步深入分析提供了重要依据。例如从省域层面分析迁移人口的人力资本结构、年龄结构差异对经济增长的影响具有重要的研究价值；而对人口迁移的空间溢出效应、人口迁移的理性与非理性决策以及人口迁移（人力资本迁移）与经济增长的适宜性做出拓展分析则具有较强的理论研究意义；此外，相关政策与制度体系的创新设计则具有较强的现实参考价值。

附录：

对 $C = \left\{ X \times Y / \left(\dfrac{X + Y}{2} \right)^2 \right\}^k$ 两边同时开 $\dfrac{1}{K}$ 次幂，有：$C^{\frac{1}{k}} = \dfrac{X \times Y}{\left(\dfrac{X + Y}{2} \right)^2}$

展开可得：$\dfrac{C^{\frac{1}{k}}}{4} = \dfrac{X \times Y}{X^2 + Y^2 + 2XY}$

右边分子、分母同时乘以 $\dfrac{1}{XY}$ 得：$\dfrac{C^{\frac{1}{k}}}{4} = \dfrac{1}{\dfrac{X}{Y} + \dfrac{Y}{X} + 2}$ ，两边同时倒数

得：$\dfrac{4}{C^{\frac{1}{k}}} = \dfrac{X}{Y} + \dfrac{Y}{X} + 2$

令：$a = \dfrac{X}{Y}$ $b = \dfrac{4}{C^{\frac{1}{k}}}$ ，得：$b = a + \dfrac{1}{a} + 2$ ，两边同时乘以 a 整理得：

$a^2 + (2 - b) \times a + 1 = 0$ ，求解上式可得：$a = \dfrac{b - 2 \pm \sqrt{(b - 2)^2 - 4}}{2}$

将 a、b 代入可得：$\dfrac{X}{Y} = \dfrac{\dfrac{4}{C^{\frac{1}{k}}} - 2 \pm \sqrt{\dfrac{16}{C^{\frac{2}{k}}} - \dfrac{16}{C^{\frac{1}{k}}}}}{2}$

上式右边分子、分母同时乘以 $C^{\frac{1}{k}}$ 可得：$\dfrac{X}{Y} = \dfrac{4 - 2C^{\frac{1}{k}} \pm 4\sqrt{1 - C^{\frac{1}{k}}}}{2C^{\frac{1}{k}}}$

令：$G = \dfrac{4 - 2C^{\frac{1}{k}} \pm 4\sqrt{1 - C^{\frac{1}{k}}}}{2C^{\frac{1}{k}}}$ ，则有：$\dfrac{X}{Y} = G$

第二篇　人力资本篇

第一章

青岛市人力资本对经济增长影响的实证研究

一 引言

青岛市地处我国山东半岛南部，是 15 个国家计划单列城市之一，总面积为 10654 平方公里，共辖七区五市。至 2004 年底，全市总人口已达到 731.12 万人，全社会从业人数达到 458.8 万人。

自改革开放以来，青岛的综合经济实力和人民生活水平显著提高。2004 年，青岛市 GDP 达到 2163.8 亿元人民币，按可比价计算，1978—2004 年，经济年平均增长率达到 9.1%，特别是近五年年均增长率都在 12% 以上。同时，随着经济快速发展，三次产业结构也不断得以优化，非农产业比重持续上升，至 2004 年，二、三次产业比重达到 92.5%，三次产业比重由 2000 年的 12.1：48.7：39.2 转变为 7.5：54.1：38.4。至 2005 年，青岛市共有 44 个中国名牌产品，15 个中国驰名商标。以这些名牌企业和产品为主导，以国有大型企业为核心，青岛已形成了自己独具特色的产业结构和经济发展模式。此外，作为国家主要的对外开放口岸之一，因其得天独厚的自然和区位优势，青岛的对外贸易活动极为活跃，并且对外资产生着较强的吸引力。2005 年全市外贸进出口总额达到 269.88 亿美元，其中出口 157.82 亿美元，实际利用外资 38.17 亿美元，累计吸引外商投资企业 6000 多家，世界 500 强企业中已累计有 90 家落户青岛，占整个山东省的 75%。除电子、纺织、食品等传统的优势产业外，港口、海洋、旅游又形成了本市新的三大特色产业。目前，青岛市已构建起可持续发展的经济体系和产业结构，成为中国的经济中心城市之一和最具发展活力的城市之一。改革开放以来青岛市经济发展及其相对经济比重的演变见表2-1-1和表2-1-2。

表2-1-1　　　　改革开放以来青岛市经济发展状况（一）

年份	人 均 GDP（元）	固定资产投 资（亿元）	地方财政一般收入（亿元）	地方财政一般支出（亿元）	城镇居民人均可支配收入（元）	农民人均纯收入（元）	进出口额（亿美元）	实际利用外资（亿美元）
1978	649	3.0	13.1	1.9	—	—		
1990	2631.1	28.5	24.2	13.4	1624.0	952.0	—	0.8
1995	9377.8	214.0	29.5	37.7	5357.0	2225.0	85.9	8.7
2000	16275.0	321.1	80.0	87.9	8016.0	3637.0	135.3	12.8
2001	18523.6	384.4	98.7	110.0	8731.0	3901.0	154.1	16.0
2002	21213.9	478.3	110.9	132.3	8721.0	4195.0	169.3	23.8
2003	24703.1	739.4	120.1	147.17	10075.0	4530.0	206.6	40.1
2004	29595.7	1025.4	130.5	164.1	11089.0	5080.0	269.9	38.2

资料来源：根据相关年度山东省、青岛市《统计年鉴》及《统计公报》核算得到。

表2-1-2　　　　改革开放以来青岛市经济发展状况（二）

年份	人均GDP比重	固定资产投资比重	地方财政一般收入比重	地方财政一般支出比重	城镇居民人均可支配收入比重	农民人均纯收入比重	进出口额比重	实际利用外资比重
1978	2.06	0.07	0.2	0.06	—	—	—	—
1990	1.43	0.08	0.22	0.11	1.11	1.40	—	—
1995	1.61	0.16	0.17	0.14	1.26	1.30	—	—
2000	1.61	0.13	0.17	0.14	1.24	1.37	0.54	0.34
2001	1.68	0.14	0.17	0.15	1.23	1.39	0.53	0.38
2002	1.77	0.14	0.18	0.15	1.15	1.45	0.5	0.37
2003	1.81	0.14	0.17	0.15	1.20	1.44	0.46	0.42
2004	1.75	0.14	0.16	0.16	1.17	1.45	0.44	0.39

注：表中数据是青岛市的相应数据占山东省的比重。

资料来源：同上表。

伴随经济的快速发展，青岛在教育和人才培养方面也成效显著，由此推动了人力资本积累水平不断得以提高。2000年第五次人口普查数据表明，与1990年第四次普查相比，虽然本市总人口数量由667万人增长到 750 万人，但文盲、半文盲人口不断减少，文盲和半文盲率由 13.02% 下降为 7.34%，下降了 5.68 个百分点；每 10 万人中，大学、高中、初中文化程度人口分别由 1859 人、10267 人、29277 人上升至 5564 人、14868 人、37618 人，与此同时，小学文化程度人口则由 35464 人下降为 27597 人。由此可以初步看出，本市教育正在逐步向合理化的高标准教育水平发展。全市教育发展和人力资本积累量的变迁见表 2 − 1 − 3 和表 2 − 1 − 4。此外，如表 2 − 1 − 4 所示，改革开放后青岛的教育还出现了一些新的亮点，一方面，学龄儿童入学率已提高至 100%；另一方面，虽然人口增速在不断递减，但除小学外，其余各级各类学校在校生人数在不断增加。由此可知，青岛高、中、低三级教育体系的结构不断趋于合理。

表 2 − 1 − 3　分年龄、性别、受教育程度的 6 岁及 6 岁以上人口　（单位：万人）

	四普数据			五普数据		
	小计	男	女	小计	男	女
6 岁及 6 岁以上人口	512.3	280.6	231.7	703.9	352.2	351.7
文盲及半文盲	13.5	7.7	5.8	62.0	15.4	46.6
小学	236.3	120.0	116.3	206.9	101.4	105.5
初中	195.1	111.8	83.3	281.8	148.6	133.2
高中（含中专）	55.0	32.5	22.5	111.4	61.4	50.0
大学专科及以上	12.4	8.6	3.8	41.6	25.2	16.4

资料来源：青岛市第四次和第五次人口普查资料汇编。

表 2 − 1 − 4　　青岛市经济、教育及科技发展相对水平一览表

		名义 GDP（亿元）	人均 GDP（元）	固定资产投资（亿元）	年底总人口数量（万人）	年底从业人员数量（万人）	学龄儿童入学率（%）	小学在校学生数（万人）	普通中学在校学生数（万人）	普通高校在校学生数（万人）	授权专利数量（件）	R&D经费支出（亿元）
1990 年	全国	18547.9	1634	4517	114333	64749	97.8	12241.4	4586	206.3	22588	551.1
	山东	1511.2	1815	335.7	8493.0	4043.0	98.6	818.2	367.3	10.6	1273	23.1
	青岛	175.4	2631	28.5	666.7	352.8	99.8	63.2	29.6	1.5	—	—

续表

		名义 GDP (亿元)	人均 GDP (元)	固定 资产 投资 (亿元)	年底 总人 口数 量(万 人)	年底 从业 人员 数量 (万人)	学龄 儿童 入学 率 (%)	小学 在校 学生 数 (万人)	普通 中学 在校 学生 数 (万人)	普通 高校 在校 学生 数(万 人)	受权 专利 数量 (件)	R&D 经费 支出 (亿元)
1990 年	北京	500.8	3224	88.8	1086.0	627.1	99.5	99.6	40.9	14.0	2268	103.0
	天津	311.0	3621	87.7	866.3	470.1	99.8	85.5	34.6	5.1		12.5
	上海	756.5	5910	227.1	1283.4	787.7	99.9	110.2	48.3	12.1	924	45.3
	重庆	298.41	1021	69.3	2920.9	1569.3	99.9	239.3	108.1	4.9	—	5.3
2000 年	全国	89468.1	7086	32917.1	126743	72085	99.1	13013.3	7368.9	556.1	95236	895.7
	山东	8542.4	9555	2531.1	8998	4662	99.8	774.9	678.6	32.5	6962	51.95
	青岛	1150.1	16275	321.1	750.3	397.6	100	53.5	39.9	4.6	1613	18.4
	北京	2478.8	22460	1280.5	1357	622	99.9	74.3	69.1	28.0	5905	155.7
	天津	1639.4	17993	610.9	1001	407	100	71.7	57.1	11.8	1611	24.7
	上海	4551.2	34547	1869.4	1641	637	99.0	79.8	60.4	22.7	4050	73.8
	重庆	1589.3	5157	572.6	3092	1636	99.7	276.1	147.8	12.6	1158	10.1
2004 年	全国	136875.9	10561	70477.4	129988	.75200	98.9	11246.2	8695.4	1333.5	151328	1966.3
	山东	15490.7	16925	7589.3	9180	4939.7	99.9	627.8	628.3	94.6	9733	142.1
	青岛	2163.8	29596	1025.4	731.1	458.8	100	47.7	43.6	18.4	1973	41.1
	北京	4283.3	37058	2528.2	1493	895	99.9	51.6	66.2	50.0	9005	317.3
	天津	2931.9	31550	1259.0	1024	422	100	55.5	59.9	28.6	2578	53.8
	上海	7450.3	55307	3084.7	1742	812.3	100	53.7	82.8	41.6	10625	171.1
	重庆	2665.4	9608	1537.1	3122	1689.5	99.9	271.9	170.8	30.4	3601	23.7

资料来源：中宏网统计数据库；相关年份各省区市《统计年鉴》与《统计公报》；《新中国五十年统计资料汇编》；中国历年《统计年鉴》；中国经济统计数据 1978—2002 年；《2005 年中国知识产权年鉴》；《2004 年全国科技经费投入统计公报》；中国资讯行数据库。

注：因数据缺乏，1990 年 R&D 数据取 1998 年数值。

虽然取得了上述成就，但与其他经济发达城市相比，青岛的经济发展还处于较低水平，教育体系也还有待于进一步完善。由表2－1－4可知，2004年，经济发展的两个关键性指标——GDP和固定资本投资额都相对较低，考虑到人口基数因素，虽然青岛的人均GDP在本省处于较高水平，但与其他发达城市相比，仍然存在较大差距。同时，与其他教育发展水平较高的城市相比，青岛也有待进一步提高。

内生增长理论告诉我们，如果教育体系无法提供高质量的、充足的人力资本，则技术水平和创新能力的提高会受到制约。这样，推动经济持续增长的根本动力就会不足，从而逐渐会陷于停滞。而由上述分析可知，青岛的经济发展相对滞后，原因可能就在于青岛并不具备有效的内生增长机制——以人力资本的不断提高来推动高技术的不断创新，并以此来推动经济的持续增长。因此，当前在我国经济增长方式转型期，探讨如何以教育的发展来提高人力资本水平，并以此推动青岛经济的可持续发展，具有重要的现实意义。基于这一背景，本章欲对青岛自改革开放以来经济增长和人力资本的关系展开实证分析，从而明确核算出这一时间序列内人力资本存量及溢出效应对青岛经济增长的贡献率。本章的结构为，首先简要评述人力资本理论；其次以教育年限法核算出青岛的人力资本水平，进而运用人力资本溢出模型核算出各要素，特别是人力资本积累和外溢要素对经济增长的贡献率；最后对上述核算结果进行分析和讨论，并给出相关政策建议。

二　人力资本理论简述与实证模型的选择

（一）理论概述

人力资本概念的产生，可追溯到古典经济学派，但直至20世纪60年代以后，基于明塞尔（Mincer，1958）、舒尔茨（Schultz，1962）、贝克尔（Becker，1978）以及宇泽（Uzawa，1965）等人的开创性研究工作，人力资本理论才得以初步建立起较为完整的体系。

20世纪80年代中后期，随着经济增长理论第二次研究热潮的来到，对经济体系的内生增长机制展开研究成了这一领域内的前沿方向。

在这一背景下，以新古典增长理论为基础、以传统要素分析方法为线索，对劳动力素质的研究显示出了极具潜力的研究价值。以舒尔茨、贝克尔的人力资本理论为基础、借鉴宇泽和罗默（Romer，1986）的理论框架和分析技术，卢卡斯（Lucas，1988）所开创的"人力资本溢出"的内生增长理论成了这一领域内的里程碑之作。该理论认为，知识是人力资本的一种形式，而人力资本是"增长的发动机"。人们的平均技能水平或人力资本水平可以在人们之间传递，其结果是它不仅提高了自身的生产率，而且也增加了劳动和物质资本的生产率，进而导致了生产的收益递增。即人力资本投资具有内部和外部两种效应。近年来，鉴于人力资本理论所具有的研究前沿性以及对经济可持续发展的重要指导意义，国内也出现了研究的热潮，特别是在教育和人力资本方面，相继出现了众多卓有成效的研究成果。如王金营（2001，2002，2005），陈钊、陆铭等（2004），边雅静、沈利生（2004）等，他们的研究结果和方法具有很好的借鉴意义。

（二）实证模型选择的依据

在实证方面，目前国内的研究大多是对经典的索罗模型（Solow，1956）进行扩展，通过对包含资本、人力资本存量两要素的有效劳动模型进行分解，估计出人力资本与经济增长之间的关系。这一模型虽然将人力资本因素单独列出，但无法衡量人力资本对其他要素产出效率的影响程度，故该方法存在一定的缺陷。但卢卡斯的人力资本溢出模型（Lucas，1988）可弥补这一不足。该模型不但可以单独核算出人力资本积累量的产出贡献率，而且更进一步，该模型还可以核算人力资本溢出对其他要素产出贡献率的影响。根据王金营（2001）的研究方法，就可以得到外溢的贡献率，从而进一步得出人力资本对经济增长的净贡献率。上述两位学者的方法和理论模型具有较强的合理性、权威性和可操作性，因此后文将以此为工具展开分析。

（三）人力资本溢出模型

在卢卡斯的原文中（Lucas，1988）共建立了三个模型：物质资本积累与技术变化模型（Physical Capital Accumulation and Technological）、

以教育增加人力资本积累模型（Human Capital Accumulation Through Schooling）以及通过干中学增加人力资本积累模型（Specialized Human Capital Accumulation Through Learning by doing）。这三个模型分析的侧重点不一样，基本上是以一种递进的方式展开，即以新古典增长模型中的劳动、资本为基础，将宇泽模型的教育部门引入到增长方程中，从而将内生的人力资本作为一个单独的要素加以考虑。已有的大量文献表明，在实证分析方面，卢卡斯的人力资本溢出增长模型具备较强的适用性，由于篇幅所限，本章不再列出这一模型的具体推导过程，只列出可用于实证的具体方程。该模型的标准函数如（1）式所示：

$$N(t)c(t) + \dot{K}(t) = AK(t)^{\beta}[u(t)h(t)N(t)]^{1-\beta}h_a(t)^{\gamma} \qquad (1)$$

等式左边为当期的总产出，右边为要素投入。这是一个扩展的柯布—道哥拉斯生产函数。式中 N 为劳动力总量，他们的技术水平为 h，$0 < h < \infty$，如果具有技术水平 h 的劳动力数量为 $N(h)$，则有 $N = \int_0^{\infty} N(h)dh$。

如果在当期各种活动中，个人的时间只分配在两种用途上——生产或学习，假定一个具有技术水平 h 的劳动力用于生产的时间为 $u(h)$，则 $1 - u(h)$ 就可用于人力资本积累。因此，有效劳动[①]总量为：$N_e = \int_0^{\infty} u(h)N(h)hdh$。设资本总量为 $K(t)$，$t \geq 0$，则产出函数为 $F(K, N_e)$。如果单位时间内单位劳动力的工资水平为 $F_N(K,N_e)h$，则他的总收入为 $F_N(K,N_e)hu(h)$。

除考虑劳动力个人的人力资本水平对其自身产出的影响外（人力资本的内部影响），还应考虑其外部影响。因此设平均人力资本为 $h_a = \dfrac{\int_0^{\infty} hN(h)dh}{\int_0^{\infty} N(h)dh}$，$h_a$ 具有外部性。[②]

---

① 需要说明的一点是，这里所指的有效劳动力是指具备劳动能力并且参与了实际工作的劳动者。

② 这里 h_a 具有外部影响（外部性）的含义是指，个人在做出人力资本积累的决策时，无法估计人力资本的外部性所带来的收益，因此也不会影响到个人对时间分配的决策，这样用于人力资本积累的时间越多，外部性越强。

如果所有具有技术水平 h 的劳动力用于生产的时间相同，则有效劳动力数量可以写作：$N_e = uhN$。因此可以将（1）式改写为：

$$Y(t) = AK(t)^\beta N_a(t)^{1-\beta} h_a(t)^\gamma e^\mu \tag{2}$$

该式就是标准的人力资本外溢条件下的增长模型，其中 A 为不变的技术水平。下文将运用这一方程展开实证分析。

（四）假设条件

1. 假设就业人口中接受同级教育水平的劳动力是同质的，即同一教育层次的劳动力无质的差别；

2. 不考虑人口流动、辍学和意外死亡、接受再教育及干中学而导致的人力资本变化。

（五）人力资本测度原理与模型的确定

上述在人力资本的测度方面，普遍采用的是"教育年限法"（Barro，1991，1995）。教育年限法的基本原理为：在承认接受不同等级教育的就业人口具备不同人力资本的前提下，按接受教育的年限对就业人口进行分类。因此，本书按照《中国劳动统计年鉴》的划分原则将人力资本水平划分为五类，分别为文盲或半文盲 h_1、小学文化程度 h_2、初中文化程度（包括技校）h_3、高中文化程度（包括中专，高职）h_4、大专及以上文化程度（包括本科和研究生）h_5。这五类相应的受教育年限分别设定为：文盲、半文盲为 3 年，小学毕业为 6 年，初中毕业为 9 年，高中毕业为 12 年，大专及以上毕业为 16 年。据此，本书采用下式来估算人均人力资本水平：

$$h_a = 3 \times h_1 + 6 \times h_2 + 9 \times h_3 + 12 \times h_4 + 16 \times h_5 \tag{3}$$

式中 h_a 为人均人力资本存量，h_1 到 h_5 分别为 5 类接受不同教育层次的就业者数量占总就业人数的比重。

（六）数据的选择依据及处理方法

本章选择了 1978—2004 年的相关数据，选择的依据一方面在于这个时间序列符合计量模型对样本容量的要求；另一方面这一时期的数据较为完整。因此选择这一时期是合理的。需要说明的是，根据上述增长方程（2）和人力资本水平函数（3）的要求，本章选择了如下几类数据：

1. 由历年《青岛统计年鉴》、《青岛市统计公报》以及第三、第四、第五次青岛市人口普查资料等，可以得到1978—2004年间，青岛各年度就业人口数及部分年度按受教育程度划分的就业人口比例。进而通过（3）式核算出青岛1978—2004年就业人口人均受教育年限及总的受教育年限，结果见表2-1-5和表2-1-6。因篇幅所限，这里只列出了部分年度的数据。需要说明的是，在核算人力资本时，选取的对象是从业人员，选择这一标准更符合实证数据的合理性原则。

表2-1-5　　　　　青岛市就业人口的人力资本状况　　　　（单位:%）

年份	文盲及半文盲	小学	初中	高中	大专及以上
1978	20.5	32.0	34.5	12.6	0.5
1982	16.6	33.0	36.3	13.0	1.1
1985	13.7	33.8	37.6	13.4	1.4
1990	8.80	35.1	39.8	13.9	2.4
1995	6.5	29.3	44.2	15.4	4.8
2000	4.2	23.5	48.5	16.8	7.1
2004	2.0	19.6	52.6	18.2	9.0

表2-1-6　　　　青岛市历年实际产出及生产要素的投入量

年份	GDP（亿元）	总投资额（亿元）	从业人员数量（万人）	人力资本存量（万人·年）	人力资本水平（年/人）
1978	37.99	2.97	256.7	1845.67	7.19
1982	47.92	4.75	270.1	1977.13	7.32
1990	175.39	28.50	352.8	2811.82	7.97
2000	1150.10	321.1	397.6	3630.09	9.13
2001	1316.08	384.4	400.5	3703.02	9.25
2002	1518.17	478.3	413.3	3869.31	9.36
2003	1780.42	739.3	439	4160.82	9.47
2004	2163.8	1025.4	458.8	4401.73	9.59

2. 因缺乏基年（1978年）的固定资本存量值，因此每年的投资量

以新增固定资本投资额来代表，数据来源于 2005 年及 1999 年《青岛市统计年鉴》。

3. 总产出以当年国内生产总值（GDP）代表，这一数据主要来源于 2005 年《青岛市统计年鉴》。

以上数据中，由于统计资料并未列出部分年份的相应数据，因此缺失年份的数据通过线性内插法和趋势外推法核算得到。

三　实证分析

（一）对自变量系数的估计

对（2）式两边取对数可得：

$$\ln Y(t) - \ln N_e(t) = \ln A + \beta[\ln K(t) - \ln N_e(t)] + \gamma \ln h_a(t) + \mu \quad (4)$$

表 2 - 1 - 6 所列数据就是对（4）式中的参数进行估计所需的样本观测值。估计的结果如表 2 - 1 - 7 所示，自变量的标准化系数值见表 2 - 1 - 8。由表 2 - 1 - 8 可知，青岛市自改革开放以来经济增长过程中资本和人力资本水平的产出弹性系数都很高，资本、人力资本水平以及人力资本外溢的弹性系数分别为：0.559、0.441 以及 0.443。由此可以初步得出如下三点结论：第一，持续加大资本投入，是青岛市经济增长的首要动力，本市的经济增长对物质资本投入较为敏感，而人力资本对经济增长的刺激作用不如物质资本明显；第二，虽然人力资本积累水平的增长弹性较资本要低，但二者差别不大，因此，人力资本对本市的经济增长也起到了积极的促进作用；第三，人力资本外溢的弹性系数要高于人力资本积累水平的贡献率，这又充分说明人力资本外溢作用相当明显。

表 2 - 1 - 7　1982—2004 年青岛市人力资本溢出模型的估计结果

系　数		R^2	调整后的 R^2	F - 统计量
$\ln K(t) - \ln N_e(t)$	$\ln h_a(t)$			
0.559（6.597）	0.443（5.227）	0.995	0.995	2208.958

注：括号内数字为 t 统计量，显著性水平为 1%。自变量系数为标准化系数。

表 2 – 1 – 8		自变量的标准化系数值（弹性系数）
β	$1-\beta$	γ
0.559	0.441	0.443

（二）要素贡献率的计算

上述结果虽然初步得出了本市经济增长与要素投入之间的相互关系，但由这一结果无法具体得知哪种要素对经济增长的贡献率较高，因此还需根据（5）式计算要素投入的产出贡献率。

要素贡献率 = [（要素增长率 × 要素产出弹性)/产出增长率] × 100%

(5)

通过计算，得到 K、N_e 及 h_a 的贡献率分别为 83.8%、8.9%、2.9%。由此可知，改革开放后青岛市经济增长的动力主要来自资本投入，资本贡献率几乎是人力资本存量贡献率的 9 倍；此外，劳均人力资本水平的贡献率相当有限，即人力资本的溢出效应不明显。这一结论与前文结论相同，因此，总体来看，青岛的经济发展带有明显的粗放型特征。

（三）人力资本与全要素生产率的贡献率

对上述计算结果展开进一步分析，即将人力资本水平 H 进行分解，将其变形为 $H = L \cdot h_a$，则可以得到劳动力数量（L）和质量（h_a）[1]的贡献率分别为 6.0% 和 2.88%，此外还可以得到全要素生产率（TFP）的贡献率为 4.4%。因此，综合来看，劳动力质量、人力资本外溢以及全要素生产率的总贡献率为 10.18%，劳动力数量和资本的总贡献率为89.8%。这一结果说明，青岛市的人力资本和技术进步对经济增长的总贡献率非常有限，仅为劳动力数量和资本两要素贡献率的 1/9，青岛以资本和劳动力数量推动的粗放式增长特征明显。

---

[1]　这里的 h_a 虽然与表示人力资本外溢效应的 h_a 取值相同，但含义完全不同。这里的 h_a 仅为计算人力资本积累水平 H 时的从属变量，它的产出弹性系数为 0.441，而表示外溢效应的 h_a 的弹性系数为 0.443。

四　结语

通过前文分析，可以得出如下几点结论：

第一，青岛市的经济增长与人力资本积累存在较为密切的相关关系，但人力资本对经济增长的贡献率远不如物质资本显著。青岛的经济带有明显的以物质资本投入为主要动力的粗放式的增长特征。

第二，青岛市粗放式的经济增长与其较高的人力资本水平很不相符。[①] 一般而言，粗放式的增长必然是以高投入、高能耗的低技术水平来支撑的，由于人力资本水平偏低，导致生产技术创新能力不足、技术更新换代的周期就会加长，这样，生产的效率必然会降低，因此无法实现集约化的经济增长。但通过前文实证部分的核算可知，青岛市的人力资本水平较高。这样本市高水平的人力资本与粗放式的经济增长表现出了较为明显的悖论，由此说明，青岛市并未对其优越的人力资本条件加以利用，人力资本浪费严重。

第三，正是由于青岛市人力资本的利用率较低，导致以人力资本带动的技术创新能力较低，因此全市的整体技术水平偏低，由此又导致其他要素很难从人力资本中得到生产效率提高的动力。据此可以认为，如果本市在今后一段时期内无法对丰富的人力资本加以有效利用，则一方面，主要以资本投入带动的高经济增长可能会出现减缓的局面；另一方面，高资本投入会加大宏观经济运行的风险。这应得到高度重视。

第四，从整体来看，我国当前正处于由主要以资本推动向主要由技术推动的经济增长方式的转型期。在这一大环境下，如果政策合理、措施得当，以此充分利用和挖掘出人力资本的潜力，青岛市完全可以在短期内完成转型。

鉴于上述结论，青岛市在制定今后更长时期内的经济发展规划时，应重点做好如下几方面的工作：

第一，应制定切实可行的政策和机制，如改革现有工资制度，分等

---

① 例如，根据王金营的核算，1998 年全国劳动力人均受教育年限为 7.71 年，而青岛为 8.90 年。

级提高不同层次人力资本的薪酬和待遇，从而激发起劳动者的积极性，以此保证对现有人力资本加以有效利用。

第二，加大教育，特别是"基础教育"和"再教育"方面的投入，借此来持续提高人力资本存量水平，为技术创新提供良好的基础环境。

第三，应加强高素质人才的培养。在这方面，除着力加强对职业技术教育、高等教育的投入外，更应加强对科研机构和人员的培育和支持，为高技术创新提供良好的人才基础。

第四，为在短期内更快、更好地提高本市的技术积累与创新能力，需制定较为优厚的政策，以便从本市以外吸引更多的高素质人才，借此实现以外部动力提升本地区人才积累和更新能力的跨越式发展。

第二章

青岛市创新型城市建设能力评价
——基于"济—青"都市圈核心城市比较视角

一 引言

2003 年山东省提出今后全省将全力打造"一群、两带、三圈、四层、五轴"的城镇新轮廓，其中半岛城市群将成为重点建设的核心地带。同时，以点带线，以线促面，推动全省城镇体系网络发展，培育中心城市地位突出、大中小城市等级规模有序的网络化城镇群体，并由此提出了"在城市发展上实行非均衡战略，突出增强中心城市的凝聚力和辐射带动能力，大力推进特大城市和大城市建设，积极合理发展中小城市，择优培育重点中心镇"的整体思路。

在国内经济竞争日益激烈的形势下，山东省必须努力提升区域经济竞争力，培育新的经济增长极。而建设以青岛为龙头的半岛城市群的决策部署，对于参与新一轮区域经济竞争，具有重大意义。经过近几年的实践，半岛城市群快速发展，在拉动全省经济增长方面发挥了重要作用。

2008 年山东省政府在《胶东半岛城市群和省会城市群一体发展规划》中提出，构建完善两条产业聚集带（轴）：沿济青高速通道发展轴，依托济青高速公路和济青高速铁路等交通要道，沿轴由东向西展开，这是支撑一体化区域发展的中枢；沿黄金海岸产业带，统筹陆域发展和海洋经济，加强港口资源整合，发展壮大临港产业群。由于"一体"特别是"双中心"的济南、青岛，汇集了众多高等学校、科研院所、龙头企业和创新人才，因此，该《规划》赋予了"一体"自主创新的重要使命。《规划》要求，把增强自主创新能力作为"一体"转变经济发展方式和提高综合实力的中心环节，将"一体"建设成为全省自主创新的引擎和全国重要的自主创新高地。在交通网络建设方面，济南、青岛、潍坊、烟台、威海等重要城市之间逐步实现高速铁路、高速公路和城际铁路等多种方式连接。济—青大都市圈的发展将为实现全省区域经济的协调发展提供主要动力。

二 建设创新城市的基本标准

（一）创新的层次

创新体系可分为宏观（国家创新体系）、中观（区域创新体系、城市创新体系）和微观（企业创新体系）3 个层次。其中城市创新体系是指在城市中观层面上，侧重开发其无形资产，丰富其科学储备，减少对稀缺资源的依赖，并以发展高科技产业为核心，以制度变革为保证，不断生成富有技术生产效率的中心城市信息化制造与应用系统。它是连接国家创新体系与企业创新体系的纽带。

（二）创新型城市建设的基本标准

创新型城市是特定历史阶段创新要素集聚并发挥作用时，城市发展的模式与路径。这一模式主要依赖知识积累、科技创新以及人力资本的积累与全民文化素质的快速提高来促进经济的快速发展；这三个方面是相辅相成的。创新型城市对其所在都市圈（城市群）或更大范围内的其他城乡地区具有高端辐射与引领作用。

在全球以信息技术革命为标志的科技革命推动下，科技创新在经济社会发展中的作用日益突出，国民财富的增长和人们生活水平的提高越来越有赖于科学技术的积累和创新，因此科技竞争成为一国或一个地区综合竞争力的体现。

把科技创新作为基本战略，大幅度提高科技创新的投入与能力，形成日益强大的竞争优势，国际学术界把这一类国家称为创新型国家。目前世界上公认的创新型国家有 20 个左右，包括美国、日本、芬兰、韩国等。这些国家的共同特征是：科技进步的经济增长贡献率在70%以上，研发投入占 GDP 的比例一般在 2% 以上，对外技术依存度一般在 30% 以下。此外，这些国家所获得的三方专利（美国、欧洲和日本授权的专利）数占世界数量的绝大部分。

为追赶世界科技发展的前沿，提高我国自主创新的能力，并以此更好更快地带动我国向富强的大国迈进，党中央制定并已开始实施以创新型国家建设为目标的科技强国战略。2006 年胡锦涛总书记在全国科学技术大会上提出"加强自主创新，建设创新型国家"的发展战略，指出我国将于 2020 年建成创新型国家，并使科技发展成为经济社会发展的有力支撑。而要实现这一点，我国的科技创新需要实现如下基本指标：到 2020 年，经济增长的科技进步贡献率要提高到 60% 以上，全社会的研发投入占 GDP 比重要从 1.35% 提高到 2.5%。以建设创新型国家为目标，我国各地区也在积极地推进创新型省份或城市建设。有关创新型城市建设的构想是以创新型国家建设为总指导，各地区根据自己的实际情况分别制定各自的建设目标和任务。无论创新最终如何实现，各城市最终应实现的目标是基本一致的，即必须实现 60% 的经济增长贡献来源于知识积累与科技创新。

综上所述，科技进步的经济增长贡献率为 60%—70%，研发投入占 GDP 的比例为 2%—2.5% 是判断创新型城市建设基本而最重要的标准，上述两指标越高则意味着城市的创新能力越强，创新建设水平越高。

三　青岛创新型城市建设水平的初步研判

第一，R&D 投入较少。由前文可知，创新型城市建设的判断标准之一是 R&D 投资至少应达到 GDP 的 2%—2.5%。根据表 2-2-1，并结合数据，可以较为容易地得到有关 R&D 投资占 GDP 的比重，结果见表 2-2-2。由表 2-2-2 数据来看，首先，近十几年以来，青岛和济南两市 R&D 投资占 GDP 的比重都较低，但基本上维持了上升的趋势，特别是济南市的比重一直在稳步上升，而且近几年已超过 2%，这是一个非常重要的趋势，表明济南市不但在这一指标上已基本跨入创新增长模式，且已经走在青岛前列。其次，青岛市 2002 年和 2003 年 R&D 的投资比重超过了 2%，但近几年一直在 1.95% 左右波动而徘徊不前，说明本市近几年可能对科技创新的重视程度不够，导致 R&D 的投入不足。

表 2 - 2 - 1　　　　青岛与济南两市 R&D 投资额　　　（单位：亿元）

年份	青岛	济南
1995	2.3	4.6
2000	13.3	7.3
2001	24.8	10.1
2002	36.3	12.4
2003	38.7	16.2
2004	41.4	24.3
2005	52.5	33.9
2006	63.3	42.1
2007	74.8	51.9
2008	86.0	62.6

资料来源：青岛、济南市统计局、科技局网站，部分年度数据经线性内插推算得到。后表同。因来源所限，数据只追溯至 1995 年。

表 2 - 2 - 2　　　青岛与济南两市 R&D 投资占 GDP 比重　　（单位：%）

年份	青岛	济南
1995	0.36	0.97
2000	1.12	0.77
2001	1.81	0.95
2002	2.29	1.04
2003	2.07	1.20
2004	1.82	1.52
2005	1.95	1.81
2006	1.98	1.93
2007	1.98	2.02
2008	1.93	2.07

　　第二，青岛市的人力资本积累不足、结构不合理。目前青岛市具有大专及以上文化程度的人口占全市从业人口的比例偏低，在 20%—30% 之间，日本为 47%，韩国为 40%。而在人才结构方面，高层次、

复合型、国际化的科技团队与领军人物非常稀缺。青岛仅在海洋研究方面在全国居于领先地位，但在其他更广的范围，如电子、通信、软件、高新材料、生物工程，甚至是企业高级管理人才方面都没有优势，这也集中体现出青岛市在基础研究、高精尖应用研究方面缺乏核心竞争力。

第三，企业并未成为技术创新的主体。目前，青岛具有一定规模和水平研究机构的企业数量极为有限，其中海尔、海信、澳柯玛等企业的研究投入占销售收入的比重超过了5%，同时专利申请量超过了全市总量的80%，授权专利量超过50%。但这样的企业占企业总量的比例极小，且研发领域较为集中，尤其值得注意的是，这些企业向房地产等领域拓展的混业经营又削弱了技术研发的动力与能力。同时，在全市专利总量迅速增长的同时，国内专利申请仍未打破集中于实用新型和外观设计的格局，最能体现自主创新能力的发明专利申请授权量占授权总量的7%—8%。发达国家的经验表明，技术在快速积累与创新的过程中，企业必定是技术研发的主体，因为在生存的压力和不断追求高回报的激励下，企业将有持续大额度研发投入的动力。相比之下，青岛市企业在研发方面的投入不足导致其并未成技术创新的主体，因此城市竞争力尤其是今后的可持续发展能力将受到限制。

第四，产学研结合不够紧密。首先，除企业的研发与生产存在脱节现象外，驻青高校的教研方向和高端人才培养与地方经济发展也存在偏差。比如青岛目前亟须发展的重化工业、电子、软件、新型材料、物流控制以及生物工程等，驻青高校的研究能力都不强。其次，驻青高校和科研机构的研究领域与地方经济发展的关系并不十分密切。在青岛的大多数研究机构中，真正具有原始创新能力、能提供具有自主知识产权的院所主要集中于为数不多的大企业和国家级的科研院所，而市一级的研究机构中，搞规划设计的多，搞高水平应用开发的少，原始创新能力低，为地方经济发展服务的配套水平也就相对较低。同时，市科技和研究资源的配置还存在一定的部门分割、行业分割以及条块分割的现象。企业、高校以及专业研究机构的科技创新资源缺乏有效的整合平台，经济与科技、企业与高校、企业与研究机构、高校与研究机构都处于相对封闭的环境中，导致科技创新与市场不是不同步，就是相互脱节，由此造成本来就不高的科技创新能力无法得到有效释放。同时研究成果的应用转化率较低，如此一来，科技资源无法转化为企业和城市的竞争优势。

第五，创新缺乏足够的政策支持，科技创新机制和环境尚待完善。近年来，青岛市委和市政府出台了一些企业技术改造和产业升级方面的鼓励政策，并起到了积极的促进作用。然而这些政策的制定部门、实施时间、政策的针对性、持续性和稳定性等方面存在问题，加之操作性不强以及实施不到位，因此并未形成一个合理、有序而系统的自主创新支撑政策体系和实施细则，因此对企业和研究机构的激励有限。而在创新环境方面，青岛虽然地处我国改革开放的前沿，但由于产业结构不尽合理、发展模式依旧处于摸索之中，从而造成科技创新环境和高素质人才的培养与使用环境不甚理想。

四　青岛市创新型城市的评价方法与实证分析

在探讨区域经济发展进程中创新型城市建设的路径时，城市所具有的创新能力是核心所在。目前有关城市创新能力的评价，研究成果较为丰富，但方法大都较为单一，主要是建立描述竞争能力特征的指标变量集，通过单一的数字比较，得出相关结论。指标一般包括产业发展规模、人力资本投资、技术研发投资、对外贸易开放度、产业关联水平等。这些指标虽然内容全面，但方法较为简单，而且由于变量选取较多，因此重点不突出，结论不够深入。

按照内生增长理论的两大观点——人力资本内生和技术创新内生，劳动力"质量"的不断优化而非"数量"的扩张、持续的技术创新及其外溢是经济增长的关键所在。因此要从更深层次揭示创新型城市建设的特征和机制，可以从上述两个方面展开分析。具体来看，需要着重考量的对象是生产要素的投入质量以及技术创新的投入规模和效率，二者对具有可持续的区域经济增长能力具有决定性作用。

鉴于此，以下欲从人力资本和技术的内生角度解释城市创新能力。具体应用人力资本和技术外溢的内生增长模型作为分析工具，实证分析的结果将可能揭示更多具体的创新能力特征。

（一）变量与数据说明

从人力资本层面来看，一般可以将人口的健康水平视为身体素质，但由于目前国内针对人力资本身体素质所展开的研究甚少，对人口的健康水平进行衡量缺乏统一的数据标准和方法，因此，要对人力资本的身体素质进行衡量有一定的难度。但可以明确的一点是，如果生活环境和质量较高，则人口的健康水平和身体素质也应该较高。从这点出发，以人口个体来看，健康水平可以由很多方面间接得到体现，比如单位时间内就医的次数、医药费用占总支出的比重、主动参加锻炼的时间、生活区域环境污染的程度以及家族有无遗传疾病等。但是这些指标不能全面反映个人的健康状况，而且缺乏相关的统计数据，因此，通过个体的健康程度反映总体健康水平的难度是比较大的。而从一个国家或地区的整体人口来看，也有许多指标可以体现总体人群的健康水平，比如，婴儿出生时的死亡率、就业人口的死亡率、人均摄取的热量及人口平均预期寿命等。虽然这些指标也不能充分说明一个国家或地区人口的健康水平，但是它们在一定程度上可以反映人群总体健康程度的高低。综合考虑上述两点，以下以数据可得性为前提，在没有其他直接指标可采用的情况下，本章将尝试性地采用预期寿命这一统计指标来衡量人力资本的身体素质，因为预期寿命的长短在很大程度上可以体现人口的健康水平。

另外，从技术创新来看，也有众多指标可以对其加以说明，如技术创新投资、科研人员数量、专利申请量或批准量、各类教育层次毕业生人数等。本章在指标选取时，基于统计数据可得性原则，按照指标重要性并借鉴已有研究，将技术创新投资作为实证变量，具体以 R&D（研究与发展）投资来代表。

1. 只考虑身体素质时的人力资本变量

在这一情况下，人力资本可以界定为：

$$N_e = LB \tag{1}$$

（1）式中 L 为从业劳动力数量，这里引入劳动力的身体素质，以人均预期寿命 B 代表，因此，N_e 就是以身体素质代表的人力资本总积累量。本章选取 1978—2008 年为研究的时间序列。基于第三次、第五次青岛市人口普查资料及其他相关资料，可以找到部分年度的"人口平均预期寿命"数据，因此在假定从业人口与总人口的"人口平均预期寿命"相同的基础上，以线性内插法和外推法核算得到其余年度的 B 值，这样，在已知 L 值的条件下，就可求出各年度人力资本的积累量 N_e 的值。部分年度 B 和 N_e 的值见表 2 - 2 - 3，限于篇幅，其他年度不再列出。

表 2 - 2 - 3　　　　　**两市人均预期寿命与人力资本积累量**　（单位：年、万人·年）

年份	青岛		济南	
	B	N_e	B	N_e
1978	67.8	17401.7	62.7	12790.8
1982	68.8	19446.9	65.5	15016.2
1985	69.5	21926.0	67.3	16508.7
1990	70.8	24974.7	68.5	18529.3
1995	73.2	27406.4	71.6	23212.7
2000	75.7	30094.3	73.8	25638.1
2005	77.6	35598.3	76.5	27560.0
2008	78.2	39968.5	77.6	28365.9

资料来源：经青岛市第三次、第五次人口普查资料折算得到。后表同。

2. 同时考虑脑力素质和身体素质时的人力资本变量

在这一情况下，人力资本方程可以设定为：

$$N_e = LB_H E \qquad (2)$$

（2）式中 N_e、L 与（1）式中的对应变量的含义相同，B_H 被定义为身体素质系数。此外，为了在人力资本中体现劳动力的脑力素质因素，在（2）式中又引入了脑力素质系数，以 E 代表。这里之所以使用系数来代表相应变量的值，主要是为了去除不同变量的量纲，以便将总人力资本的单位统一起来，使之变为标准化数据。需要说明的是，本书将"教育年限法"和"教育成本法"来分别核算劳动力的脑力素质系数，以得出更为明确和具有对比性的结果。

由前可知，如下首先应核算三类系数，其次核算人力资本存量值。在具体核算时，可以采取一种直接的方法来求得各系数值——首先找到所有年度中劳均受教育年限、成本以及预期寿命的最小值，再以各年度的实际值分别除以最小值，便可得到相应系数。例如，X 年度青岛市的劳均受教育年限值最低为 7，Z 年度为 7.7，则有 X 年度以"教育年限法"表征的脑力素质系数为 1，Z 年度为 1.1。其他年度依此类推。

已知各年度就业人口的人力资本结构，见表 2-2-4，则由"教育年限法"和"教育成本法"可以核算得到劳均人力资本水平，部分年度的数据见表 2-2-5。然后通过前述方法可以计算得到每一年度人力资本脑力素质的两个系数，分别将它们设为 E_y 和 E_c，将上述数据代入（2）式便可得到人力资本积累量，见表 2-2-5。同理，也可以依据上述方法得到各年度人力资本的身体素质系数 B_H。核算结果见表 2-2-6，限于篇幅，只列出了部分年度的值。

表 2-2-4　　　　　青岛和济南两市就业人口的人力资本结构　　　（单位：%）

年份	青岛					济南				
	文盲及半文盲	小学	初中	高中	大专及以上	文盲及半文盲	小学	初中	高中	大专及以上
1978	20.5	32.0	34.5	12.6	0.5	18.7	31.1	35.7	13.9	0.6
1982	16.6	33.0	36.3	13.0	1.1	15.7	32.1	36.3	14.6	1.3
1985	13.7	33.8	37.6	13.4	1.4	13.2	33.0	37.6	14.9	1.4
1990	8.8	35.1	39.8	13.9	2.4	8.3	33.9	38.9	15.2	3.7
1995	6.5	29.3	44.2	15.4	4.8	6.7	30.3	41.9	16.7	4.4
2000	4.2	23.5	48.5	16.8	7.1	4.4	25.7	47.5	16.2	6.2
2005	1.9	17.7	52.8	18.2	9.5	2.7	18.6	51.9	17.8	9.0
2008	0.5	14.2	58.1	19.0	10.8	0.6	15.6	56.3	18.2	9.3

表 2-2-5　青岛和济南两市劳均人力资本水平与人力资本积累量

（单位：年、万人综合人力资本）

年份	青岛				济南			
	劳均人力资本		人力资本积累量		劳均人力资本		人力资本积累量	
	教育年限法	教育成本法	教育年限法	教育成本法	教育年限法	教育成本法	教育年限法	教育成本法
1978	7.3	3.3	256.7	252.6	6.7	2.9	165.6	162.1
1982	7.5	3.6	289.2	305.8	6.9	3.2	172.8	186.5

续表

年份	青岛				济南			
	劳均人力资本		人力资本积累量		劳均人力资本		人力资本积累量	
	教育年限法	教育成本法	教育年限法	教育成本法	教育年限法	教育成本法	教育年限法	教育成本法
1985	7.7	3.9	331.0	366.7	7.1	3.5	193.9	210.2
1990	8.0	4.3	386.1	459.4	7.5	3.9	239.7	288.2
1995	8.6	5.5	437.7	617.3	7.9	4.4	275.6	434.0
2000	9.1	6.6	492.2	796.4	8.2	5.2	322.1	562.2
2005	9.5	7.6	595.6	1046.5	8.6	6.3	392.2	702.8
2008	9.9	8.5	610.3	1379.1	8.9	7.0	490.3	931.7

表 2 – 2 – 6　　　部分年度青岛市人力资本脑力素质与身体素质系数

年份	青岛			济南		
	B_H	E_y	E_C	B_H	E_y	E_C
1978	1.000	1.000	1.000	1.000	1.000	1.000
1982	1.015	1.023	1.082	1.012	1.019	1.067
1985	1.026	1.050	1.163	1.022	1.051	1.156
1990	1.044	1.094	1.302	1.039	1.082	1.287
1995	1.080	1.170	1.650	1.065	1.170	1.552
2000	1.117	1.238	2.003	1.113	1.211	1.829
2005	1.145	1.298	2.281	1.134	1.275	2.171
2008	1.187	1.361	2.567	1.171	1.301	2.512

3. 技术创新变量

本章以 R&D 投资来表征技术创新，以 A 代表之。两市部分年度的值见表 2 – 2 – 1。由于缺乏部分年度的数据值，因此根据已有年份的值，通过线性内插法加以估算，从而得到完整的时间序列数据。

（二）实证模型的设定

实证首先选取有效劳动模型对人力资本的产出贡献做出计量。这一模型在相关研究中被广泛应用，其具体形式为：

$$Y(t) = AK(t)^{\alpha} N_e^{\beta}(t) e^{\mu} \qquad 0 < \alpha < 1, \ 0 < \beta < 1$$

本式是考虑人力资本内生条件下的有效劳动模型，对自变量系数未施加规模报酬不变的约束。对其两边取对数后，可得到应用于实证的计量方程为：

$$\ln Y(t) = \ln A + \alpha \ln K(t) + \beta \ln N_e(t) + \mu \qquad 0 < \alpha, \ \beta < 1 \qquad (3)$$

（3）式中，A 代表不变的技术水平，即可将其看作是常数，K 和 N_e 分别代表投资和人力资本存量。

其次，再应用 D–H 函数对技术创新的产出贡献做出计量，函数的形式为：

$$Y(t) = A(t)^{\alpha} K(t)^{\beta} N_e^{\lambda}(t) e^{\mu} \qquad 0 < \alpha, \ \beta, \ \lambda < 1$$

A 代表随时间而不断改进的技术水平，与上式不同，这里 A 为变量。本式也同样未对自变量系数施加规模报酬不变的约束。方程式两边取对数后，可得到应用于实证的计量方程为：

$$\ln Y(t) = \alpha \ln A(t) + \beta \ln K(t) + \lambda \ln N_e(t) + \mu \qquad 0 < \alpha, \ \beta, \ \lambda < 1$$
$$(4)$$

如下将根据前文各表所列数据，并结合其他数据，运用多元线性回归的 OLS 方法对（3）式、（4）式各参数值进行估计，运行软件为 SPSS13.0。

（三）实证

实证的过程分为三步：首先，在假定技术水平一定的情况下，先考察劳动力身体素质的增长贡献率，再考察劳动力脑力素质的增长贡献率；其次，考察劳动力综合素质的增长贡献率；最后，将技术视为内生变量，考察其对增长的作用。通过上述实证分析，需要对人力资本积累和技术创新的贡献率及外溢效应做出衡量，以此明确界定青岛和济南两市创新能力的强弱。

1. 只考虑劳动力身体素质时的估计结果

仅考虑劳动力身体素质时的估计结果见表 2–2–7。观察表中自变量的弹性系数值，可以得到如下结论：两市的物质资本投入的弹性系数值大于 0.5，且远高于人力资本身体素质的弹性系数，二者的差额分别达到 0.283 和 0.366。由此可知，两市的经济增长对物质资本投入的敏感性更强，整体经济以物质资本投入带动的粗放型增长特征较为明显。这表明，一方面，仅以高人力资本积累带动的创新型城市建设，应体现出人力资本对经济增长贡献的较高比例，而上述系数较低，则表明两市的创新程度都不高；另一方面，比较而言，青岛市人力资本的产出贡献要高于济南市，即青岛市由于在人口素质，特别是人才集聚方面的优势要优于济南，因此其创新能力也较强。

表 2 – 2 – 7　　　仅考虑身体素质时有效劳动模型的估计结果

	系　　数		R^2	调整后的 R^2	F 统计量
	$\ln K$（t）	$\ln N_e$（t）			
青岛	0.653（9.250）	0.370（5.249）	0.962	0.958	300.468
济南	0.687（7.581）	0.321（5.249）	0.973	0.970	198.865

注：表中括号内数字为 t 统计量，1% 显著。自变量系数为标准化系数。后表同。

2. 只考虑劳动力脑力素质时的估计结果

为进一步检验上述结论的可靠性，可以通过有效劳动模型分别对以"教育年限法"和"教育成本法"核算出的脑力素质进行弹性系数值的估计。主要数据见表 2 – 2 – 4 和表 2 – 2 – 5，结果见表 2 – 2 – 8。与表 2 – 2 – 7 数据进行对比，可以发现如下四方面特征（见表 2 – 2 – 9）：

表 2 – 2 – 8　　　仅考虑脑力素质时有效劳动模型的估计结果

		系　　数		R^2	调整后的 R^2	F 统计量
		$\ln K$（t）	$\ln N_e$（t）			
年限法	青岛	0.618（9.090）	0.406（5.974）	0.967	0.964	349.783
	济南	0.665（9.127）	0.378（8.672）	0.967	0.963	393.443
成本法	青岛	0.559（8.459）	0.476（9.946）	0.985	0.984	797.893
	济南	0.568（9.816）	0.461（9.239）	0.977	0.982	526.661

表 2 – 2 – 9　　　不同人力资本素质产出弹性的比较

	人力资本身体素质	人力资本脑力素质		综合人力资本素质	
		教育年限法	教育成本法	教育年限法	教育成本法
青岛	0.370	0.406	0.476	0.449	0.503
济南	0.321	0.378	0.461	0.441	0.493

　　第一，与前述分析相似，两市以脑力素质衡量的人力资本对经济增长的贡献较资本的贡献为低，这进一步验证了两市创新型城市建设的程度还不高。

　　第二，两市以身体素质作为人力资本标准的产出弹性，比以脑力素质作为标准的产出弹性均要低。这说明自改革开放以来，随着两市社会经济的快速发展，第二、第三次产业比重逐渐占据优势地位，整体产业结构已跨入工业化阶段，并正在向以信息化带动工业化的生产方式转型，因此在这一过程中生产技术水平也在不断快速更新，以技术水平提高带动的经济增长对劳动力的脑力素质要求更高，因此它的产出弹性自然比人力资本身体素质的产出弹性高。

　　第三，以"教育年限法"和"教育成本法"核算人力资本得出的估计结果趋势是相同的。这表明从身体素质和脑力素质两个层次来看，人力资本对经济增长的贡献、进而对创新型城市建设的贡献，青岛都要优于济南。

　　3. 同时考虑脑力素质和身体素质时的估计结果

　　以表 2－2－6 核算的数据为基础，同时考虑人力资本脑力素质和身体素质对产出的影响，这可认为是劳动力综合素质对创新城市建设的影响。实证的估计结果见表 2－2－10。表中结果都顺利通过检验，方程的显著性水平和拟合优度都很高，说明（3）式也适用于这一分析思路。观察表 2－2－10 中的估计结果，可得如下结论：

表 2－2－10　　　　　综合考虑脑力素质和身体素质时的估计结果

		系　数		R^2	调整后的 R^2	F 统计量
		$\ln K$（t）	$\ln N_e$（t）			
年限法	青岛	0.574（8.697）	0.449（6.801）	0.972	0.969	413.887
	济南	0.596（8.226）	0.441（6.319）	0.981	0.980	672.665
成本法	青岛	0.530（12.015）	0.503（11.403）	0.987	0.986	921.720
	济南	0.511（8.269）	0.493（6.377）	0.969	0.967	368.226

　　首先，两城市综合人力资本对产出的影响强度比单纯考虑人力资本身体素质和脑力素质时都要高（见表 2－2－9）。这说明由于综合人力资本比前两种人力资本的核算更为科学和全面，因此由其核算出的较高

的产出弹性系数更能说明两城市的创新水平的特征：虽然创新水平不高，但人力资本的创新作用正在不断上升。其次，三种方法核算的结果都表明青岛市人力资本的产出贡献要优于济南，因此可以较为肯定地认为，以建设创新型城市为目标，进而带动都市圈整体发展战略的实施过程中，青岛核心城市的作用要优于济南。

通过上述分析，比较了从人力资本角度来看的两市创新型城市建设的差距，但并未涉及技术创新与积累的作用，而这一点在评价创新型城市建设水平时，不但与人力资本密切相关，而且技术创新本身就是创新城市建设评价的核心指标，因此以下将就技术创新的经济增长作用展开分析。

4. 考虑技术创新的估计结果

将技术创新、人力资本综合素质同时加以考虑，以表 2 - 2 - 1、表 2 - 2 - 6 的数据为基础，结合取双对数之后的计量方程（4）式，就可以估计出技术创新对两市经济发展水平的影响，因同时考虑了人力资本水平，因此估计结果还可以对技术创新与人力资本之间的关系做出说明。实证结果见表 2 - 2 - 11。

表 2 - 2 - 11　　　　　　技术创新贡献率的估计结果

		系　数			R^2	调整后的 R^2	F 统计量
		$mA\,(t)$	$mK\,(t)$	$mN_e\,(t)$			
年限法	青岛	0.116 (3.261)	0.573 (5.332)	0.319 (7.689)	0.982	0.978	892.017
	济南	0.189 (6.856)	0.491 (8.229)	0.334 (7.121)	0.988	0.987	1022.659
成本法	青岛	0.287 (2.226)	0.393 (6.897)	0.326 (6.550)	0.988	0.986	685.156
	济南	0.311 (2.226)	0.262 (6.897)	0.433 (9.582)	0.962	0.959	237.721

表中参数的估计结果都顺利通过检验，方程的显著性水平和拟合优度都较高，说明（4）式适用于上述分析思路。观察表 2 - 2 - 11 的估计结果，可得如下几点结论。

第一，在综合考虑技术、投资、人力资本的情况下，实证结果表明，济、青两市技术创新对经济增长的贡献率较低。首先，由年限法核算人力资本时，青岛和济南的技术贡献率分别为 0.116 和 0.189，要远低于资本和人力资本的贡献率。其次，以成本法核算人力资本时，虽然技术的产出贡献率有所上升，分别达到 0.287 和 0.311，但相比投资特别是人力资本投资的贡献率而言，还是偏低。这一结果表明，自改革开放以来，青岛和济南两市的经济增长主要还是靠投资来推动的，技术创新对经济的贡献率较低，而根据前文有关创新型城市对应的技术创新的经济增长贡献最低为 60% 的标准来看，两市离创新型城市还有较大差距。

　　第二，将表 2-2-11 中 A 的产出贡献率列于表 2-2-12，通过观察还可以进一步发现，青岛和济南是济—青都市圈的两个经济增长极，两城市的创新能力弱，意味着济—青都市圈的创新能力也较弱，从而可以进一步得知全省的创新能力也较低。

表 2-2-12　　　　　　　　技术创新的产出贡献率比较

	教育年限法	教育成本法
青岛	0.116	0.287
济南	0.189	0.311

　　第三，由表 2-2-9 可知，比较而言，在未考虑技术时，青岛市的人力资本对经济增长的贡献要大于济南，同时，青岛市的人力资本积累量和劳均人力资本水平都优于济南；而将表 2-2-11 中考虑到技术影响后的人力资本的产出贡献率列于表 2-2-13 可知，考虑技术创新因素后，结果正好相反，即青岛人力资本的贡献小于济南。上述看似矛盾的结果实际上表明，目前济南市人力资本与技术结合得较好，或者说济南市的生产技术结构要优于青岛。

表 2-2-13　　　考虑技术创新时两市人力资本产出贡献的比较

	教育年限法	教育成本法
青岛	0.319	0.326
济南	0.334	0.433

五　政策建议与展望

前文以济—青都市圈发展为背景、从两大核心城市——青岛和济南——比较的视角，对青岛市创新型城市建设目前所处的水平和存在的问题作出理论和实证分析。结果表明，青岛市目前距离创新型城市的国际公认标准和国内预期标准都有不小的差距，即使与济南相比，也存在着一些不足。鉴于此，为更好地促进青岛创新型城市建设，需要在如下方面实施理念和政策创新。

（一）用科学发展观统领创新型城市建设。重点有三个方面：第一，加快宏观经济结构调整，而这需要首先从产业结构调整方面入手，同时需要加快城乡统筹和协调发展；第二，加快实施文化强市、人才强市、科技强市战略，不断增强城市软实力；第三，加快发展社会事业，着力解决民生和社会公平问题，创造创新建设的和谐社会环境。

（二）持续强化人力资本的投资力度，优化人力资本结构。前文分析表明，首先，仅考虑劳动力的身体素质时，青岛市人力资本的产出弹性虽然没有资本的产出弹性高，但其对产出的作用也相当明显。因此，强化人力资本身体素质，可以有效地提高本市的产出水平。为此，以全民健身和提高全民身体素质为目标的政府投资应持续加强。其次，从脑力素质和综合人力资本两个层面估计的人力资本产出弹性，普遍都小于物质资本的产出弹性。由此可知，青岛市的经济还带有粗放式增长特征。但由于青岛市的人力资本水平的积累增长幅度较快（特别是近十年来由于外部引智和高等教育规模的快速扩张导致从业人口的人力资本提升较快），因此以人力资本促进经济增长的潜力巨大，即如果能充分挖掘人力资本潜力，使之得以充分、有效地利用，则青岛市的经济会持续快速增长。

（三）构建更为完善合理的教育体系，为有效提升本市人力资本水平提供坚实的物质基础。第一，应大力发展义务教育和基础教育，努力提高初等教育的普及率，这对提高全民文化素质至关重要。有关教育投资收益率的国际研究早已表明，不发达国家和地区的初、中、高三级教育体系中，初等教育的私人收益率和社会收益率都是最高的，并且在各个等级的教育中，初等教育又是其他更高教育层次的基础。第二，应特别加强高等职业教育和从业人员的在职培训，强调培养通用型和初级专用型人才队伍。第三，应适度控制高等教育规模，以培养高水平复合型人才为目标，突出高等教育的"专、精、尖"特色，为本市高技术创新提供高层次人才保障。第四，加大农村地区教育投资力度。全面提升农村基础教育和义务教育的普及率，尤其要加大学前教育和义务教育的投资力度，有效降低在学儿童的辍学率。同时大力提倡和兴办农村职业技术教育，培养农业及与之关联的第二、第三产业急需的各类技术人才。

（四）完善社会保障制度，健全社会保障体系。各级政府及相关部门应根据自身的财力和辖区人口的特点，加强社会保障的法规和制度建设，尽快建立起一套能顺利付诸实施的、较完备的社会保障制度体系。第二，合理确定社会保障的范围、标准和水平，既要保障城乡居民的基本生活和医疗的需要，又不会超出社保资金的承受能力，避免社保基金入不敷出，财政不堪重负。第三，应建立可靠稳定的社保资金筹措机制，开辟多元化的社保资金筹资、投资渠道。第四，在合理确定保障范围的基础上，尽可能扩大社会保障的覆盖面。医疗、失业、养老三大保障机制都应遵循这一原则。

（五）建立健全以人力资本有序迁移为目标的劳动力市场体系。一直以来，"已有人才积累量不够、外部高层次人才吸引力减弱；中心城区人力资本集聚、外围区市人力资本净迁出"可能是青岛市人力资本迁移的真实写照，这一现象也成了影响青岛市经济发展的一个障碍。要扭转这一局面，非一朝一夕之功可以实现。因此制定一个以人力资本净迁入为目标的长期人才发展战略规划，建立人力资本迁移和引进的长效机制，意义重大。在这方面应切实落实党中央国务院以及市委、市政府有关人才问题的各项政策、努力改善人才成长和发展的软硬环境，各区市还应根据自身的实际情况和特点，制定符合本区域经济发展要求的人力资本利用和引进机制。

（六）建立切实有效的科技创新体系。各区市在紧密联系其人才培养和引进战略的基础上，尽快建立起适合于自身经济发展要求的技术创新和应用体系。在这方面，应以"引进、消化、吸收、创新"这一路径为基本原则，从原始理论创新到原始应用创新两个层面促进科技创新体系的建设。

（七）增加政府对企业的研发经费投入。根据国际经验，当一个国家经济处于发展初期，R&D/GDP 一般在 0.5%—0.7%；在经济起飞阶段，该比例应上升到 1.5% 左右；进入稳定发展期，应当保持在 2.0% 以上；另外，由发达国家的经验可以看出，在一国或地区整体创新能力较低阶段，需要政府给予较多的投入。因此结合前文分析可知，青岛市目前正处于经济起飞向稳定发展的过渡阶段，故政府对创新的持续投入支持必不可少。通过政府投入的引导作用，逐步带动企业的研发投入，待科技水平能够带来一定收益，企业受利益驱使自然会增加研发投入额度，这无疑是提高青岛市创新能力的有效途径。因此现阶段青岛市政府应提高政府 R&D 投入占社会总投入的比重。

（八）优化 R&D 经费的使用结构。一般而言，R&D 经费在基础研究、应用研究和实验发展这三类研究中的合理配置关系为基础研究占 15% 左右，应用研究占 25% 左右，实验发展占 60% 左右。基础及应用研究是创新能力建设的基础，是知识的源头，是形成自主知识产权和专利的基础。因此，如果青岛市对基础研究和应用研究活动的投入不足，则会直接导致企业把技术引进和模仿作为 R&D 的首要工作，而将独立创新放在次要地位，这最终会导致经济发展的技术动力不足，影响经济的持续发展和综合竞争力。此外，在财力有限的情况下，应着力提高政府 R&D 活动经费的使用效率，明确政府资金的主要作用意在引导企业配套投入，提升产品或项目开发层次、开发积极性，带动和提高 R&D 活动经费投入。

（九）从更宽广的视野审视创新。一个开放的、可利用全球和国内各种资源的知识获取体系是创新体系建设的关键因素之一。因此青岛市不但需要快速提升自我创新能力，而且也应逐步建立和发挥都市圈内城市之间的联动机制。青岛作为济—青都市圈的核心，在建设创新体系的过程中，首先要从济—青都市圈区域创新体系角度去思考，充分调动和利用区域内的科技资源，这样一种区域创新体系的构建并不是各城市创新资源的简单相加，而是要着力于区域内各创新体系的互动，通过构建一体化的社会服务平台，降低技术与知识、信息、人才等资源的流动成本，促进资源的自由流动和优化配置，充分发挥资源的综合和系统优势，以此来弥补青岛自身的不足，加快创新体系的建设步伐。

　　综上所述，青岛利用济—青都市圈内创新资源的过程，必然是充分挖掘创新潜力的过程。青岛创新体系建设将对济—青都市圈的城市群形成示范和带动作用，科技创新的溢出效应也会有助于整个济—青都市圈乃至山东半岛制造业的升级和科技研发活动的兴盛，最终构建起济—青都市圈的区域创新体系，形成创新山东的新局面。

第三章

山东省人力资本对经济增长的产出贡献分析

一　引言

进入新世纪以来，山东省的经济发展取得了全国瞩目的成就，GDP由 2000 年的 8337.47 亿元上升至 2012 年的 50013.2 亿元，成为继广东、江苏之后突破 5 万亿元大关的省份。然而，作为人口大省的山东，长期面临着经济总量大，而人均经济总量小的问题，有效地解决这一问题，是保持山东省经济、社会持续健康发展的关键。从发达国家的经验看，人力资本是保持经济持续健康增长的重要源泉，这一论断已被大多数学者所认同。从现有研究我国人力资本产出贡献的文献看，多数学者的研究证实了人力资本对经济增长的积极作用，但研究多定位于我国东、西部及省域间的差异上。本章选取山东省 17 个地市作为研究对象，并将该省 15 个地级市以及 2 个副省级城市划分为核心区域与外围区域，以此来探讨山东省人力资本对经济增长的产出贡献。

二　模型与数据说明

（一）卢卡斯人力资本溢出模型

文章采用卢卡斯人力资本溢出模型（Lucas，1988）作为分析方法，其标准形式为：

$$Y(t) = AK(t)^\beta N(t)^{1-\beta} h(t)^\gamma e^\mu \tag{1}$$

其中，Y 为当期的总产出，A 为不变的技术水平，K 为资本投入，N 为总人力资本水平，h 为人均人力资本水平。

（二）有效劳动模型

为核算人力资本对经济增长的总贡献率，还需引入有效劳动模型

$$Y(t) = AK(t)^{\alpha}N(t)^{\beta} \tag{2}$$

该式各变量的意义与（1）式相同。

（三）要素贡献率

$$R_{ci} = \frac{R_i E_i}{R_G}100\% \qquad i = 1—5 \tag{3}$$

式中 R_{ci} 为要素贡献率、R_i 为要素增长率、E_i 为要素产出弹性、R_G 为产出（GDP）增长率。1—5 分别代表资本 K、总人力资本 N、人均人力资本 h、在校生数 L 和全要素生产率 A。

（四）数据选择及处理

以山东省 17 个地市为研究对象，并将济—青都市圈称为核心区域，其余为外围区域。同时基于数据的可得性所限，选取的时序为 2000—2011 年。研究数据来源于《山东省统计年鉴》和《中国城市统计年鉴》，部分年份缺失数据通过内插法核算得到。主要变量说明如下：

1. 人均人力资本水平

采用教育年限法核算人均人力资本水平，该方法在人力资本的核算中受到大多数学者的青睐。计算公式如下：

$$h = 3h_1 + 7.5h_2 + 10.5h_3 + 10.5h_4 + 14h_5 \tag{4}$$

h 为人均人力资本水平；h_1—h_5 分别为小学、初中、高中、中等职业学校、高等学校 5 类接受不同教育层次的在校生数占总在校生数的比重；此外，总人力资本水平 $N = Lh$。核算结果见表 2 - 3 - 1。

表 2 - 3 - 1　　　　　　山东省各市区人力资本状况

区域	城市	人均人力资本（年）			总人力资本（万人·年）		
		2000	2011	均值	2000	2011	均值
核心区域	济南	6.5	9.6	8.7	5876086	13641608	10882662
	青岛	5.7	7.8	7.3	5747004	9469067	8844444
	烟台	6.2	8.0	7.3	5925710	6701370	6845176

续表

区域	城市	人均人力资本（年）			总人力资本（万人·年）		
		2000	2011	均值	2000	2011	均值
核心区域	威海	6.0	8.2	7.2	2224728	2697285	2553028
	淄博	6.1	7.6	7.0	3521445	5262819	4562258
	潍坊	5.8	7.1	6.5	8232290	9359682	8619353
	日照	5.7	6.3	6.3	2502153	2515745	2573807
	东营	5.9	7.3	6.9	1717404	2369937	2159265
外围区域	济宁	5.5	6.2	6.2	8601191	6864107	7833099
	泰安	5.9	6.5	6.7	5327791	5103131	5127166
	枣庄	5.1	6.3	5.9	3615555	3335123	3692003
	莱芜	6.1	6.8	6.4	1054072	1182815	1100254
	临沂	5.3	5.8	5.8	9459049	8456878	8907236
	德州	5.2	5.8	6.0	4578755	4848506	4734272
	聊城	5.3	5.9	6.0	5368697	4689316	5097057
	滨州	5.5	6.6	6.2	2914146	3584167	3329962
	菏泽	5.2	5.5	5.6	8587011	8517705	8741705

2. 产出水平和固定资本存量

考虑到国内生产总值（GDP）是衡量一个地区经济发展实力和竞争力大小的最基本指标，因此以各市区 GDP 代表产出水平（Y），同时以固定资本投资总额衡量固定资本存量（K）。此外，为去除价格因素影响，提高实证分析的准确性，用价格指数将各名义值平减为以 2000 年为基期的实际值。

三　实证分析

（一）要素产出弹性系数

通过（4）式核算得到 2000—2011 年山东省各市区人均人力资本水平 h 和总人力资本水平 N（见表 2 - 3 - 1）。然后对（1）式和（2）式两边分别取对数，并整理得到下式：

$$\ln Y(t) - \ln N(t) = \ln A + \beta[\ln K(t) - \ln N(t)] + \gamma \ln h(t) + \mu \quad (5)$$

$$\ln Y(t) = \ln A + \alpha \ln K(t) + \beta \ln N(t) \quad (6)$$

利用软件 SPSS18.0，对（5）和（6）两式进行线性回归，共有 10 个城市通过检验。

第一，从起止年份人力资本状况（见表2-3-1）看，各市人均人力资本水平均显著提高，而总人力资本水平却表现出差异性，外围区域67%的市域总人力资本水平存在下降趋势。从均值看，核心区域中济南、青岛等5市人均人力资本水平超过7.0（济南最高为8.7），而外围区域各市均低于7.0；总人力资本水平均值两区域及区域各市间显现出巨大的分异特性。但值得注意的是，总体比较来看，外围区域人力资本状况堪忧，而这点在人均人力资本水平中尤为显著。

第二，对各市要素产出弹性系数（见表2-3-2、表2-3-3）分析。除济宁外，两模型核算出的资本产出弹性系数很明显都大于总人力资本的产出弹性系数。这意味着资本对经济增长的作用高于人力资本，这与我国物质资本推动型经济发展模式相一致。

表2-3-2　　　　　　　人力资本溢出模型要素产出弹性系数

区域	城市	K	N	h
核心区域	济南	2.026	-1.026	-1.276
	青岛	1.598	-0.598	-0.752
	日照	1.043	-0.043	-0.210
外围区域	泰安	1.055	-0.055	-0.252
	临沂	1.158	-0.158	-0.265
	菏泽	1.297	-0.297	-0.566

表2-3-3　　　　　　　有效劳动模型要素产出弹性系数

区域	城市	K	N
核心区域	济南	1.499	-0.538
	青岛	1.293	-0.348
	烟台	1.176	-0.401
	日照	0.965	-0.114
外围区域	济宁	0.383	0.834
	泰安	0.951	0.747
	枣庄	0.567	0.935
	临沂	-0.633	-0.203
	聊城	-0.151	-0.300
	菏泽	-0.447	-0.376

第三，有效劳动模型核算得到的总人力资本产出弹性（见表2-3-3）外围区域大于核心区域，而资本产出弹性低于核心区域，说明外围区域的资本投入比核心区域作用弱，但人力资本对经济增长的贡献要大于核心区域。

第四，人力资本溢出模型比有效劳动模型中资本的产出弹性大（比较表2-3-2、表2-3-3），说明人力资本的溢出效用提高了资本的作用。此外，外围区域溢出效用更强，所以如果加大对外围区域人力资本的开发与投入，将带来比核心区域更显著的经济增长效应。

（二）要素投入对经济增长的贡献率

上述分析未能测算出要素投入对经济增长的贡献率，故如下对此做出解析。首先计算出要素投入增长率，限于篇幅不再列出，然后将其与表2-3-2、表2-3-3中的数据代入（3）式，结果见表2-3-4、表2-3-5。

表2-3-4　　　　要素投入对经济增长的贡献率　　　（单位:%）

区域	城市	K	N	h	L
核心区域	济南	370.49	-63.65	-36.23	-33.32
	青岛	270.76	-18.76	-14.38	-7.13
	日照	200.82	-0.01	-1.47	0.28
外围区域	泰安	216.24	0.14	-1.29	0.41
	临沂	229.59	1.18	-1.77	2.22
	菏泽	214.66	0.12	-1.74	1.03

表2-3-5　　　　要素投入对经济增长的贡献率

区域	城市	K	N	L
核心区域	济南	274.12	-30.96	-16.21
	青岛	219.08	-9.19	-3.49
	烟台	264.54	-1.34	1.48
	日照	185.80	0.01	-0.23
外围区域	济宁	79.14	-9.20	-14.13
	泰安	170.94	-0.41	-1.25
	枣庄	162.82	-0.23	-0.80
	临沂	148.10	-1.88	-3.55
	聊城	107.32	-3.09	-5.64
	菏泽	154.75	-0.03	-0.23

第一，2000—2011年间，各市总人力资本贡献率明显低于资本的贡献率，且二者差额较大。除济宁外，其余各市资本投入对经济增长的贡献率都超过100%。进一步说明，山东省尚处于粗放型经济发展阶段，人力资本与物质资本的增长速度不相适应，经济增长主要靠物质资本推动。

第二，观察总人力资本对经济增长的贡献率，总体看，两模型核算所得的核心区域总人力资本对经济增长的贡献率相比外围区域较低；济南、青岛人力资本水平比泰安、临沂、菏泽要高（表2-3-1），但是由两模型核算出的总人力资本对经济增长的贡献率，济南、青岛较低。由此可知，山东省经济发展的两大龙头——济南和青岛，对各自的人力资本利用率处于低水平。

第三，人力资本溢出模型核算的人均人力资本对经济增长的贡献率（人力资本外溢的贡献率）同样表现为济南、青岛两市处于低水平。这一结果不仅进一步表明两市未对本市人力资本加以合理、有效地利用，还表明两市的人力资本溢出效应不明显，人力资本对经济增长的作用十分有限。

（三）人力资本总贡献率

为全面解释人力资本的作用，根据王金营的研究方法，首先，由总人力资本存量的贡献率减去在校生数的贡献率得到净人力资本存量贡献率；其次，将净人力资本存量贡献率与人均人力资本的贡献率加总得到人力资本对经济增长的直接贡献率；最后，人力资本外溢效应的产出（间接）贡献率=（1）式去除人力资本后各生产要素贡献率之和-（2）式去除人力资本后各生产要素贡献率之和。最终得到净人力资本对经济增长的总贡献率（见表2-2-6）。

表2-3-6　　　　净人力资本对经济增长的总贡献率（%）

区域	城市	净（1）	人均（2）	直接（3）=（1）+（2）	间接（4）	总（5）=（3）+（4）
核心区域	济南	-30.33	-36.23	-66.56	79.26	12.70
	青岛	-11.63	-14.38	-26.00	48.04	22.04
	日照	2.83	-1.47	1.36	12.40	13.77

续表

区域	城市	净（1）	人均（2）	直接（3）= （1）+（2）	间接（4）	总（5）= （3）+（4）
外围区域	泰安	9.97	-1.29	8.69	36.71	45.40
	临沂	-1.04	-1.77	-2.81	87.25	84.44
	菏泽	-0.91	-1.74	-2.65	61.17	58.52

注："净"表示净人力资本存量，"人均"表示人均人力资本存量，"直接"表示人力资本直接贡献率，"间接"表示人力资本间接贡献率，"总"表示人力资本总贡献率。

第一，人力资本的间接贡献率均处于高水平，其中，临沂（外围区域）高达 87.25%。说明人力资本对经济增长产生正的溢出作用，外溢效应明显。

第二，各市人力资本对经济增长的总贡献率都较高，其中外围区域临沂、菏泽超过了 50%。说明自 21 世纪以来，山东省各市人力资本对经济增长的促进作用越来越明显。由于重视教育，注重提升人口素质，加强对人才培养的力度，使该省人力资本水平显著提高。

第三，济南、青岛人力资本水平位居前两位，但其人力资本总贡献率分别为 12.7% 和 22.04%，排在其余各市之后。人力资本水平高的地区总贡献率反而很低，这一结论看似与一般结论相悖——人力资本水平越高，对经济增长的影响越明显，其实这符合边际报酬递减规律。

四　结语

第一，山东省各市人力资本水平呈增长趋势，且不同市域间人力资本水平存在差异，其中，济—青都市带核心区域人均人力资本水平比外围区域高。合理解释为核心区域经济发展及教育投入相对于外围区域均处于较高水平，同时，核心区域利用其区位优势导致外围区域人力资本外流，加剧了外围区域的人力资本困境。

第二，山东省目前仍处于粗放型经济增长阶段，经济增长主要由物质资本驱动。然而，资本推动型经济增长模式并不能缩小核心和外围区域的差距，没有人力资本的积累，再多的物质资本也是徒劳的。因此，要改变单纯地依靠投入资金和物质的做法，加大人才培养，着力提升人力资本水平，并以此来缩小地区间发展的不平衡。

第三，山东省尚未对人力资本加以合理有效利用，致使不能充分发挥其对经济增长的促进作用。同时，山东省经济发展的两大龙头——济南、青岛对各自人力资本的利用率处于低水平。

第四，对教育的投资可有效促进人力资本的积累，并以此促进劳动生产率的提高和经济的增长。为减小区域间经济增长差异，应采取有效措施，加强基础教育投入，提高人力资本质量，营造一个有利于人力资源开发利用的经济环境和社会环境，缩小区域间的经济增长差距。

第四章

山东省人力资本与经济增长的耦合实证分析

一　引言

新世纪以来，山东省主要经济指标位居国内各省区市前列，特别是继 2008 年 GDP 突破 3 万亿元大关后，2012 年又跻身 5 万亿元俱乐部。与此同时，山东省的人口环境也发生了重大转变。从人口素质看，由于教育水平的不断提升，加之改革开放后外来高素质人口的不断涌入，引致本省的人力资本水平有了全面提升。为此，在本省经济发展方式转型的关键时期，深入探讨由人力资本带动的经济增长新模式，就成为近几年政界和学界关注的焦点。在这其中，对本省经济发展进程中经济增长与人力资本的关系衡量是急需明确解析的问题之一。如能有效解析，就可以更好地估计与评价本省人力资本积累量是否合理之问题，从而对后续经济增长方式调整进程中教育、技术创新以及产业结构调整中人力资本的合理配置给予有力的理论支撑，且有明显的政策借鉴意义。

从既有研究看，对人力资本与经济增长的研究普遍集中于二者因果关系的回归分析，鲜有文献涉及耦合关系的讨论。因此，本章构造了经济增长指数与综合考虑健康与教育两因素的人力资本指数，实证分析了二者的发展水平及耦合关系，借此全面探讨了山东省人力资本与经济增长的特征以及二者的协调发展水平。

二　模型与数据说明

（一）研究方法简述

耦合表示两个或两个以上系统之间相互作用、彼此影响之关系，包括协调与发展两个不可或缺的部分（吴文恒，2006；逯进，2012）。本章假设人力资本与经济增长所构成的综合系统中包含人力资本与经济增长两个子系统。

设 $U(x) = \sum \beta_i x_i$、$V(y) = \sum \varphi_i y_i$ 分别为人力资本与经济增长两个子系统的发展水平。其中 i 代表两系统中不同的指标，x_i、y_i 分别为人力资本与经济增长指标值，β_i、φ_i 分别为其相对应的权重。

在借鉴廖重斌（1999）、蒋敏（2008）等学者研究的基础上，本章构造如下耦合度计算公式：

$$D = \sqrt{C \cdot T} \tag{1}$$

$$\text{其中，} C = \left\{ \frac{4U(x)V(y)}{[U(x) + V(y)]^2} \right\}^K \tag{2}$$

$$T = \lambda U(x)^\theta V(y)^{1-\theta} \tag{3}$$

上式中 D、C、T 分别表示综合系统耦合度、协调度、发展度，以此来衡量综合系统的耦合水平，协调水平以及发展水平；（2）式中 K 为调节系数，且 $K \geqslant 2$，经多次测算并结合前期研究，最终选定 $K = 3$；（3）式中 λ 为外生参量，且 $\lambda = 1$，θ、$1 - \theta$ 分别表示人力资本与经济增长的弹性系数，笔者认为人力资本与经济增长两个子系统同等重要，因此，取 $\theta = 0.5$。表 1 - 4 - 4 列出了耦合度的判别标准及划分类型。

（二）数据说明

1. 指标体系的构建

考虑到数据的全面性、可得性与有效性，本章最终将研究时序确定为 2000—2011 年，并以此构建了山东省 17 个地市 12 年的面板数据。具体指标体系见表 2 - 4 - 1。数据源于历年《山东省统计年鉴》等权威统计资料，部分缺失数据通过线性内插与外推而得。此外，为消除价格因素影响，运用价格指数将各名义值平减为以 2000 年为基期的实际值。此外，将济—青都市带称为核心区域，其余为外围区域（翟倩倩，2012），这一划分有助于比较分析的展开。

表 2 - 4 - 1　　　　　　　山东省人力资本与经济增长指标体系

约束层	一级指标	二级指标	三级指标
人力资本（X）	脑力素质	教育规模	高等学校在校生数、普通中等学校在校生数、小学在校生数、高等学校专任教师数、普通中等学校专任教师数、小学专任教师数、高等学校数、普通中等学校数、小学学校数、科学事业费支出、教育事业费
		文化环境	剧场（影剧院）数、公共图书馆图书总藏量、每百人公共图书馆藏书
	身体素质	生活质量	城镇生活污水处理率、生活垃圾无害化处理率、城乡居民储蓄年末余额、人均蔬菜产量、人均水果产量、人均肉产量、人均奶产量、人均水产品产量
		医疗保健	人口自然增长率（－）、医院（卫生院）床位数、医生（执业医师＋执业助理医师）数、医院（卫生院）数
经济增长（Y）	发展水平	发展水平	城镇登记失业人数（－）财政支出、财政收入、固定资本投资总额、GDP、人均 GDP、GDP 增长率
	开放程度	开放程度	海关进口总额、海关出口总额、实际利用外资额
	产业结构	产业结构	第一产业就业人数占比（－）、第一产业占 GDP 比重（－）、第二产业就业人数占比、第二产业占 GDP 比重、第三产业就业人数占比、第三产业占 GDP 比重
	市场化程度	市场化程度	国有及国有控股企业年底从业人员数（－）、私营企业和个体年底从业人员数

注："－"标记表明该指标为负指标，数值越小对系统越有利；其余指标为正指标，数值越大对系统越有利。

2. 指标权重的确定

表 2 - 4 - 1 所列指标体系中一、二级因子重要程度相当，故采用算术平均法计算其权重值。而三级因子各指标对于人力资本与经济增长的重要程度有所差异，本章运用李新运等（1998）提出的 IAHP 方法确定其指标权重，限于篇幅，各矩阵与权重值不再列出。

3. 数据的标准化处理

为消除量纲影响，运用极差标准化法对各指标原始数据进行标准化处理，详见第一篇第四章。

4. 综合指数的核算

对经过标准化后的数据及其相应权重进行逐级加权求和，可得山东省 17 个地市的人力资本与经济增长水平，分别用人力资本指数和经济增长指数表示。限于篇幅，表 2 - 4 - 2 列出了部分年度的指数及均值。

三　实证分析

（一）综合指数分析

观察表2-4-2，并结合表2-4-3所列人力资本与经济增长指数增长率，可得如下结论：

表2-4-2　　　　　　　　山东省人力资本与经济增长指数

地区		人力资本							经济增长						
		2000	2003	2005	2007	2010	2011	均值	2000	2003	2005	2007	2010	2011	均值
核心区域	济南	0.43	0.47	0.57	0.54	0.62	0.65	0.55	0.23	0.30	0.36	0.39	0.51	0.47	0.38
	青岛	0.30	0.31	0.39	0.41	0.47	0.49	0.40	0.30	0.47	0.56	0.61	0.67	0.76	0.56
	烟台	0.24	0.24	0.31	0.44	0.46	0.48	0.36	0.22	0.36	0.43	0.43	0.50	0.51	0.41
	威海	0.16	0.17	0.21	0.24	0.26	0.26	0.22	0.22	0.30	0.33	0.37	0.33	0.33	0.31
	淄博	0.18	0.17	0.23	0.24	0.28	0.29	0.23	0.22	0.28	0.34	0.32	0.35	0.36	0.31
	潍坊	0.31	0.28	0.34	0.35	0.39	0.42	0.35	0.21	0.26	0.30	0.34	0.40	0.43	0.32
	日照	0.08	0.09	0.11	0.11	0.12	0.13	0.11	0.17	0.21	0.23	0.26	0.28	0.30	0.24
	东营	0.12	0.13	0.27	0.30	0.23	0.25	0.22	0.21	0.28	0.32	0.29	0.34	0.36	0.30
	均值	0.23	0.23	0.30	0.33	0.35	0.37	0.30	0.22	0.31	0.36	0.37	0.42	0.44	0.35
外围区域	济宁	0.24	0.20	0.28	0.29	0.31	0.32	0.27	0.19	0.24	0.26	0.29	0.30	0.32	0.27
	泰安	0.16	0.16	0.35	0.38	0.46	0.47	0.33	0.18	0.22	0.26	0.26	0.29	0.29	0.25
	枣庄	0.14	0.14	0.15	0.17	0.18	0.19	0.16	0.19	0.22	0.26	0.26	0.27	0.28	0.25
	莱芜	0.08	0.09	0.10	0.10	0.12	0.13	0.10	0.20	0.23	0.25	0.26	0.25	0.25	0.24
	临沂	0.25	0.19	0.30	0.33	0.38	0.39	0.31	0.20	0.24	0.26	0.29	0.31	0.33	0.27
	德州	0.17	0.16	0.19	0.17	0.20	0.21	0.18	0.22	0.25	0.24	0.26	0.25	0.27	0.25
	聊城	0.17	0.16	0.18	0.29	0.35	0.37	0.25	0.17	0.21	0.23	0.24	0.26	0.27	0.23
	滨州	0.13	0.13	0.16	0.18	0.22	0.25	0.18	0.17	0.21	0.25	0.26	0.28	0.30	0.25
	菏泽	0.17	0.15	0.22	0.23	0.30	0.34	0.24	0.11	0.15	0.18	0.22	0.25	0.27	0.20
	均值	0.17	0.15	0.21	0.24	0.28	0.30	0.22	0.18	0.21	0.24	0.26	0.27	0.29	0.24

| 表 2 - 4 - 3 | 人力资本与经济增长指数增长率 | （单位：%） |

区域	指数	增长率
核心区域	人力资本指数	63
	经济增长指数	98
外围区域	人力资本指数	77
	经济增长指数	60
全省	人力资本指数	69
	经济增长指数	81

第一，从山东省各市历年总体均值来看，一方面，山东省人力资本指数与经济增长指数呈逐年上升趋势，二者分别从 2000 年的 0.20、0.20 上升至 2011 年的 0.26、0.30，增长率分别为 69% 和 81%（见表 2 - 4 - 3），呈快速增长趋势。另一方面，除 2000 年人力资本指数与经济增长指数相等外，其余年份经济增长指数均大于人力资本指数，且前者增长率明显高于后者。

第二，从核心区域来看，与总体均值一致，人力资本与经济增长指数呈逐年增长的态势，且经济增长指数增长率高于人力资本。具体来看，二者分别从 2000 年的 0.23、0.22 增长至 2011 年的 0.37、0.44，增幅分别为 63% 和 98%。

第三，外围区域来看，人力资本与经济增长指数呈现逐年增长趋势，二者分别从 2000 年的 0.17、0.18 增长至 2011 年的 0.30、0.29。

第四，无论是人力资本指数还是经济增长指数，核心区域各年度均高于外围区域。但外围区域人力资本指数增长率（77%）高于核心区域（63%），因此，虽然外围区域人力资本基数小，但未来有望赶上甚至超过核心区域。

第五，具体到市域来看，人力资本水平最高的为济南 0.55，其次是青岛 0.40、烟台 0.36，经济增长指数位于前三位的分别是青岛 0.56、烟台 0.41 和济南 0.38。可见，人力资本与经济增长优势区域大多分布在核心区域。

此外，核心区域中存在异常城市——日照，该市虽然位于东部沿海且经济发展水平比较高，但是其人力资本水平极低（0.11），在山东省

17 个城市中居于倒数第二位（最低的为莱芜 0.10），此结论与周惠民等（2012）研究结论一致。

（二）耦合分析

根据式（1）—（3）计算山东省各市 2000—2011 年耦合度，结果见表 2 - 4 - 4。

表 2 - 4 - 4　　　山东省 2000—2011 年人力资本与经济发展的系统耦合度

地区		2000	2001	2002	2003	2004	2005	2006	2007	2008	2009	2010	2011	均值
核心区域	济南	0.49	0.51	0.54	0.57	0.58	0.63	0.65	0.65	0.73	0.75	0.74	0.71	0.63
	青岛	0.55	0.57	0.59	0.58	0.65	0.65	0.67	0.67	0.69	0.69	0.71	0.73	0.65
	烟台	0.48	0.50	0.52	0.52	0.57	0.58	0.60	0.66	0.65	0.66	0.69	0.70	0.59
	威海	0.42	0.42	0.43	0.42	0.47	0.48	0.48	0.50	0.51	0.52	0.53	0.53	0.48
	淄博	0.44	0.44	0.45	0.43	0.48	0.49	0.49	0.51	0.52	0.53	0.55	0.55	0.49
	潍坊	0.47	0.48	0.51	0.52	0.55	0.56	0.57	0.59	0.60	0.63	0.65	0.65	0.56
	日照	0.29	0.28	0.31	0.30	0.32	0.32	0.32	0.31	0.27	0.27	0.33	0.35	0.31
	东营	0.35	0.35	0.36	0.34	0.52	0.54	0.54	0.54	0.47	0.49	0.51	0.52	0.46
	均值	0.44	0.44	0.46	0.46	0.52	0.53	0.54	0.55	0.55	0.56	0.59	0.60	0.52
外围区域	济宁	0.45	0.46	0.47	0.47	0.50	0.52	0.52	0.54	0.55	0.53	0.56	0.57	0.51
	泰安	0.41	0.42	0.42	0.41	0.45	0.53	0.52	0.53	0.54	0.53	0.56	0.56	0.49
	枣庄	0.39	0.38	0.40	0.38	0.42	0.40	0.43	0.43	0.43	0.43	0.44	0.45	0.42
	莱芜	0.27	0.28	0.29	0.26	0.28	0.29	0.29	0.28	0.28	0.34	0.35	0.36	0.30
	临沂	0.46	0.46	0.47	0.45	0.52	0.52	0.54	0.55	0.55	0.55	0.58	0.59	0.52
	德州	0.43	0.41	0.43	0.41	0.45	0.45	0.43	0.43	0.44	0.46	0.46	0.47	0.44
	聊城	0.41	0.41	0.42	0.42	0.46	0.44	0.50	0.50	0.51	0.50	0.53	0.54	0.47
	滨州	0.38	0.37	0.38	0.37	0.41	0.41	0.42	0.44	0.44	0.46	0.49	0.52	0.42
	菏泽	0.34	0.36	0.40	0.39	0.42	0.44	0.45	0.47	0.48	0.49	0.52	0.54	0.44
	均值	0.39	0.39	0.41	0.39	0.44	0.44	0.46	0.46	0.47	0.48	0.50	0.51	0.45
总体均值		0.41	0.42	0.44	0.43	0.48	0.49	0.50	0.51	0.51	0.52	0.54	0.55	0.48

第一，从全省各年度均值来看，除 2003 年稍有下降外，各年度耦合度呈逐年递增趋势，表现出人力资本与经济增长逐步协调发展的态势。具体来看，耦合度从 2000 年的 0.41 增长至 2011 年的 0.55，增幅

为 33.5%。依据表 1 - 4 - 4 耦合度的判别标准及划分类型可知，本省耦合发展程度还处于较低水平，仅从濒临失调衰退型跨越为勉强协调发展类型。

第二，核心区域和外围区域耦合度分别从 2000 年的 0.44、0.39 增长至 2011 年的 0.60、0.51，增幅分别为 36.5% 和 30.2%。其中，2000—2010 年，核心区域从濒临失调衰退转变为勉强协调发展，至 2011 年跃迁至初级协调发展类型；2000—2005 年，外围区域仍处于轻度失调衰退类型，2006—2011 年间，才从濒临失调衰退型转变为勉强协调发展型。核心区域耦合度始终高于外围区域，说明核心区域人力资本与经济增长的协调发展水平高于外围区域。

第三，从市域看，如表 2 - 4 - 5 所示，核心区域中青岛（0.65）、济南（0.63）均达到初级协调发展类型；烟台、潍坊、临沂、济宁耦合度也较高，处于勉强协调发展类型；而日照、莱芜耦合值在 0.2—0.4 之间，仍处于轻度失调衰退类型，这与综合指数分析结论类似，进一步说明日照市人力资本与经济增长系统协调发展程度较低。

表 2 - 4 - 5   **山东省各市域协调发展类型**

类型	核心区域	外围区域
初级协调发展	青岛、济南	
勉强协调发展	烟台、潍坊	临沂、济宁
濒临失调衰退	淄博、威海、东营	泰安、聊城、菏泽、德州、枣庄、滨州
轻度失调衰退	日照	莱芜

第四，如表 2 - 4 - 6 所示，人力资本与经济增长的耦合演进类型，A 类最为理想，人力资本与经济增长协调共进，如青岛、济南；B 类人力资本水平偏低，二者发展不协调，如日照、莱芜；而 D 类二者水平过低，尚未进入协调发展阶段。因此，当人力资本与经济增长水平都很高时，二者可达到协调共进的良性耦合，耦合度高；否则为彼此掣肘的劣性耦合。

表2-4-6　　　　　　人力资本与经济增长的耦合演进类型

类别	人力资本	经济增长	耦合度	耦合类型特征
A	高	高	高	协调共进
B	低	高	较高	不协调
C	高	低	较低	不协调
D	低	低	低	尚未进入良性耦合/协调阶段

四　结语

本章运用耦合实证分析方法,探讨了山东省人力资本与经济增长的协调发展关系,据此得到如下结论:

第一,新世纪以来,山东省人力资本与经济增长指数呈逐年上升趋势,经济增长指数高于人力资本指数,且经济增长指数增长率也高于人力资本。此外,二者的优势区域主要集中于济—青都市带核心区域,其中,人力资本水平最高的为济南,经济增长水平最高的为青岛。

第二,山东省人力资本与经济增长的耦合度逐年递增,二者倾向于协调发展趋势。然而,耦合发展程度仍处于较低水平,仅由濒临失调衰退型跨越为勉强协调发展型。济—青都市带核心区域耦合度仍高于外围区域。

第三,山东省两大龙头城市——济南、青岛已达到人力资本与经济增长协调共进的耦合演进类型,以这两个城市作为增长极,带动其他市域,未来将取得全省经济的全面发展。

第五章

山东省人力资本与经济增长关系
的系统动力学分析

一 引言

伴随着改革开放的不断推进，山东省的经济实现了跨越式发展，如衡量经济发展最重要的指标 GDP 由 2002 年的 10275.5 亿元上升至 2012 年的 50013.2 亿元，成为全国除港澳台以外 31 个省域第三个突破 5 万亿元大关的省份。然而这种以海量投资为主的经济发展方式是否可持续值得我们思考。作为人口大省，山东省充分发挥人力资本优势并以此来带动经济增长是未来经济持续发展的关键。基于此，研究人力资本对经济增长的促进作用就显得尤为重要。已有研究表明人力资本是保持经济持续健康增长的源泉（胡永远，2004；廖楚辉，2006），但其研究大部分采用回归分析来阐述人力资本的经济增长效应，并未揭示二者间相互作用的内在机理。文章认为人力资本与经济增长系统之间存在着复杂的交互传导机制，而系统动力学正是实行模拟与仿真来研究与分析复杂系统性系统的方法。本章意欲借助于系统动力学方法分析山东省人力资本与经济增长系统的内在机理，从而为山东实施提高人力资本水平的政策提供参考。

二 系统动力学模型构建

系统动力学（Systems Dynamics，SD）是美国麻省理工学院（MIT）J. W. 弗雷斯特（J. W. Forrester）教授最早提出的一种对社会经济问题进行系统分析的方法论，是一种系统、分析、综合与推理的研究方法，是定性分析与定量分析相统一，并以定性分析为先导、定量分析为支持，两者相辅相成、螺旋上升、逐步深化和解决问题的方法。目的在于综合控制论、信息论和决策论的成果，分析研究信息反馈系统的结构和行为。用 SD 理论、方法分析实际系统，建立概念与定量一体化的模型，然后借助于计算机模拟技术，对问题进行定性与定量研究，并根据模拟结果调整政策以求最佳决策，该模型对社会、经济系统等非线性复杂的大系统尤其能体现出其优越性。

（一） 系统边界的确定与指标说明

1. 系统边界的确定

所谓确定系统的边界，即确定哪些因素是包含在系统内的，哪些因素不影响系统的运行则应作为外生变量。系统动力学认为只有内部因素对系统的运行起决定性作用，因此，如何确定系统边界就成为构建模型时首先需要解决的问题。在前期研究的基础上，笔者认为人力资本与经济增长的系统动力学模型主要应包含如下 5 个子系统：经济增长子系统、人口子系统、总人力资本子系统、固定资本子系统以及平均人力资本子系统。

2. 指标说明

模型中各指标的说明如下：以 GDP 衡量经济增长子系统；人力资本的核算中脑力素质用教育事业费支出、R&D 经费支出及公共图书馆与博物馆数量衡量；身体素质用人口平均预期寿命表示；总人力资本水平用脑力素质与身体素质按 AHP 方法得到的权重加权，其权重分别为：教育（0.5531）、R&D（0.1201）、图书馆（0.0583）、寿命（0.2685）；其他变量如财政支出、居民消费支出等均用其统计观测值表示。

（二） 因果关系模型及因果关系分析

在确定了系统边界后，如下将分析人力资本与经济增长相互作用的因果关系。具体将通过构建二者的因果关系图来做出直观的描述（见图 2 - 5 - 1）。

图中包含的回路主要有：

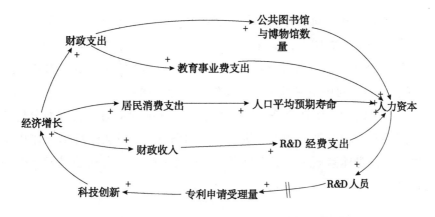

图 2 – 5 – 1　人力资本与经济增长系统因果关系图

（1）经济增长→财政支出→公共图书馆与博物馆数量→人力资本→R&D 人员→专利申请受理量→科技创新→经济增长

该回路以财政支出的变动为中介，解析了人力资本与经济增长的内在作用机制。具体含义为：一方面，经济增长带动了财政支出的增加，使得政府加大了对诸如公共图书馆与博物馆等文化设施建设的投入，进而使得不同人群能够获得更多的知识与信息，由此促进了人力资本水平的提升；另一方面，随着人力资本水平的提升，专门化高素质的人才数量会增加，并带动了各领域 R&D 人员数量增加，导致整体科技创新水平提高，最终又促进经济增长。

（2）经济增长→财政支出→教育事业费支出→人力资本→R&D 人员→专利申请受理量→科技创新→经济增长

这个回路是国家科教兴国与人才强国战略的具体表现，体现了国家对教育的重视。经济增长使得国家的财政支出中教育事业费支出所占的比重加大，从而使得适龄儿童的辍学率下降，学校的师资以及办学条件得到提高与改善，潜在的人力资本水平提高。这些潜在的人力资本经过时间累积，在其走上工作岗位后会发挥其专业特长，并为经济增长作出贡献。

（3）经济增长→财政收入→R&D 经费支出→人力资本→R&D 人员→专利申请受理量→科技创新→经济增长

此回路表明政府通过直接增加 R&D 经费支出作用于人力资本创新能力的提高。国内外大量研究表明政府加大对企业 R&D 的投入力度，会刺激企业研发活动的开展，研究型人才增加，人力资本水平提升，企业的自主创新能力增强，最终提使得全社会技术水平提高。

（4）经济增长→居民消费支出→人口平均预期寿命→人力资本→R&D 人员→专利申请受理量→科技创新→经济增长

前三个回路主要从经济增长作用于人力资本的脑力素质方面分析了其相互促进、相互影响的内在机制，而回路（4）则从经济增长作用于人力资本的身体素质——以人口平均预期寿命表征，分析了其相互作用的机理。

（三）流程图分析

考虑到变量之间的相互作用关系、数据的可得性以及经济现象真实性的要求，根据图 2 - 5 - 1，对系统的因果关系进行分析与总结，就可以进一步绘制系统的流程图，如图 2 - 5 - 2 所示。在此基础上就可以展开实证分析。

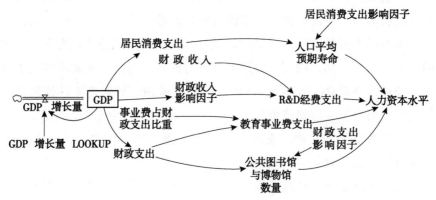

图 2 - 5 - 2　人力资本与经济增长系统流图

实证选取的时序为 2002—2011 年，数据主要来源于历年《山东省统计年鉴》和《中国城市统计年鉴》，部分年份缺失数据通过内插法核算得到。流程图涉及的公式主要有：

（1）INITIAL TIME = 2002，表示选取数据的初始年份为 2002 年。

（2）FINAL TIME = 2011，表示选取数据的截止年份为 2011 年。

（3）GDP = INTEG（GDP 增长量，2707.06），表示山东省 2002 年GDP 为 2707.06 亿元。

（4）居民消费支出 $= 0.252266 \times GDP + 233.747$

（5）固定资产投资总额 $= 2.75999 \times GDP - 2545.9$

（6）财政支出 $= 0.119188 \times GDP - 150.933$

（7）财政收入 $= 0.079932 \times GDP - 84.7638$

（8）人口平均预期寿命 = 居民消费支出 × 居民消费支出影响因子

（9）居民消费支出影响因子 $= 0.001629$

（10）教育事业费支出 = 财政支出 × 财政支出影响因子

（11）财政支出影响因子 $= 0.156507$

（12）研究经费支出 = 财政收入 × 财政收入影响因子

（13）财政收入影响因子 $= 1.34295$

（14）公共图书馆与博物馆数量 = 固定资产投资总额 × 固定资产投资总额影响因子

（15）固定资产投资总额影响因子 $= 0.003318$

（16）人力资本水平 $= 0.1201 \times R\&D$ 经费支出 $+ 0.2685 \times$ 人口平均预期寿命 $+ 0.0583 \times$ 公共图书馆与博物馆数量 $+ 0.5531 \times$ 教育事业费支出，其中各指标的权重通过 AHP 方法得到。

（17）GDP 增长量 = GDP 增长量 LOOKUP（GDP）

（18）GDP 增长量 LOOKUP $= [\ (2700, 0) - (9000, 1200)]$，$(2707, 440.3)$，$(3147, 631)$，$(3778, 764)$，$(4543, 820.2)$，$(5363, 683.4)$，$(6046, 844.3)$，$(6890, 660.3)$，$(7550, 925.9)$，$(8476, 1111)$

三　实证分析

（一）模型的有效性检验

1. 模型系统边界测试

系统边界测试主要是检查系统中重要的变量是否为内生变量，是否考虑到外生变量对内生变量的影响等。进行系统边界测试，一方面可以通过检查模型因果关系图、存量流量图以及模型的方程完成；另一方面可以通过面谈、研讨会的方式听取专家的意见、获取档案材料、回顾相关文献、直接观察或参与实际系统的运行过程等实现。本章在参考系统动力学经典文献的基础上构建了人力资本与经济增长系统动力学模型，将两个最重要的变量——人力资本与 GDP 考虑在内，分析了它们之间的作用机制，将影响其变化的重要因素考虑在内，并检查了模型中所有方程的正确性，故模型的建立是符合系统边界测试的。

2. 模型参数估计测试

参数估计测试主要是看模型中的参数值是否与关于系统的描述性或数值性信息相吻合，同时是否同决策者决策时涉及的参数相对应。模型在构建时充分考虑到了参数估计的重要性，并运用 EVIEWS 软件对参数之间的数值关系进行估计，通过对参数估计结果的分析，得到变量之间可靠的数值关系。由此可知，模型的参数和实际相吻合。

3. 一致性检验

模型的一致性检验就是将模型的模拟结果与实际历史数据进行对照和比较，以验证模型与客观系统的吻合程度，从而判定模型能否有效地反映客观系统。在绘制流图及建立变量之间的数量关系后，运用系统动力学软件 Vensim PLE 对模型进行拟合分析。图 2 - 5 - 3 代表 GDP 随 GDP 增长量变化的拟合情况，表 2 - 5 - 1 是 GDP 的仿真模拟值与真实值之间的对比情况。

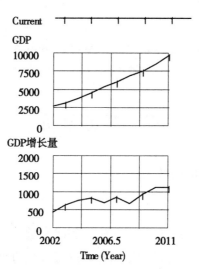

图 2 - 5 - 3　GDP 与其增长量拟合情况

表 2 - 5 - 1　　　　　　　　**GDP 模拟值与真实值的比较**

年份	拟合值	真实值	误差值
2002	2707. 06	2707. 06	0
2003	3147. 39	3147. 34	- 0. 05
2004	3778. 47	3778. 38	- 0. 09
2005	4542. 51	4542. 52	0. 01
2006	5362. 66	5362. 71	0. 05
2007	6046. 12	6046. 04	- 0. 08
2008	6890. 39	6890. 31	- 0. 08
2009	7550. 85	7550. 56	- 0. 29
2010	8476. 92	8476. 44	- 0. 48
2011	9587. 92	9587. 53	- 0. 39

由表 2 - 5 - 1 我们可以看出，GDP 的拟合值与真实值之间最大的误差只有 - 0.48，这说明所建立的人力资本与经济增长系统动力学模型能够较好地反映现实系统的运行情况，同时说明模型对变量之间的相互作用关系把握较为准确，以下的模拟分析都是基于此模型。

（二）仿真模拟与结果分析

本章的研究目的在于通过对人力资本与经济增长系统相互影响的动态模拟，研究人力资本与经济增长之间的相互作用关系，而侧重点在于分析如何通过政策导向提高人力资本水平，使其更好地作用于经济增长。据此，以上述分析为基础，下面将通过改变一系列流图中设定的影响人力资本水平的参数值来考量政策导向如何能够更好地提高人力资本水平。

1. 敏感性分析

所谓敏感性分析就是通过某个参数值 1% 的变化看其对所需研究的变量的影响程度。由因果关系图可以看出，模型中经济增长作用于人力资本主要通过 4 个回路进行，从 4 个回路中各选取一个变量，通过改变居民消费支出、教育事业费支出、R&D 经费支出以及图书馆与博物馆数量 4 个变量的参数值来分析其对人力资本水平的影响（图 2 - 5 - 4）。可以看出，人力资本水平对教育事业费支出和图书馆与博物馆数量变量参数的敏感性较强，而对居民消费支出与 R&D 经费支出的敏感性较弱，说明相同比例前者的增加，可以较大幅度地提高人力资本水平。

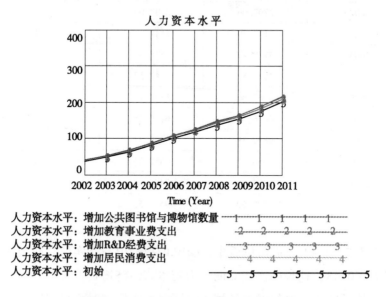

图 2－5－4　人力资本水平参数敏感性分析

2. 政策模拟分析

通过敏感性分析我们知道，人力资本对教育事业费支出和公共图书馆与博物馆数量 2 个参数的变化较为敏感，由此我们可以将上述敏感性分析中的 4 个参数有选择性改变其中两个并保持另外两个不变，设计成如下四个方案来观察人力资本水平的变化（见表 2－5－2），而各方案政策模拟的结果见图 2－5－5。从图中可以看出，方案一在保持居民消费支出与 R&D 经费支出不变的基础上，增加教育事业费支出和公共图书馆与博物馆数量对人力资本的促进作用最大，而其他三种方案相同比例的增加其他两个变量的投入对人力资本的促进作用均小于方案一。

表 2－5－2　　　　　　　　各参数政策模拟方案

方案	R&D	教育	消费	图书
初始	1.342	0.157	0.002	0.085
方案一	1.342	0.207	0.002	0.133

续表

方案	R&D	教育	消费	图书
方案二	1.392	0.157	0.052	0.085
方案三	1.392	0.157	0.052	0.135
方案四	1.342	0.207	0.052	0.085

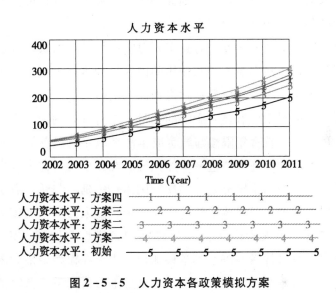

图 2-5-5　人力资本各政策模拟方案

四　结论

前文运用系统动力学方法分析了 2002—2011 年山东省人力资本与经济增长系统的内在作用机制，通过对其真实系统的模拟可以得到如下结论。

第一，人力资本与经济增长之间存在着明确的相互作用、相互影响的关系。由模型检验可以看出，模型较好地模拟了真实系统的运行；进一步从系统因果关系图及流图可以看出，经济增长主要通过加大对居民消费支出、教育事业费支出、R&D 经费支出以及增加公共图书馆与博物馆数量作用于人力资本，而人力资本主要通过科技创新促进经济增长。

　　第二，敏感性分析结果表明，所选取的 4 个参数中人力资本对教育事业费支出和图书馆与博物馆数量系数的敏感性强，其 1% 的变化会引起人力资本水平较大幅度的变化。

　　第三，从政策模拟分析中可以看出，方案一对人力资本的促进作用最为明显。即通过相同比例地提高教育事业费支出和加大对图书馆与博物馆的投入力度对人力资本水平的促进作用明显大于其他两两组合，如教育事业费与居民消费支出组合等。

　　本章运用系统动力学方法对真实人力资本与经济增长系统进行了初步的模拟与分析，对两系统相互作用的内在机理进行了初步探析。但还存在着许多不足，有待于以后通过更加深入的研究加以改进，如可能存在没有考虑到的对系统有显著影响的变量；未将现有的核算人力资本脑力素质的范式——教育年限法与教育成本法纳入系统的核算；对系统动力学方法掌握的深度还有待进一步加强等。在以后的研究中我们将从学习系统动力学中增加系统复杂性的影响因素——延迟与跃阶着手，充分考虑现有对人力资本与经济增长的研究成果，如人力资本的核算及其替代变量的选择、引入索洛（Solow）经济增长模型与罗默（Romer）三部门模型等，结合计量经济学等学科知识，力求在模型中最大限度地还原真实的人力资本与经济增长系统，为更好地分析两系统奠定基础。

第三篇　金融生态篇

第一章

金融生态研究及其最新进展

一 引言

金融是现代经济的核心，在现代经济发展中起着举足轻重的作用。金融生态环境作为金融机构存在的基础，对于维护金融系统的稳定有着重要的作用。20世纪90年代以来，伴随金融体制、外贸体制以及财税体制改革的相继展开，加之金融信息可得性的逐步提高，中国金融体系的风险问题浮出水面，开始引起政府部门和学界的广泛关注。但最初，注意力主要集中在金融体系自身。中国人民银行于2003年完成的对2001—2002年我国不良资产形成历史原因的调查改变了这一现状。关于金融风险问题的探讨跳出了金融部门自身，延伸到其他领域，形成了一个金融发展的内、外环境设定的新潮流。

2004年，周小川在"经济学50人论坛"上第一次提出了金融生态系统的概念，在其提出伊始就得到学界和政府部门的广泛关注。然而由于缺乏理论体系的支撑，再加上我国金融业所面临的特殊政策与复杂的内外部环境，对金融生态的研究较为匮乏、观点各异、分歧很大。综合看，目前相关研究及争议主要集中于对金融生态概念的界定和金融生态环境的评价，而后者是实证研究与政策关注的焦点。鉴于此，本章以既有研究成果的梳理和评述为主线，重点阐述金融生态的理论基础及其扩展内容，并对既有实证成果做出综评。

二 金融生态的理论架构

金融生态雏形源于（白钦先，2001）关于金融生态环境的描述，而周小川于 2004 年首次提出金融生态系统的概念，此后许多学者试图对其进行更加深入的界定，代表性观点有：（1）金融生态环境观，该观点将金融生态等同于金融生态环境，强调从金融机构外部机制或基础条件等方面来探讨金融生态的运行机制。例如，周小川（2004）认为，金融生态不是指金融业内部的运作，而是指金融业运行的外部环境，包括法律、社会信用体系、会计与审计准则、中介服务体系、企业改革的进展及银企关系等方面。而苏宁（2005）认为该外部环境主要包括经济环境、信用环境、市场环境等。总之，金融生态环境观强调了"生物群落赖以生存的物理环境"或"非生物成分"（王伟等，2006）。（2）金融生态系统观，此观点认为金融生态是一个有机的复杂系统，不仅包括金融生态环境，还应包括依赖该环境而存在的金融主体，以及各主体之间、主体与环境之间的相互作用、相互影响，即金融生态的调节过程（徐诺金，2005；李扬，2005；谢太峰，2006）。这一观点将金融生态上升到系统的层面，更加注重金融生态的"生物系统"特征。

从既有的观点看，目前，金融生态的概念还没有得到完全一致的界定，但笔者认为，既有研究的目的是一致的，即都是把金融问题的研究范围扩大化，不再孤立、片面、静止地看待金融机构的风险问题，而是把问题放在更广阔的环境中，用一种联系、全面、动态的眼光认识金融机构问题产生的原因，并为问题的解决提供新的考察视角。同时，已有研究只是在考察的层面上存在差异，即金融生态环境观是从中观层面来考察的，仅仅考虑了金融主体以外的对象，包括直接或间接影响金融主体的一切外部事物的总和。而金融生态系统观则是从宏观角度，不仅考察金融生态环境对金融主体的影响，而且还考察金融主体之间的相互作用机制。因此，笔者从系统观的角度出发，强调金融生态与金融生态系统的等价性，并将金融生态界定为所有金融生态活动的参与者与一切可以对其产生影响的环境因素之间通过相互作用、相互影响构成的一个具有自我修复功能的系统。基于上述认识，如下将从金融生态主体、金融生态环境和金融生态调节三个方面对金融生态展开全面论述。

（一）金融生态主体

金融生态主体是金融生态系统的核心，是金融活动的组织者与参与者。因此对主体的界定就成为金融生态系统分析的出发点。李扬（2005）仿照生态学对生态系统的定义将金融生态主体理解为金融资源的生产者、消费者和分解者。具体来看，徐诺金（2005）将金融组织定义为金融生态主体，而朱德位（2006）、刘朝明（2008）对此进行了扩展，认为金融主体并非仅限于金融组织，而是指金融产品的买卖双方。此外，韩廷春（2010）认为金融生态主体主要分为三类：金融中介、金融市场和金融工具。

综上所述，金融生态主体不仅是指金融机构，更广泛地应以金融资源的供给者和需求者为着眼点。因此，笔者认为可将其分为四个大类：第一，由银行、保险公司、证券公司、基金公司等组成的金融中介机构；第二，由银行间市场、证券交易市场、金融衍生工具市场等组成的金融市场，并与金融中介机构一起构成金融资源的供给者；第三，由银监会、证监会、保监会、中央银行、政府机构等组成的金融监管机构；第四，由企业、居民、政府等组成的金融资源的需求者。

1. 金融中介机构和金融市场

金融系统的主要功能是将资金从盈余方导向短缺方，即通俗意义上的融资，这一过程就是所谓的金融中介过程，包括间接融资和直接融资两种渠道，前者通过金融中介机构进行，后者通过金融市场进行。因此，可以认为金融中介机构和金融市场是整个金融生态系统中的生产者。它们通过提供不同的金融产品和金融服务，来动员和配置社会闲散资金，监督资金的使用，促进资金流通，并分散经济中的风险，是金融生态主体中最重要的组成部分，构成金融生态主体研究的主要领域。

目前，银行机构与证券市场分别是金融中介机构和金融市场中最重要的组成单元。而对银行业的研究主要包括两个方面：（1）流动性过剩问题。刘震（2006）对我国银行业面临的流动性过剩问题进行了系统分析，提出通过调整财政政策、不断推进工业化和城市化进程、完善人民币汇率制度改革、全面构建社会诚信体系等途径可以改善流动性问题。牛艳梅（2011）认为，解决流动性过剩问题，应在维护良好金融生态的前提下，加强央行对商业银行"过剩流动性"的回收力度，并通过完善外汇管理体制等方法有效化解流动性危机。（2）银行业效率问题。对效率的研究主要集中在是否存在规模效率、范围效率以及 X 效率；银行的资源利用率如何；银行效率的排名；影响效率的因素以及提高效率的措施等方面（张建华，2003；刘勇，2007）。

证券市场作为经济个体最主要的直接融资场所，在金融系统中发挥着重要的作用，具有筹资、资本定价和资本配置等功能。马慧敏（2007）认为证券市场生态平衡包括证券市场的系统外部平衡、系统内部平衡以及自我完善三方面。而李雪梅（2008）从我国证券市场金融生态环境存在的问题出发，就如何实现证券市场金融生态环境平衡进行了深入的分析，并对如何保持我国证券市场的金融生态平衡提出了对策。此外，王遥（2008）通过分析证券市场中债券市场的金融生态，认为债券市场作为金融生态系统的一个重要子系统对商业银行改革、资本市场正常运作等有重要意义。

2. 金融监管机构

由于金融活动存在信息不对称，可能会导致资源配置的失效以及金融风险的积聚，严重危害金融生态体系的正常运转。因此，在金融活动不断深化的今天，金融监管在金融生态体系中显得尤为重要。然而，目前我国的金融监管体系还没有发展完善，监管重叠、监管真空现象严重，导致监管成本高昂而效率低下，这些都对金融监管机构的改革提出了新的要求。目前，对金融监管改革的争议主要集中在两个方面：（1）分业监管还是混业监管。曹凤岐（2009）认为，从长远看中国应当走金融统一监管或综合监管之路，变分业监管为统一监管，建立统一监管、分工协作、伞形管理的金融监管体系。而曾康霖（2003）指出，要辩证地看待分业经营和混业经营。（2）监管机构的确定。若实行分业监管，银行监管要放在央行内还是央行外？若实行混业监管，银行、保险、证券监管要放在央行内还是设立新的综合监管机构？此外，金融监管机构在金融生态系统中发挥的作用应该与现实的金融生态状况相适应，过度的金融监管会阻滞金融生态系统的良性发展（徐诺金，2005；林永军，2005）。

3. 金融资源的需求者

金融资源的需求者类似于生态系统中的消费者，对加强金融资源的循环和流动有着重要的作用。罗正英等（2011）实证考察了中小企业与银行之间的银企关系对信贷融资可获性的影响，得出金融生态环境的改善对银企关系的正向贷款效应具有促进作用。然而，金融资源的需求者间存在的金融资源使用权的不平等性以及某些需求者在市场分配中受到的歧视性，容易导致金融生态系统的非平衡性。具体表现在：政府和国有企业由于政策导向等原因，可以很容易获得所需的金融资源，而中小企业和居民却经常出现融资困难的现象。因此，后续的金融业改革重点应加快建设良好的金融生态环境，重点解决中小企业融资难问题（廖晓燕，2006）。

此外，政府作为一类特殊的金融资源的需求者，对金融资源具有一定的支配权。政府在金融生态中的职能类似于人在自然生态中的职能。一方面，政府可以通过政策法规、行政法规等来塑造金融生态环境；另一方面，政府为了实现本地区的经济发展而直接成为金融资源的需求者，并且通过各种方式尽可能获得所需的金融资源，诱导金融资源按照它的意愿进行配置。特别是，地方政府出于本位主义的考虑，过度干预金融活动，造成金融生态的非平衡性。刘煜辉（2008）认为，地方政府通过向居民和企业征收各种"苛捐杂税"，以及通过各种政策压力或交换关系，诱使所辖区域内的金融机构、企业或其他实体单位向政府倡导的政绩项目或者其他公共设施出资，从而助推各种非良性竞争，导致金融生态环境的恶化。

总之，金融生态系统的各个主体是相互联系的统一整体，金融机构和金融市场为金融资源的需求者提供必要的金融资源；金融资源需求者的活动加速了金融市场中的资源流动，为金融市场增加了活力，从而使整个金融体系得以运转。而要让运转持续运行，一个良好的金融生态系统是其根本保障，其中的核心环节在于公正、有效的金融监管体制的建立和金融资源的市场化配置。

（二）金融生态环境

确定了金融生态主体后，其各项活动所依赖的环境便成为需要考量的关键因素。一般而言，金融生态环境的优劣对于金融生态主体之间资源配置效率、金融活动的顺利开展以及金融生态系统的平衡发展都具有重要的影响。

金融生态环境是金融生态主体生存和发展的外部环境，涵盖所有对金融活动产生影响的环境因素。由于这一领域涉及的内容多、范围广，实践的指导意义较强，因此学者们在这一领域开展了卓有成效的研究工作。目前，有关研究主要集中在金融生态环境的界定方面。从定义看，一是狭义、广义之分。狭义的观点认为，金融生态环境包括法律、社会信用体系、会计与审计准则、市场体系、中介服务体系、企业改革的进展及银企关系等方面的内容（周小川，2004；李扬，2005）；而从广义层面看，所有与金融业生存、发展具有互动关系的社会、自然因素的总和可称为环境（杨子强，2005）。二是硬、软环境之别。前者指政治制度、经济制度、法律制度等强制性的正式规则；而后者指社会习俗、文化传统等不成文的潜在规则。从根本上说，软环境取决于硬环境。其中，法律制度是硬环境的核心。先前学者关于区域金融生态环境差异成因的研究中，认为区域间金融生态环境的差异受到区域间地理、历史、人文传统、经济发展水平、要素禀赋、市场发育程度等诸多因素差异的影响（魏后凯，1997；林毅夫，1998；Raiser，1999；胡鞍钢，1999；Demurger，2001）。

　　总体来看，目前对金融生态环境概念的界定，主流观点差异不大，更多地关注于宏观层面的总体环境，但在不同环境层次的划分及涵盖的内容方面有了更多丰富的变化，这就为综合指标体系的建立和不断完善提供了基础，从而为金融生态宏微观两层面的实证评价提供了完备的理论基础。

（三）金融生态调节

　　金融生态系统是一个具有自我调节能力的系统，包括内调节和外调节两个方面。内调节机制主要包括价格机制、竞争机制及其派生的优胜劣汰机制等。一般情况下，在面对外来冲击时，金融生态系统仅通过内调节就可保持系统的稳定性。在金融生态平衡的内调节过程中，发挥关键作用的是价格机制和市场退出机制（徐诺金，2005，2006a，2006b）。例如，利率、汇率可以调节资金的供求及结构走势；破产、兼并可以调节金融组织的数量、规模，并优化结构，催生新的金融产品。行业自律组织也是金融生态系统中重要的自调机制，有助于防范金融生态竞争中的盲目行为和恶性竞争。然而部分学者认为，虽然失衡的金融生态系统通过内在的自我调节可以达到新的平衡状态，但是失衡超过一定的范围时，单纯依靠内调节很难使金融生态系统恢复稳定状态，因此，必须引入外调节机制，尤其是高效的货币政策调节机制和金融监管制度等（韩廷春，2010）。外调节主要包括政府干预、法制手段以及外部的经济环境等。政府的金融干预既影响金融机构的成长，又直接影响金融生态内在调节的有效性。吴志远（2007）认为金融生态调节是金融生态系统自我恢复功能的前提，它使得金融生态系统能够长期处于稳定状态。

三　金融生态的实证研究

金融生态概念提出后，研究主要集中在理论分析方面，而在实证方面的研究并不多见，但正如前文所言，目前有关金融生态环境评价指标体系的研究已有一定基础，这为已展开的为数不多的实证研究提供了基础的分析框架。从目前已展开的实证研究看，主要的方法和结论如下：

（一）多元统计分析

1. 层次分析法（AHP）

层次分析法（Analyic Hierarchy Process）是一种适用于定性的，或定性定量兼有的决策分析方法。这种方法的思想是将对 n 个元素的优劣整体排序转化为对这 n 个元素的两两比较。此种方法简单易行，所以应用相当广泛。李扬等（2006）、中国人民银行广州分行课题组（2006）应用此方法，对金融生态状况进行了实证分析。

2. 因子分析法

因子分析法是一种将错综复杂的彼此之间有联系的变量归结为少数几种公因子表示的形式。运用这一方法可以有效寻找系统变迁的主要影响因素，从而使得复杂问题简单化、明晰化。胡滨（2009）、路杨（2012）采用该方法，分别对黑龙江省 13 个地市、河南省 18 个省辖市的金融生态水平进行了评估。

3. 以上两种传统方法的结合

层次分析法在两两比较确定权重时具有非客观性，而因子分析法在确定公共因子时又单纯从数据出发，缺乏主观判断。因此，在对金融生态进行评价时，将两者结合起来可以很好地将定性与定量、主观与客观糅合，从而使得评价结果更加科学准确。中国人民银行广东分行课题组（2006）、滕悦（2010）、吕俊（2010）都综合应用两方法对特定区域的金融生态水平进行了评价，效果较好。

前述方法均是传统的效率评价方法，即通过构建一个综合指数来对金融生态系统进行评价，而目前更为科学的随机前沿方法也为学者所青睐。最通用的随机前沿分析方法是数据包络分析（DEA）。

4. DEA

DEA是一种适用于含有多个投入和产出问题的效率评价方法。李扬等（2005）采用DEA方法，对全国50个大中城市的金融生态环境进行了综合评价。结果表明，上海的金融生态环境最优，这与其构建国际金融中心的目标是相适应的。中国人民银行成都分行课题组（2006）也应用此方法，对成都市13个区市县的金融生态环境进行了评价。

5. AHP—DEA 方法

由于AHP方法在进行两两比较时，具有明显的主观性，而DEA方法不考虑数据问题也不考虑各变量的单位，具有较大的客观性，因此将两者结合起来展开综合评价能够克服各自的缺点。常相全等（2008）、周妮迪（2010）分别基于该方法，对农村金融生态环境进行了评价。结果表明农村金融生态环境存在明显的地区差异，农村的信用环境、法律环境和经济发展水平是形成这一差异的关键因素。

（二）　回归分析

传统的回归分析法是通过建立各评价指标与金融生态水平之间的线性方程，用面板数据进行回归，然后根据回归结果进行评价。韩占兵（2008，2010，2011a，2011b）应用面板数据分别对西部12省份以及河南省各地级市的金融生态水平状况进行了实证分析，得出各评价单元的金融生态所处的水平。马琳（2012）运用中部地区1995—2008年的省际面板数据，通过双向固定效应模型实证分析了地方政府行为对区域金融发展的影响。研究表明，在中部地区金融生态环境较差、金融结构不合理等背景下，地方政府因具有处理不对称信息的优势及强烈的推动地方金融机构建立、发展的动力，使得地方政府对金融部门的适当干预有力地促进了区域金融的发展。

此外，还有学者尝试利用其他方法对金融生态水平进行评价。张怀瑞（2006）将 BP 神经网络模型用于对农村金融生态环境的综合评价，分析了湖南农村县域金融生态环境存在差异的原因。伍昱铭等（2009）则将 ANP（网络层次分析法）引入县域金融生态评估。苗丽娜（2008）、郑效肖（2011）利用系统动力学模型在处理复杂系统方面的优势，建立了城市金融生态环境系统动力学模型，并以武汉市、贵阳市为例进行了实证研究。

从以上对金融生态评价方法的总结可以看出，现阶段所用方法相对比较单一，且评价指标差异性较大。今后的研究中除设计更加合理和全面的指标体系外，还可以考虑引入更多的实证方法来评测金融业的效率和生态环境。此外，目前有关金融生态与经济增长的研究鲜有论及，而从内生增长角度，将生态作为内生变量引入，讨论系统—环境—经济增长这一系统的可持续发展问题，对我国经济发展方式转型过程中金融体系的创新及基础性支撑作用的提升具有重大的意义。

四　结语

金融生态概念的提出，为综合研究金融问题提供了新的视角。这一研究摒弃了之前"就金融论金融"的传统做法，尝试从更宽泛而综合的角度研究金融问题。近年来对金融生态的研究取得了一定进展，但限于研究范畴的宽泛、数据的缺乏以及研究方法的浅显，目前并未形成一个很好的综合研究体系。正因如此，今后可以持续从如下几个方面展开进一步拓展研究。

首先，金融主体包含的内容不明确，导致研究中经常出现以银行业替代整个金融系统的银行生态环境研究模式。实则，证券与保险业的金融生态环境与银行业有很大的不同。因此，今后对金融三大行业展开分类分析，可能会形成更为全面而细致的研究成果。

其次，对金融生态评价的实证研究方法局限而粗浅，同时，实证分析所选指标体系具有较大的自主性和随意性，这可能会引起测评结果与现实情况不相符。因此，以多学科的方法做出交叉分析，将实证研究推向更为细致而具体的模式，则会引导这一领域的极大进展。

再次，对金融生态与经济增长之间关系的研究鲜有学者触及，导致金融生态研究的现实意义不强。因此，将金融生态作为内生变量引入经济增长模型，探索二者通过"棘轮效应"达成的稳定的互促效应将是今后研究的重点。

此外，研究的政策借鉴意义不强。如对区域金融中心的评价、对金融监管效率的衡量以及金融业可持续发展模式的探讨都缺乏明确而富有操作意义的政策建议，而这点与前述研究的不足是密切相关的。

第二章

山东省金融生态与经济增长的耦合实证分析

一　引言

　　金融生态是一个本土化概念，中国人民银行行长周小川最早将生态学的观点引入到对金融问题的研究中，并在国内形成一股研究热潮。目前，理论界对此主要有两种观点：金融生态环境观和金融生态系统观。前者认为金融生态就是金融业运行的外部环境及其作用机制，包括经济、政策、法律、信用和文化环境等；后者则认为，金融生态是一个系统的概念，既包括生态环境又包括生态主体和生态调节。金融生态概念的提出将金融问题放在一个更宏观的视角中，突破了以往"就金融论金融"的模式，从而更全面地认识金融风险的成因。然而由于金融生态概念提出较晚，关于此问题的实证研究较少，因此，这方面的研究还存在很大的完善空间。

　　我国目前正处于经济发展方式转型的关键时期，研究金融生态与经济增长的关系，以良好的金融生态促进金融业的健康发展，进而为经济增长提供有力的支撑，在理论和政策层面都具有较强的现实意义。为此，本章以山东省 17 个城市的金融生态测度为例，运用耦合方法重点考察其与经济增长的协同共进关系，以期能够更为深入地揭示金融体系的内部特征，同时从一个崭新的视角对经济增长过程中金融业的发展水平做出评判。

二　指标体系与数据说明

（一）指标体系

本章在借鉴以往学者构建的金融生态方面指标体系的基础上，兼顾数据的可得性、全面性原则，建立指标体系（见表 3 - 2 - 1）。需要说明的是，由于现有统计资料中没有各市证券方面的数据，因此本章的金融主体仅包括银行业和保险业。

（二）数据说明

本章选取了各市 2001—2011 年相关数据进行实证分析，并将济—青都市圈称为核心区域，其余称为外围区域①。实证数据主要来源于《山东省统计年鉴》、《中国城市统计年鉴》，部分缺失数据依据相关方法经原始数据推算而得。

三　实证分析

（一）指标权重的确定

对于表 3 - 2 - 1 所列指标，笔者认为，二、三级因子中所含各指标的重要程度相当，故对其采用算术平均的方法计算权重值。而一级因子中各指标对于金融生态系统的重要程度差异较大，因此采用层次分析法（AHP）来确定各指标权重。AHP 一般采用 9 标度的方法，但鉴于其操作不便，计算复杂，因此，在保证科学性的前提下，采用改进的三标度方法。其计算步骤如下：（1）构造主观判断矩阵；（2）建立感觉判断矩阵；（3）计算客观判断矩阵；（4）归一化权重，得金融生态系统一级指标权重：W_x = （0.294，0.294，0.157，0.157，0.098）。

① 核心区域为：济南市、青岛市、烟台市、威海市、淄博市、潍坊市、日照市、东营市；外围区域为：济宁市、泰安市、枣庄市、莱芜市、临沂市、德州市、聊城市、滨州市、菏泽市。

表 3 – 2 – 1　　　　　　　　　金融生态与经济增长指标体系

目标层	一级因子	二级因子	三级因子
金融生态系统	主体	银行	各项存款余额、居民储蓄存款、各项贷款余额
		保险	财产险保费收入、人身险保费收入、财产险赔款与给付、人身险赔款与给付
	经济环境	发展水平	GDP、人均 GDP、GDP 增长率
		活跃程度	固定资产投资额、规模以上企业流动资产年平均余额、规模以上企业固定资产净值年平均额、房地产开发投资额
		开放程度	海关进口总值、海关出口总值
		产业结构调整	第一产业增加值（－）、第二产业增加值、第三产业增加、地方财政预算内科学事业费支出
		市场化程度	规模以上企业国有工业产值（－）、规模以上企业私营企业产值、规模以上外商和港澳台投资流动资产年平均余额、规模以上外商和港澳台投资固定资产净值年平均余额
	政策环境	政策环境	地方财政收入、地方财政支出、实际利用外资额、外商投资企业进口总值、外商投资企业出口总值、公检法司支出（－）
	信用环境	信用环境	居民消费水平的绝对额、全市抚恤和社会福利救济、全市社会保障补助、地方财政预算内教育事业费支出
	文化环境	文化环境	公共图书馆藏书量、文化事业费、公共图书馆数
经济环境	发展水平	发展水平	GDP、人均 GDP、GDP 增长率
	活跃程度	活跃程度	固定资产投资额、规模以上企业流动资产年平均余额、规模以上企业固定资产净值年平均额、房地产开发投资额
	开放程度	开放程度	海关进口总值、海关出口总值
	产业结构调整	产业结构调整	第一产业增加值（－）、第二产业增加值、第三产业增加值、地方财政预算内科学事业费支出
	市场化程度	市场化程度	规模以上企业国有工业产值（－）、规模以上企业私营企业产值、规模以上外商和港澳台投资流动资产年平均余额、规模以上外商和港澳台投资固定资产净值年平均余额

注：（－）表示负向指标，其余为正向指标。正向指标是指标值越大对系统越有利，负向指标是指标值越小对系统越有利。

（二）数据的标准化处理

鉴于本章中各指标的量纲差异较大，故对原始数据进行了标准化处理。由于涉及正向、负向指标，故采取不同的标准化处理方法，详见第一篇第四章。

（三）综合指数的计算

对表 3 - 2 - 1 中三级因子的原始数据经过上述标准化处理后，将标准化数据乘以相应的权重，加权求和得上级指标得分，最终得到金融生态和经济增长综合指数（见表 3 - 2 - 2）。

表 3 - 2 - 2　　　　　　　金融生态和经济增长综合指数表

区域	城市	金融生态					经济增长				
		年份				均值	年份				均值
		2001	2005	2009	2011		2001	2005	2009	2011	
核心区域	济南	0.20	0.29	0.46	0.58	0.35	0.17	0.25	0.35	0.40	0.28
	青岛	0.24	0.38	0.65	0.87	0.49	0.24	0.43	0.62	0.81	0.48
	烟台	0.17	0.28	0.52	0.66	0.37	0.16	0.32	0.53	0.63	0.38
	威海	0.11	0.18	0.29	0.36	0.22	0.15	0.27	0.34	0.38	0.27
	淄博	0.13	0.20	0.32	0.40	0.24	0.16	0.26	0.35	0.42	0.28
	潍坊	0.14	0.22	0.38	0.50	0.28	0.14	0.26	0.38	0.47	0.29
	日照	0.08	0.11	0.18	0.24	0.14	0.14	0.26	0.33	0.43	0.27
	东营	0.10	0.17	0.25	0.33	0.19	0.13	0.19	0.24	0.30	0.20
	均值	0.15	0.23	0.38	0.49	0.28	0.16	0.28	0.39	0.48	0.31
外围区域	济宁	0.12	0.18	0.31	0.39	0.23	0.13	0.22	0.28	0.29	0.22
	泰安	0.10	0.15	0.23	0.28	0.17	0.13	0.19	0.24	0.25	0.20
	枣庄	0.09	0.13	0.19	0.22	0.15	0.12	0.19	0.22	0.24	0.19
	莱芜	0.07	0.10	0.13	0.14	0.11	0.13	0.19	0.18	0.18	0.17
	临沂	0.12	0.18	0.31	0.40	0.22	0.12	0.21	0.27	0.34	0.23
	德州	0.10	0.15	0.23	0.28	0.18	0.13	0.20	0.24	0.27	0.20
	聊城	0.09	0.13	0.20	0.26	0.16	0.12	0.18	0.23	0.27	0.19
	滨州	0.10	0.14	0.22	0.29	0.17	0.13	0.20	0.24	0.28	0.20
	菏泽	0.09	0.12	0.20	0.27	0.15	0.09	0.16	0.19	0.24	0.16
	均值	0.10	0.14	0.22	0.28	0.17	0.12	0.20	0.23	0.26	0.20
总体均值		0.12	0.18	0.30	0.38	0.22	0.14	0.23	0.31	0.36	0.25

（四）耦合度的测算

具体方法见第一篇第四章。

计算结果见表 3 - 2 - 3。

表 3 - 2 - 3　　　　　　　金融生态与经济增长的耦合度

区域	城市	年份											均值
		2001	2002	2003	2004	2005	2006	2007	2008	2009	2010	2011	
核心区域	济南	0.42	0.44	0.47	0.50	0.52	0.53	0.57	0.60	0.62	0.66	0.67	0.55
	青岛	0.49	0.52	0.56	0.60	0.64	0.68	0.74	0.78	0.80	0.85	0.92	0.69
	烟台	0.41	0.45	0.49	0.51	0.55	0.59	0.65	0.69	0.72	0.77	0.80	0.60
	威海	0.35	0.38	0.41	0.43	0.46	0.49	0.52	0.53	0.56	0.59	0.61	0.48
	淄博	0.37	0.40	0.43	0.44	0.47	0.49	0.53	0.55	0.58	0.61	0.64	0.50
	潍坊	0.37	0.40	0.43	0.46	0.49	0.51	0.55	0.58	0.62	0.66	0.69	0.52
	日照	0.30	0.32	0.34	0.35	0.37	0.38	0.41	0.43	0.45	0.47	0.51	0.39
	东营	0.34	0.36	0.39	0.42	0.44	0.46	0.49	0.50	0.53	0.57	0.60	0.46
	均值	0.38	0.41	0.44	0.46	0.49	0.52	0.56	0.58	0.61	0.65	0.68	0.52
外围区域	济宁	0.36	0.38	0.41	0.43	0.44	0.46	0.50	0.51	0.54	0.56	0.57	0.47
	泰安	0.33	0.35	0.37	0.39	0.41	0.42	0.45	0.46	0.48	0.50	0.52	0.42
	枣庄	0.32	0.34	0.36	0.37	0.39	0.40	0.42	0.43	0.45	0.47	0.48	0.40
	莱芜	0.29	0.30	0.32	0.33	0.35	0.35	0.37	0.37	0.38	0.40	0.39	0.35
	临沂	0.35	0.37	0.41	0.42	0.44	0.45	0.49	0.51	0.54	0.56	0.60	0.47
	德州	0.33	0.36	0.38	0.40	0.41	0.42	0.44	0.46	0.48	0.51	0.52	0.43
	聊城	0.32	0.34	0.36	0.37	0.38	0.40	0.42	0.43	0.46	0.48	0.51	0.41
	滨州	0.33	0.35	0.37	0.38	0.40	0.41	0.44	0.46	0.48	0.50	0.54	0.42
	菏泽	0.30	0.31	0.33	0.36	0.37	0.38	0.41	0.43	0.44	0.47	0.51	0.39
	均值	0.32	0.34	0.37	0.38	0.40	0.41	0.44	0.45	0.47	0.49	0.52	0.42
总体均值		0.35	0.37	0.40	0.42	0.44	0.46	0.49	0.51	0.54	0.57	0.59	0.41

（五）结果分析

1. 综合指数分析

由表 3 - 2 - 2 可得如下结论：

第一，总体来看，山东省经济增长综合指数呈现逐年递增趋势，其均值由 2001 年的 0.14 上升至 2011 年的 0.36，平均增幅 11.4%。分区域来看，核心区域增长始终高于外围区域且差距逐年增大，经计算此差距由 2001 年的 0.037 增加到了 2011 年的 0.216，说明经济增长区域差异大。对比来看，全省金融生态综合指数表现趋同于经济增长指数，由均值可以看出，全省经济增长指数始终高于金融生态指数，但 2011 年出现相反的结果，且金融生态综合指数平均增幅为 13.8%，说明该省金融生态环境逐步改善，金融生态增速快于经济增速。

第二，具体来看，17 个城市经济增长综合指数逐年递增，但各市均值存在很大差异，其中，青岛最高 (0.48)，菏泽最低 (0.16)。其次，作为沿海城市的日照、威海，经济指数均值相同，却远低于青岛和烟台，说明本省沿海城市的经济存在差异。另外，作为核心区域的东营，其经济指数均值偏低，且低于外围区域的济宁和德州，经济增长的核心区域优势不明显。相对而言，各市金融生态综合指数表现形式与经济增长指数基本趋同。核心区域不论是经济增长综合指数还是金融生态综合指数的增速都远超于外围区域，说明核心区域金融生态发展水平高，经济增长快。此外，各市金融生态综合指数差异明显，青岛、烟台、济南和潍坊金融生态指数增长较快，莱芜则表现最差，因此，各市要努力改善自身金融生态环境，缩小市域差距，加快金融业健康发展，进而促进经济的快速增长。

第三，从全省经济增长综合指数和金融生态综合指数间的差距来看，2005 年作为分水岭，存在一定的波动性，2005 年以前差距逐年增大，2005 年之后差距缩小。说明该省金融生态和经济增长逐步趋同，并协调共进。对比一下核心区域和外围区域的两个指数的差距发现，两区域间差距表现形式与总体一致，但核心区域差距开始小于外围区域，2009 年后反常，外围区域差距小于核心区域 (2009—2010 年外围两指数差距分别是 0.01、0.0002；核心区域分别为 0.0101、0.0029)，说明外围区域的金融生态和经济增长间的关系正在逐步改善。

第四，各市经济增长与金融生态间差异性明显，主要表现为两个指数之差波动范围大，其中，青岛、济南、济宁经济增长指数均值小于金融生态综合指数均值，而日照的经济增长指数均值远远高于金融生态综合指数均值，而且青岛、烟台、东营两者差值绝对值相同，但青岛差值为负，说明青岛金融生态发展水平优于经济增长水平，而烟台、东营则刚好相反。

2. 耦合分析

耦合是一个物理学的概念，表征多个系统之间相互作用、相互依赖的关系。"耦合"原理涵盖了两个方面："协调"和"发展"。"协调"是指系统之间的相互关联，"发展"则指系统各自的演化进程，"协调"与"发展"相互交织，即为"耦合"。由表 3 - 2 - 3 可知，总体来看，金融生态和经济增长的耦合度同综合指数的增长一样，呈现逐年上升趋势，说明二者逐步趋向良性耦合，协调发展。分区域看，核心区域、外围区域耦合度增长趋同，但核心区域耦合度始终高于总体耦合度，外围区域则始终低于总体，表明核心区域二者的协调发展水平高于外围区域。

具体来看，其中青岛因为金融生态指数和经济指数均为最高，故其耦合度最高，从 2001 年的 0.49 一直上升到 2011 年的 0.92，说明该市金融生态与经济一直是相互促进，协调发展的。其次是烟台，耦合度增长较快。往后济南、潍坊、淄博、威海、临沂、济宁的耦合度呈现平稳增长，且高于剩余的几个城市。而两项综合指数表现不佳的莱芜，耦合度一直在 0.2—0.4 之间徘徊，表明其金融生态和经济增长相互促进较小，处于低水平耦合阶段。

另外，耦合度的参考标准如表 1 - 4 - 4 所示。通过表 1 - 4 - 4 和计算耦合度均值发现，全省金融生态和经济增长的耦合关系从开始的轻度失调衰退到勉强协调发展，表明二者耦合水平并不高。观察区域耦合度发现，核心区域从 2009 年开始进入初级协调发展阶段，耦合水平逐步提升；外围区域耦合度范围同总体一致，但数值低于总体数值。分市来看，青岛从一开始的濒临失调衰退阶段（耦合度为 0.49）发展到 2011 年的优质协调发展阶段（耦合度为 0.92），表明青岛的金融生态系统与经济增长逐步进入良性耦合阶段。除青岛外，逐步进入协调发展型的城市依次为烟台、济南、潍坊和淄博。其余各市均属于失调衰退型。因此，耦合发展的市域差别明显，且水平较低。由上述综合指数分析可知，只有金融生态与经济增长均呈现一致向前的发展趋势时，二者的耦合度才高，如青岛、烟台。反之如莱芜，其金融生态综合指数表现最差，经济综合指数出现波动，故耦合度低，所以当金融生态与经济增长均表现不佳时，则很难达到协同共进的良性耦合。

四　结语

　　前文运用耦合分析方法，对山东省 17 个城市的金融生态和经济增长的耦合关系进行了研究，发现二者相互影响与作用的序列特征非常明显。上述结果有助于认识各区域经济发展与金融发展的真实水平，特别是可以较为准确地对这两个系统动态发展进程中的协调水平做出评判。由于金融业已成为经济发展最重要的软支持环境，因此，上述结果有助于解释各市经济发展水平差异形成的原因，从而为决策的制定提供一个可信的参考标准。

第三章

区域金融生态效率的评价与比较
—— 基于山东省面板数据的实证分析

一　引言

改革开放以来，山东省的金融业实现了跨越式发展，资金配置和使用效率显著提升，金融机构的数量和业务总量已跃居全国前列。但其竞争力却远未达到全国领先水平，金融发展活力不足，不能满足当地经济发展的需要。因此，紧紧围绕经济发展的趋势和大局，合理布局和整合金融资源，统筹金融业内部各行业的发展，优化金融生态环境，提高金融生态系统的运行效率，使之更好地服务于经济社会成为今后金融业发展的目标，具有重大的现实意义。为此，山东省早已于 2005 年就将优化金融生态环境纳入《山东省"十一五"金融业发展规划纲要》，2008年更是将"优化金融生态、创新金融服务"列为政府工作重点。在此促进下，近年来相关工作正在稳步推进。

从理论层面看，近年来，金融生态问题已经成为政府部门和学术界研究的热点。研究主要涉及两个方面：一是金融生态概念的界定。如周小川（2004）、苏宁（2005）将金融生态等同于金融生态环境，而徐诺金（2005）、李扬（2005）、谢太峰（2006）则把金融生态看做一个系统。二是金融生态环境的评价（张怀瑞，2006；中国人民银行广东分行课题组，2006；常相全，2008；胡滨，2009；韩占兵，2011；郑效肖，2011）。但既有研究仅采用截面数据对不同区域（评价单元）进行简单排序，无法揭示金融生态环境的动态变动规律。

基于上述研究，并为弥补其不足，本章将采用面板数据，应用 DEA

方法，首先，对评价单元的均值进行排序，其次，将重点探讨不同区域金融生态效率的变动规律。后续内容的安排为：第二节构建较为完整的指标体系，并展开初步的综合指数分析；第三节对不同区域金融生态效率的 DEA 及 SE – DEA 分析与比较；最后一节为结论。

二　指标体系与综合指数分析

（一）指标体系

本着科学性、系统性、可比性、可操作性的原则，在充分考虑数据可得性以及指标全面性的基础上，借鉴李扬等在《中国城市金融生态环境评价》中的评价体系以及中国金融生态城市评价委员会设定的评价体系，进一步扩充后建立如下金融生态系统指标体系。具体涵盖 2 个目标层，5 个一级指标，10 个二级指标，34 个三级指标。如表 3 – 3 – 1 所示。需要说明的是，因金融生态系统由生态环境和生态主体两部分构成，且两者并非并列关系，所以要单独核算。而证券等其他金融机构没有分市的统计资料，考虑到数据的可得性，未在指标体系中列示。

表 3 – 3 – 1　　　　　　　金融生态系统指标体系

目标层	一级指标	二级指标	三级指标
金融生态环境 X	经济环境 X_1	经济发展水平 x_{11}	GDP x_{111} 、人均 GDP x_{112} 、GDP 增长率 x_{113}
		活跃程度 x_{12}	固定资产投资额 x_{121} 、规模以上企业流动资产年平均余额 x_{122} 、规模以上企业固定资产净值年平均额 x_{123}
		开放程度 x_{13}	海关进口总值 x_{131} 、海关出口总值 x_{132}
		产业结构调整 x_{14}	第一产业增加值 x_{141} 、第二产业增加值 x_{142} 、第三产业增加值 x_{143} 、地方财政预算内科学事业费支出 x_{144}
		市场化程度 x_{15}	规模以上企业国有工业产值 x_{151} 、规模以上企业私营企业产值 x_{152} 、规模以上外商和港澳台投资流动资产年平均余额 x_{153} 、规模以上外商和港澳台投资固定资产净值年平均余额 x_{154}
	政策环境 X_2	政策环境 x_{21}	地方财政收入 x_{211} 、地方财政支出 x_{212} 、实际利用外资额 x_{213} 、外商投资企业进口总值 x_{214} 、外商投资企业出口总值 x_{215} 、公检法司支出 x_{314}
	信用环境 X_3	信用环境 x_{31}	居民消费水平的绝对额 x_{311} 、全市抚恤和社会福利救济 x_{312} 、全市社会保障补助 x_{313} 、地方财政预算内教育事业费支出 x_{314}

目标层	一级指标	二级指标	三级指标
金融生态环境 X	文化环境 X_4	文化环境 x_{41}	公共图书馆藏书量 x_{411}、文化事业费 x_{412}
金融生态主体 Y	主体 Y_1	银行 Y_{11}	各项存款余额 Y_{111}、居民储蓄存款 Y_{113}、各项贷款余 Y_{112}
		保险 y_{12}	产险保费收入 y_{121}、人身险保费收入 y_{122}、产险赔款与给付 y_{123}、人身险赔款与给付 y_{124}

（二）数据分析

1. 数据说明

本章以山东省 17 个地级市为研究对象，并将济—青都市圈称为核心区域，其余称为外围区域。受数据的可得性所限，选取的时序为 2003—2010 年。研究数据主要来自《山东省统计年鉴》和《中国城市统计年鉴》，部分缺失数据经推算而得，最终采用的数据共计 4624 个。

2. 数据处理

（1）指标权重的确定

采用三标度层次分析法确定指标权重。步骤为：第一，设定主观判断矩阵；第二，设定感觉判断矩阵；第三，构造客观判断矩阵；第四，确定指标权重值（李运新等，1998）。

（2）数据的标准化处理

方法见第一篇第四章。

（3）标准化数据的再处理

考虑到数据的经济意义，将标准化的数据通过线性平滑法划归到区间 $[0.1, 0.9]$ 内。转化公式为：$x'_i = 0.1 + 0.8 \times x_i$（逯进等，2012）。

（4）综合指数的计算

对经线性平滑处理的数据及其相应权重进行逐级加权求和，得到山东省 17 个城市的金融生态综合环境指数和金融主体发展指数。计算结果如表 3 - 3 - 2 所示。

表 3 – 3 – 2　　　　　　　　2003—2010 年山东省金融生态系统指数

综合指数	区域	城市	2003	2004	2005	2006	2007	2008	2009	2010	均值
金融生态综合环境指数	核心区域	济南市	0.31	0.34	0.36	0.35	0.41	0.45	0.48	0.60	0.41
		青岛市	0.35	0.39	0.46	0.51	0.61	0.67	0.67	0.85	0.56
		烟台市	0.25	0.27	0.31	0.35	0.44	0.50	0.55	0.71	0.42
		威海市	0.18	0.20	0.22	0.24	0.27	0.29	0.32	0.39	0.27
		淄博市	0.18	0.21	0.23	0.26	0.30	0.33	0.36	0.44	0.29
		潍坊市	0.20	0.22	0.24	0.26	0.31	0.35	0.38	0.49	0.31
		日照市	0.13	0.14	0.14	0.15	0.17	0.19	0.20	0.25	0.17
		东营市	0.15	0.18	0.20	0.21	0.24	0.24	0.27	0.36	0.23
		均值	0.22	0.24	0.27	0.29	0.34	0.38	0.40	0.51	0.33
	外围区域	济宁市	0.18	0.20	0.21	0.23	0.29	0.32	0.37	0.44	0.28
		泰安市	0.15	0.16	0.18	0.20	0.22	0.23	0.26	0.32	0.22
		枣庄市	0.14	0.15	0.17	0.18	0.20	0.21	0.23	0.27	0.19
		莱芜市	0.12	0.12	0.14	0.14	0.15	0.16	0.16	0.18	0.15
		临沂市	0.18	0.19	0.21	0.22	0.26	0.29	0.33	0.40	0.26
		德州市	0.15	0.15	0.16	0.17	0.19	0.22	0.24	0.29	0.20
		聊城市	0.14	0.15	0.16	0.17	0.20	0.21	0.23	0.29	0.19
		滨州市	0.14	0.15	0.17	0.18	0.21	0.23	0.25	0.30	0.20
		菏泽市	0.13	0.15	0.15	0.17	0.20	0.21	0.23	0.28	0.19
		均值	0.15	0.16	0.17	0.18	0.21	0.23	0.26	0.31	0.21
	总体均值		0.18	0.20	0.22	0.23	0.27	0.30	0.33	0.40	0.27
金融主体发展指数	核心区域	济南市	0.34	0.32	0.36	0.42	0.49	0.56	0.65	0.72	0.48
		青岛市	0.33	0.34	0.37	0.44	0.54	0.65	0.73	0.87	0.53
		烟台市	0.24	0.24	0.26	0.32	0.38	0.43	0.49	0.53	0.36
		威海市	0.16	0.16	0.17	0.20	0.22	0.25	0.28	0.30	0.22
		淄博市	0.18	0.19	0.21	0.23	0.27	0.30	0.34	0.37	0.26
		潍坊市	0.20	0.21	0.23	0.26	0.30	0.37	0.44	0.50	0.31
		日照市	0.12	0.12	0.13	0.14	0.16	0.17	0.18	0.20	0.15
		东营市	0.14	0.16	0.16	0.18	0.21	0.24	0.26	0.27	0.20
		均值	0.21	0.22	0.24	0.27	0.32	0.37	0.42	0.47	0.32
		济宁市	0.17	0.17	0.18	0.21	0.24	0.28	0.33	0.38	0.24
		泰安市	0.14	0.14	0.15	0.17	0.19	0.22	0.25	0.27	0.19

综合指数	区域	城市	2003	2004	2005	2006	2007	2008	2009	2010	均值
金融主体发展指数		枣庄市	0.13	0.12	0.12	0.13	0.15	0.16	0.18	0.20	0.15
		莱芜市	0.11	0.10	0.11	0.12	0.13	0.13	0.14	0.15	0.12
		临沂市	0.17	0.18	0.20	0.23	0.26	0.29	0.35	0.39	0.26
		德州市	0.14	0.14	0.15	0.16	0.19	0.22	0.24	0.26	0.19
		聊城市	0.14	0.13	0.14	0.16	0.17	0.19	0.23	0.24	0.18
		滨州市	0.13	0.13	0.13	0.15	0.17	0.18	0.21	0.23	0.17
		菏泽市	0.13	0.12	0.13	0.14	0.16	0.18	0.21	0.24	0.17
		均值	0.14	0.14	0.15	0.16	0.18	0.21	0.24	0.26	0.18
	总体均值		0.17	0.17	0.19	0.22	0.25	0.28	0.33	0.36	0.25

3. 计算结果分析

（1）时间序列分析

第一，总体来看，2003—2010年山东省各市的金融生态综合环境指数和金融主体发展指数均呈上升趋势。说明本省的金融生态水平正逐步改善。

第二，为分析两区域（核心与外围区域）的金融生态综合环境和金融主体发展状况的差异，分别求得两区域内各市历年二者的均值（计算结果见表3-3-2）。由此可知，从两区域来看，两指数均呈现上升趋势，且核心区域在各年度的水平要高于外围区域，这意味着核心区域在金融生态水平上具有明显的优势。

第三，核心区域、外围区域和总体的两指数均值具有相同的走势，且金融生态综合环境指数均高于金融主体发展指数。说明相对于现阶段的金融主体发展，金融生态环境存在冗余，即金融生态环境发展超前于主体发展水平，因此今后应加快本省金融机构的建设。

（2）截面数据分析

按照两类指数的均值区间，将其划分为四种类别，并将各城市归于其中。分别绘制各市两指数8年均值的空间分位图，见图3-3-1、图3-3-2①，图中清晰地展示了各市金融生态环境和生态主体发展水平

---

① 图3-3-1、图3-3-2中，第四级（4th range）为最优的指数值，并且从第三级（3rd range）至第一级（1st range）递减。

的空间差异。

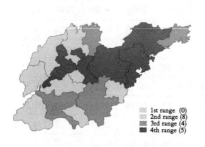

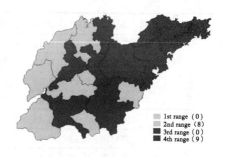

图3-3-1　山东省金融生态
综合环境空间分位图

图3-2-2　山东省金融主体
发展水平空间分位图

　　首先，从金融生态综合环境来看，核心区域的 8 个城市中有 5 个位于第四级，2 个位于第三级，仅有日照 1 个城市位于第二级；而外围区域的 9 个城市中仅有济宁和临沂两市位于第三级，其余城市全部位于第二级。可见两区域间的金融生态综合环境差异明显。但两大区域内的市域之间差异较小。

　　其次，从金融主体发展水平来看，与上述规律一致，显示出区域内趋同，区域间差异的态势。具体来看，核心区域中除日照外，其余均位于第四级，而外围区域仅临沂和济宁位于第四级，其余全部位于第二级。

　　最后，从两分位图的比较来看，金融生态综合环境水平处于第三级和第四级的城市，其金融主体发展水平均位于第四级，这意味着对同一个城市而言，其金融生态综合环境与金融主体发展水平存在一定的正相关性。

　　上文从简单的数据分类上展示了山东省金融生态综合环境和金融主体发展水平的一般特征，由此可对本省金融生态系统的情况做出大致衡量。如下将从效率的角度，对金融生态系统的发展情况展开进一步研究。

三　DEA 分析

（一）方法简介

　　数据包络分析（DEA，Data Envelopment Analysis）主要是通过保持决策单元（DMU，Decision Making Unite）的输入或者输出不变，借助数学规划模型和统计数据确定相对有效的生产前沿面，并通过决策单元偏离 DEA 有效前沿面的程度来评价它的相对有效性。Farrell 早在 1957 年就分析了单一投入和单一产出的技术效率。之后，Charnes、Cooper 和 Rhodes 将其发展为多投入和多产出的效率评价模型 CCR 模型。本章使用的即为 CCR 模型。但考虑到当出现两个以上的有效单元（效率值均为 1）时，所有 DEA 无法全排序，本章还应用了 Per Anersen 等人提出的改进的 DEA 模型——超效率模型（SE – DEA，Super Efficiency DEA）对决策单元进行分类，进而解决了全排序的问题。

1. CCR 模型

假设有 n 个决策单元，每个决策单元都有 m 种类型"输入"以及 s 种类型"输出"。用（X_{j_0}, Y_{j_0}）表示第 j_0 个决策单元 DMU，v 表示输入指标权重，u 表示输出指标权重，于是构成如下最优化模型：

$$\overline{P}\begin{cases} \max h_{j_0} = \dfrac{u^T Y_{j_0}}{v^T X_{j_0}} = V_{\overline{P}} \\[2mm] s.\,t. \\[2mm] h_j = \dfrac{u^T Y_j}{v^T X_j} \leqslant 1, \quad j = 1, 2, \cdots, n \\[2mm] v \geqslant 0, u \geqslant 0 \end{cases}$$

其对偶规划 D 如下所示：

$$(D_1)\begin{cases} \min \theta = V_{D_1} \\[2mm] s.\,t. \\[2mm] \displaystyle\sum_{j=1}^{n} X_j \lambda_j + s^- = \theta X_{j_0} \\[2mm] \displaystyle\sum_{j=1}^{n} Y_j \lambda_j - s^- = Y_{j_0} \\[2mm] \lambda_j \geqslant 0, \quad j = 1, 2, \cdots, n; \ s^+ \geqslant 0, s^- \geqslant 0 \end{cases}$$

其中，θ 为决策单元的 DEA 效率值，当 $\theta = 1$ 时，表示决策单元有效；当 $\theta < 1$ 时，表示决策单元无效。s^+、s^- 为松弛变量。

2. SE – DEA 模型

传统的 CCR 模型只是将决策单元划分为有效和无效两大类，当决策单元的个数较多时，可能会出现多个有效单元，它们的效率值均为 1，这样就不能对决策单元进行全排序。SE – DEA 将相对有效的决策单元进行分类，解决了上述问题。其原理是：在对第 j 个决策单元进行评价时，使第 j 个决策单元的投入和产出被其他所有决策单元的投入和产出的线性组合所代替，而将第 j 个决策单元排除在外，从而其效率值可能大于 1。即一个有效的决策单元可以使其投入值按相同的比例增加，而其效率值保持不变，这个增加的比例即为超效率值。

最优化模型如下：

$$\bar{P}\begin{cases} \max h_{j_0} = \dfrac{u^T Y_{j_0}}{v^T X_{j_0}} = V_{\bar{P}} \\ s.\,t. \\ h_j = \dfrac{u^T Y_j}{v^T X_j} \leq 1, \quad j = 1,2,\cdots,n;j \neq j_0 \\ v \geq 0, u \geq 0 \end{cases}$$

其对偶规划 D 如下所示：

$$(D_1)\begin{cases} \min \theta = V_{D_1} \\ s.\,t. \\ \displaystyle\sum_{j=1,j\neq j_0}^{n} X_j \lambda_j + s^- = \theta X_{j_0} \\ \displaystyle\sum_{j=1,j\neq j_0}^{n} Y_j \lambda_j - s^- = Y_{j_0} \\ \lambda_j \geq 0, \quad j = 1,2,\cdots,n \\ s^+ \geq 0, s^- \geq 0 \end{cases}$$

其中，θ 为决策单元的 SE – DEA 效率值，当 $\theta < 1$ 时，表示决策单元无效；当 $\theta = 1$ 时，表示决策单元弱有效；当 $\theta > 1$ 时，表示决策单元有效。

（二）数据处理

1. 决策单元的确定

本章以山东省 17 个城市 2003—2010 年的面板数据为基础，将 17 个城市 8 年的数据定义了一个共同的效率前沿面，各个决策单元均在相同的金融生态效率标杆下进行比较，从而增加了效率的可比性，而且赋予各效率值的算术平均值以现实意义（刘汉涛，2004）。共计有 136 个决策单元。

2. 指标数据的说明

在进行 DEA 运算时，由于三级指标过多，不利于权重 u 和 v 的确定，所以要对三级指标进行压缩或降维处理。本章将金融生态环境视为投入，对原始数据经过标准化处理并逐级加权后，最终确定为经济、政策、信用、文化四个方面，产出指标为金融主体。

（三）结果分析

运用 deap2.1 软件，运行投入导向型的 CCR 模型，得到 2003—2010 年各市的 DEA 效率值。计算结果如表 3 - 3 - 3 所示。

表 3 - 3 - 3　　2003—2010 年山东省 17 市金融生态系统的 DEA 效率值

	城市	2003	2004	2005	2006	2007	2008	2009	2010	均值	排序
核心区域	济南市	1.000	0.936	0.945	1.000	0.935	0.942	1.000	1.000	0.970	1
	青岛市	0.899	0.880	0.831	0.884	0.835	0.881	1.000	1.000	0.901	2
	烟台市	0.894	0.909	0.849	0.918	0.828	0.799	0.814	0.746	0.845	6
	威海市	0.792	0.744	0.730	0.819	0.847	0.751	0.765	0.779	0.778	14
	淄博市	0.846	0.838	0.789	0.768	0.754	0.764	0.793	0.804	0.795	11
	潍坊市	0.806	0.849	0.856	0.899	0.854	0.903	1.000	0.981	0.894	3
	日照市	0.790	0.777	0.806	0.829	0.834	0.790	0.832	0.872	0.816	8
	东营市	0.832	0.786	0.726	0.762	0.760	0.990	0.863	0.821	0.818	7
	均值	0.857	0.840	0.817	0.860	0.831	0.853	0.883	0.875	0.852	
外围区域	济宁市	0.797	0.785	0.790	0.791	0.680	0.734	0.699	0.728	0.751	15
	泰安市	0.800	0.748	0.745	0.755	0.732	0.797	0.835	0.840	0.782	13
	枣庄市	0.757	0.691	0.629	0.670	0.638	0.656	0.696	0.668	0.676	17
	莱芜市	0.794	0.760	0.734	0.758	0.804	0.802	0.827	0.779	0.782	12
	临沂市	0.810	0.861	0.850	0.906	0.868	0.888	0.871	0.862	0.865	5
	德州市	0.872	0.855	0.866	0.870	0.877	0.871	0.873	0.863	0.868	4
	聊城市	0.845	0.818	0.771	0.778	0.757	0.777	0.890	0.812	0.806	9
	滨州市	0.769	0.730	0.705	0.712	0.694	0.707	0.710	0.753	0.723	16
	菏泽市	0.843	0.777	0.765	0.767	0.735	0.811	0.877	0.870	0.806	10
	均值	0.810	0.781	0.762	0.779	0.754	0.783	0.809	0.797	0.784	
总体均值		0.832	0.808	0.787	0.817	0.790	0.815	0.844	0.834	0.816	

1. 总体规律

为便于比较，分别求得核心、外围两区域及总体的金融生态效率均值（计算结果见表3－3－3，变动趋势见图3－3－3）。

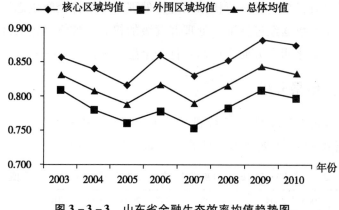

图3－3－3　山东省金融生态效率均值趋势图

第一，从图形的走势来看，核心区域、外围区域以及总体的效率值的均值几乎具有完全相同的变动趋势。联系前述分析，参照表3－3－2，发现一个有意义的现象是，当金融生态综合环境指数与金融主体发展指数的差值变大时，金融生态系统的效率值变小；当差值减小时，金融生态系统的效率值变大。而现期差值的变动主要受经济、政策环境的影响。说明本省的金融生态系统并未实现稳定发展。因此，今后加强金融机构建设，增强其自主性，是实现本省金融生态系统高效稳定运行的关键。

第二，生态效率均值表现为波动演化特征，一个初步的解释是，首先，2003—2005年呈下降趋势，可能主要源于伴随经济进入繁荣周期，并在中国加入WTO后大量的外贸鼓励性政策的出台，导致贸易进出口额的持续快速增加，由此经济过度繁荣，带来经济、政策环境的冗余，进而引起金融生态系统效率的下降。其次，2005年汇率改革之后，人民币对美元的汇率缓慢走高，人民币的升值使美元标价的进口商品价格下降，进口企业的成本降低，货币不足现象得到缓解，进而金融生态效率上升。再次，2006年央行为缓解流动性过剩问题，连续三次提高法定存款准备金、两次提高贷款基准利率，致使信贷紧缩导致效率值的暂时性下降，而2007年人民币汇率的加速升值和2008年受美国次贷危机的影响而引起的经济衰退，导致金融生态系统效率回升。此外，2009年当经济走出次贷危机的谷底后，经济形势的好转，反而又使金融生态系统的效率下降。综上，山东省金融生态系统稳定性较差，易受外界经济、政策环境影响，且在两者改善时，其效率值下降，说明该省金融主体发展不健全，不能与其环境相匹配。

第三，从两区域效率值的比较来看，各年度核心区域金融生态效率值均高于外围区域，由此可见，核心区域为本省金融生态效率的优势区域。这点与前述综合指数分析的结果是类似的。

2. 市域特征

第一，本省区域金融生态效率存在显著的空间差异。从17个城市金融生态效率值的均值来看，排在前三名的城市均位于核心区域，而后三名的城市均位于外围区域。其中，表现最好的是济南市，其均值为0.970，而表现最差的是枣庄市，其均值仅为0.676。

第二，从山东省的两个增长极（济南、青岛）来看，济南市金融生态效率的均值要优于于青岛。究其原因，济南作为省会城市，具有金融管理中心的优势地位，无论在金融机构的规模、数量还是在金融人才、金融创新方面都要优于青岛。然而，2007年之后青岛市响应"十一五"规划的精神，更加注重金融机构的建设，发挥其外向型经济的优势，不断引进新的金融机构和金融人才，增强其整体的金融实力；加之2008年金融危机之后，伴随大量内、外资企业撤资、关闭以及经济不景气的影响，使得经济增速减缓，从而金融主体发展水平能够更好地与这一时期金融生态环境状况相匹配，进而金融生态系统的效率值大幅提升，到2009年其效率值已与济南持平。

第三，根据Noman和Bany对整体效率值强度的分类，DEA效率值大于0.8，属于边缘非效率单位，短期内通过对投入产出量稍作调整，即可达到最优效率（蔡泽祥等，2011）。而山东省济南、青岛等10个城市的金融生态系统效率值的均值大于0.8，占全部市域的60%，且均达到全省均值水平（≥0.8）。因此，总体来看，山东省的金融生态状况处于良好水平，且有望在短期内通过调整使效率达到更优。

3. DEA效率的拓展分析

为了更深入地考察DEA无效的原因和程度，并对决策单元进行合理的排序，运用 EMS1.3 运行投入导向型 SE – DEA。限于篇幅原因，运算结果未全部列出。考虑到评价过程的时效性，仅选取 2010 年的运行结果加以分析。结果如表 3 – 3 – 4 所示。

表 3 – 3 – 4 　　　　2010 年山东省金融生态效率值与超效率值表

城市	济南	青岛	烟台	威海	淄博	潍坊	日照	东营	济宁
DEA 效率值	1.000	1.000	0.746	0.779	0.804	0.981	0.872	0.821	0.728
DEA 超效率值	1.003	1.072	0.746	0.779	0.804	0.981	0.872	0.821	0.728
超效率值排序	2	1	15	13	11	3	4	9	16
城市	泰安	枣庄	莱芜	临沂	德州	聊城	滨州	菏泽	
DEA 效率值	0.840	0.668	0.779	0.862	0.863	0.812	0.753	0.870	
DEA 超效率值	0.840	0.668	0.779	0.862	0.863	0.812	0.753	0.870	
超效率值排序	8	17	12	7	6	10	14	5	

（1）DEA 超效率分析

如表 3 – 3 – 4 所示，当评价单元非有效时，传统的 CCR – DEA 模型和 SE – DEA 模型的效率是相同的，只有在决策单元有效时，两者才存在差别。超效率值为决策单元在保持有效的前提下可扩张的程度。表 3 – 3 – 4 中给出了山东省 17 个城市 2010 年 DEA 超效率值排序。为了更清楚地展示 2010 年的 DEA 超效率水平的空间分布格局，绘制了超效率值空间分位图（见图 3 – 3 – 4）。观察图 3 – 3 – 4，并结合表 3 – 3 – 4 可知，山东省的 DEA 超效率值具有如下特征：

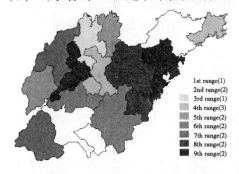

1st range(1)
2nd range(2)
3rd range(1)
4th range(3)
5th range(2)
6th range(2)
7th range(2)
8th range(2)
9th range(2)

图 3 – 3 – 4　2010 年山东省市域金融生态超效率水平空间分位图

第一，从分析的合理性考虑，这里将超效率值从 0.1 至 0.9 均匀划分为 9 个类别，济南和青岛均位于分位图中的第 9 级，为 DEA 有效，但青岛的有效程度更高。自 2007 年开始，青岛市响应"十一五"规划的精神，稳步提升金融生态效率值，已经发展成为山东省金融生态效率水平最高的城市。这说明青岛市近年来在构建金融生态城市方面已经取得了丰硕的成果，已基本完成"十一五"规划中提出的建立以青岛为中心、立足山东半岛、辐射省内及沿黄流域、金融机构聚集、金融市场辐射能力强、金融产品产业化程度较高的区域性金融中心框架的任务。

第二，将金融生态超效率值高于 0.9 的定义为优秀，0.8—0.9 之间的定义为良好，0.7—0.8 之间的定义为一般，0.7 以下的定义为较差。则 2010 年山东省 17 个城市中，效率值处于良好及以上的有 11 个，占到全部城市的近 2/3，而效率较差的仅有枣庄一市，在分位图中表现为第一级。总体来看，本省 2010 年整体的金融生态效率状况良好。

第三，全省金融生态水平差异明显，如金融生态效率水平最差的枣庄市与最好的青岛市的效率值差距较大。因此，政府应通过适当的政策引导，来平衡地区间的金融资源，提高全省整体的金融生态效率水平。

（2）金融生态无效的原因分析

所用 DEA 模型为投入导向型，所以产出指标的松弛变量为 0。因此只分析投入指标的松弛变量（见表 3 - 3 - 5）。

表 3 - 3 - 5　　　　2010 年山东省 17 市投入指标的松弛变量

	城市	经济环境	政策环境	信用环境	文化环境
核心区域	济南市	0	0	0	0
	青岛市	0	0	0	0
	烟台市	0.098	0.001	0	0
	威海市	0.094	0.044	0.081	0
	淄博市	0.185	0	0	0
	潍坊市	0.22	0	0.035	0
	日照市	0.11	0.038	0.05	0
	东营市	0.217	0.007	0.018	0
	核心区域均值	0.116	0.011	0.023	0
外围区域	济宁市	0.086	0	0	0
	泰安市	0.092	0	0.064	0
	枣庄市	0.013	0	0	0
	莱芜市	0.014	0.013	0.039	0
	临沂市	0.054	0	0	0
	德州市	0.105	0	0.02	

续表

	城市	经济环境	政策环境	信用环境	文化环境
外围区域	聊城市	0.088	0.013	0.002	0
	滨州市	0.056	0.007	0.045	0
	菏泽市	0.045	0.023	0.086	0
	外围区域均值	0.061	0.006	0.028	0
总体均值		0.087	0.009	0.026	0

第一，在冗余方面，对金融生态效率影响从高到低排序依次为经济环境、信用环境、政策环境和文化环境。从整体看，山东省2010年经济环境平均有8.7%的投入未被金融主体充分利用，其原因在于，经济的增长水平、开放程度、产业结构的调整等受多种因素的影响，极易发生改变，而与其对应的金融机构的规模、业务量却无法在短期内发生变化，导致两者短期内的匹配失调。另外，山东省金融资源分配相当不平衡，大多数地区的金融机构不能为当地的经济发展提供足够的资金支持，这也导致了经济环境的冗余。山东省17个城市2010年在文化环境上的冗余均为0，说明文化环境与现阶段金融主体状况是相适应的。而政策环境和信用环境不存在明显的规律，不再赘述。

第二，分地区来看，核心区域金融生态非有效的城市在经济环境上的冗余量的均值要远大于外围区域的均值。而在其他环境上冗余量的均值与外围区域差异不大。说明山东省的核心区域为了促进经济增长，更应注重金融资金的引入，而外围区域经济发展水平相对不高，资金并不是限制经济增长的主要瓶颈。

第三，金融生态非有效的城市在其环境投入方面各有长处，也各有短板，各城市除在经济环境投入上均冗余，文化环境上均最优外，另外两项环境投入上差异较大，例如淄博、济宁、枣庄、临沂在政策环境和信用环境上均实现了投入的最优，而威海、日照、东营、莱芜、聊城、滨州、菏泽在两投入上却均存在冗余。

四 结语

前文运用DEA和SE－DEA方法，对山东省2003—2010年的市域面板数据进行了研究。得出了山东省 17 个城市的金融生态效率值，由此得到如下主要结论：

第一，山东省总体的金融生态状况较好，金融生态效率值较高，但存在空间的非平衡性。各年度核心区域的金融生态效率均值都要高于外围区域，且处于良好状态的城市的个数和占比要明显多于外围区域。仅从这点就可以看出，山东省经济与金融业发展存在明显的关联性。

第二，在金融生态环境的影响因素中，经济环境的冗余最大，对金融生态非有效的影响最深，但效率值与经济环境的优劣并不具有完全的一致性。例如枣庄市的经济环境在各年度都要优于莱芜和菏泽，但其金融生态效率却是山东省最差的。这说明金融生态系统是一个复杂的大系统，不仅会受到金融生态环境的影响，更要受到金融主体发展状况的制约。因此，金融主体发展水平与金融生态环境水平是否协调成为金融生态系统效率高低的核心和关键。

第三，山东省核心区域和外围区域的金融生态效率值都不稳定，且两者具有完全相同的波动趋势，说明该省的金融生态系统极易受到外部宏观经济、政策的影响，其抵抗力稳定性不强。因此，加强本省的金融生态环境的建设仍显得任重而道远。

由于金融生态是一个极为复杂的动态演变系统，加之既有研究极为不足，同时受限于数据可得性，因此本章的分析仅是一个初步的尝试，但结论仍有一定的参考价值，同时也对后续研究提供重要的借鉴。

第四章

金融生态、经济增长与区域发展差异
——基于中国省域数据的耦合实证分析

一　引言

　　金融生态的概念伴随金融发展理论的深化而诞生，最初缘于金融市场安全性的考虑由我国学者首先提出。它将生态学的观点引入金融体系的研究中，强调要从金融业运行的外部环境而非仅从其自身考虑金融体系发展过程中的风险问题。始于 1993 年的国有银行市场化改革，将其资本金严重不足、不良贷款大量积累的事实公之于众，进而金融风险问题成为令人瞩目的焦点。基于此，国内外相关机构和学者开始着眼于对国有银行不良贷款严重性及其危害程度的研究，其结论不断刺激着国人的神经，而 20 世纪末亚洲金融危机更是强化了国人对金融风险问题的担忧。在此背景下，国内学者开始全面探索金融风险的成因，金融生态的概念在这一过程中应运而生，并逐步形成了金融生态环境观和金融生态系统观。两观点虽考虑问题的角度存在差异，却蕴涵着一个共同的事实，即金融与金融生态是相互影响、不可分割的。因此，良好的金融生态能带来金融业的持续健康发展，金融业的健康发展又能带动经济的可持续增长。反之，金融生态的衰退将引致宏观经济的动荡。因此，在当前经济发展的关键时期，转型经济遭遇瓶颈之际，研究金融生态对金融业、进而对经济增长的支撑作用，从理论和实际两个方面都具有重要的现实意义。基于此，本章从省域层面对我国 31 个省区市的金融生态水平及其与经济增长的关系做出解析，并由此进一步解释区域经济发展的差异程度及原因。主要目标有两个，一是对近十年我国省域金融生态做出全面评价；二是从区域发展差异的视角对金融生态与经济增长的关系做出合理的估计。后续的内容安排为：第二部分是文献回顾；第三部分系统介绍指标体系、数据及实证方法原理；第四部分实证分析，主要运用耦合方法探讨了金融生态与经济增长的协调发展关系；第五部分为省域耦合度的空间关联性 LISA 分析；第六部分为研究总结。

二　文献回顾

金融生态归属于金融发展的范畴，长期以来金融发展与经济增长的关系作为现代经济研究的核心备受学者关注。20 世纪初期 Schumpeter（1912）的论证被认为是这一领域的开山之作。此后，众多学者对其进行了持续研究，结论主要有三个方面：

第一，"供给导向"型，即金融发展引领经济增长（Gurely & Shaw，1955；Levine & Zervos，1998；周立等，2004；冉光和等，2006；郑长德，2007）。

第二，"需求跟随"型，即实体经济的增长带动金融的发展（Robinson，1952；Lucas，1988；朴松花等，2009）。

第三，"双向"因果型，即金融发展与经济增长之间的关系是互促的（Goldsmith，1969；Patrick，1966；谈儒勇，1999；陈军等，2002；史永东等，2003；武志，2010）。

这些研究虽由于样本所处经济发展阶段的差异性、指标选取的自主性以及问题研究的侧重点不同导致研究结果各异，但均论证了金融发展与经济增长存在关联性。然而，上述研究普遍忽略了金融系统以外与其相关的诸多因素对经济增长的影响，而 20 世纪末金融生态概念的提出与初步应用很好地弥补了即有研究的不足。它系统考察了所有可能对金融发展问题产生影响的环境因素，因此能够更全面地剖析金融发展与经济增长的关系。不过鉴于金融生态概念及其研究刚刚起步，故现有研究还需作出更多的拓展。现阶段的研究主要聚焦于两个方面：

第一，金融生态概念的界定，主要分为两种观点。首先，金融生态环境观认为金融生态是金融业运行的外部机制和基础条件（周小川，2004；徐小林，2005；苏宁，2005），金融生态与金融业互不包含但却相互依存，彼此共生。其次，金融生态系统观认为金融生态是一个系统的概念，不仅包括金融生态环境还包括生态主体和生态调节（徐诺金，2005；李扬，2005；谢太峰，2006），而金融业是金融生态主体最重要的构成成分。

第二，指标体系的构建及金融生态环境或系统的评价（中国社会科学院金融研究所课题组，2005；中国人民银行洛阳市中心支行课题组，2006；胡滨，2009）。然而关于该问题的实证研究较少，对于金融生态与经济增长关系的实证研究则更是屈指可数，且方法较为单一。例如，李正辉等（2008）运用面板回归得出金融生态的国际竞争力主要通过保障金融体系的发展促进经济增长，且这种间接作用具有乘数效应。廖林（2008）利用状态空间模型研究了区域金融发展与经济增长的关系。李延凯等（2011）认为金融发展对经济增长促进作用的有效性受其所在外部金融生态环境的影响。崔健等（2012）采用状态空间模型探究了京津冀金融生态环境和区域经济发展之间的动态关系，发现金融生态的各个子系统对 GDP 有正向拉动作用。上述研究均表明金融生态对经济增长具有正向促进作用，但其只是把金融生态看作金融发展的环境因素，仍然把金融业作为研究对象，而未将其内生为金融生态系统的一部分，考虑整体的发展水平对经济增长的影响。事实上，金融生态是一个复杂的系统，系统内各因素密切联系、相互作用，不可分割。基于此，本章拟从系统观的角度，从时间、空间两个层面论证金融生态与经济增长的关联关系，并借此进一步审视省域间发展水平的差异。

本章于如下几个方面做出扩展：（1）鉴于金融生态与经济增长的因果关系不易判断，没有采取常用的回归分析的方式，而是引入了耦合的概念，从"协调"和"发展"两角度探讨金融生态与经济增长的关系。（2）运用 Moran 指数方法探讨耦合度的空间集聚现象，寻找出金融生态与经济增长耦合度的高值集聚区和低值集聚区。

三 变量、数据与方法说明

（一）指标体系

由于不同学者对金融生态系统的构成及其概念的理解存在差异，目前还未形成较为一致的评价标准。在充分考虑数据可得性和指标全面性的基础上,借鉴《中国城市金融生态环境评价》以及中国金融生态城市评价委员会设定的指标体系,从经济基础、政府公共服务、社会诚信、社会保障、法制环境和金融主体六个方面来描述金融生态状况,同时选取 GDP、人均 GDP、GDP 增长率作为经济增长的分指标描述经济增长状况。指标具体涵盖 3 层,包括 7 个一级因子,16 个二级因子,43个三级因子。指标体系如表 3 - 4 - 1 所示。

表 3 - 4 - 1　　　　　　金融生态与经济增长指标体系

约束层	一级因子	二级因子	三级因子
金融生态	经济基础	活跃程度	固定资产形成总额、社会消费品零售总额
		开放度	进出口总额、实际利用外资额
		市场化程度	国有企业职工人数占比(-)、个体和私营企业就业人数占比
		产业结构	第三产业产值占 GDP 的比重、第三产业就业人数占比
		集约化程度	每万元 GDP 电耗(-)、"三废"综合利用产品产值
	政府公共服务	财政能力	财政收入、财政支出
		政府干预	税收收入占比(-)、行政管理费(-)
	社会诚信	人口素质	人均受教育年限、教育事业费、每万人拥有的医生数、城镇人均全年保健支出
		居民生活水平	城镇居民人均可支配收入、平均货币工资、居民消费支出
	社会保障	社会保障程度	社会保障补助、养老保险参保人数、失业保险参保人数、医疗保险参保人数、城镇社区服务设施数
	法治环境	执法能力	当期劳动争议案件受理数、劳动争议案件结案数
	金融主体	银行业	各项存款合计、各项贷款合计、商业银行不良贷款率(-)
		保险业	保费收入、赔款及给付、保险密度
		证券市场	股票总发行股本、股票筹资额、证券市场总交易金额
		金融发展	金融机构收入合计、金融机构支出合计、金融机构从业人数

(二) 数据说明

本章数据来源于历年《中国统计年鉴》、分省《统计年鉴》、《中国

金融年鉴》、《新中国六十年统计资料汇编》、《中国劳动统计年鉴》、中
经网数据库以及 WIND 资讯。选取 2001—2011 年为样本区间，构建 31
个省份 11 年的面板数据，实际上这一时期恰为我国金融体制改革与金
融生态优化的关键期，因此具有较强的研究意义。本章中所有名义值均
以 2001 年为基期，运用价格指数平减得到实际值。部分缺失数据经相
关方法推算而得，最终使用的原始样本数据为 24211 个，辅助数据为
1023 个，总计 25234 个数据。

（三）研究方法

1. 耦合机理解析

耦合是物理学术语，是对两个及以上系统相互依赖于对方的一个量度。
它从"协调"和"发展"两个层面定义。其中，协调是一个截面概念，考
察在特定时点上，两系统间的相互配合程度；发展是一个时序概念，考察
随着时间的延续，两系统共同的演进过程。耦合则是上述两方面的综合，
全面考察了两系统在保证自身发展的同时兼顾彼此协调一致的程度。

首先，根据"协调"的定义，如图 3 - 4 - 1（a）所示，可由两系统
的离差对其进行描述。当离差为 0 时，即 $X = Y$ 时，协调程度最高；离差
越大，协调程度越低。因此，图中 45°线上的点代表的协调程度最高，往
两侧依次递减。其次，借鉴无差异曲线的思路构造"发展"曲线，如图
中 LJ 线（此时 X、Y 两系统完全替代），曲线上所有点的发展水平相同。
随后，将上述二者合并，可知 J、K 两点的协调程度相同均为 1，但 K 点
的发展水平更高，所以 K 点的耦合程度也更高；J、L 两点具有相同的发
展水平，但由于 J 点的协调程度要高于 L 点，所以 J 点的耦合程度也高于
L 点，故图 3 - 4 - 1（a）三点中，K 点的耦合度是最高的。

进一步看，图 3 - 4 - 1（b）考虑无差异曲线中更为一般的情况，即以
边际替代率递减的规律来构造发展曲线，此时发展曲线变为一簇互相平行
的凸曲线，但耦合意义并未发生变化，均表示随曲线向远离原点 O 的方向
移动，发展水平越来越高。同时，考虑协调程度，则协调度可扩展为一簇
从原点出发的射线，每一条射线上的点具有相同的协调度，45°线上的协调
度最高，往两侧呈对称递减变化（即射线 S_1、S_3 具有相同的协调度，所以
关于 S_2 对称的两点耦合度相同），具体推解见章末附录一和附录二。

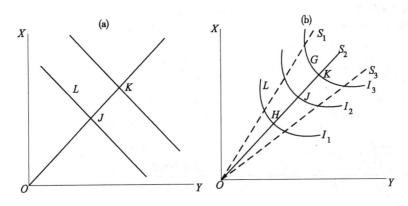

图 3 – 4 – 1　耦合机制解析模型

目前，耦合的概念已被部分学者引入经济学相关领域（吴文恒，2006），但尚未有学者将其应用于金融问题的研究中。考虑到金融生态系统与经济增长之间存在正向互促关系，将耦合的概念引入本章，力图得到一种全新的实证结果与政策结论。

2. 耦合度的测算

测算方法见第一篇第四章。

四　实证分析

（一）指标权重的确定

进行耦合分析前要计算两系统的综合指数，在计算二、三级因子时考虑到各指标的重要程度相当，故均采用算术平均的方法赋予各指标相同的权重。但由一级因子得到金融生态系统指数时，缘于各变量对金融生态系统的影响程度差异较大，故采用层次分析法（AHP）确定各指标的权重。具体步骤为：

1. 建立层次结构模型

2. 建立比较判断矩阵根据九标度的评分标准（见表 3 – 4 – 2），构造金融生态指标空间的比较判断矩阵 A，见表 3 – 4 – 3。其中，A1，A2，A3，A4，A5，A6 分别代表经济基础、政府公共服务、社会诚信、社会保障、法治环境、金融主体。

表 3 - 4 - 2   **标度的含义**

	取值规则
1	指标 p 和指标 q 同等重要
3	指标 p 比指标 q 稍微重要
5	指标 p 比指标 q 明显重要
7	指标 p 比指标 q 强烈重要
9	指标 p 比指标 q 极端重要
2，4，6，8	上述判断值的中间值

表 3 - 4 - 3   **比较判断矩阵 A①**

金融生态	A1	A2	A3	A4	A5	A6
A1	1	7	6	5	3	1/3
A2	1/7	1	1/3	1/5	1/6	1/9
A3	1/6	3	1	1/3	1/5	1/7
A4	1/5	5	3	1	1/3	1/6
A5	1/3	6	5	3	1	1/5
A6	3	9	7	6	5	1

3. 权值计算（幂法）

第一步，设初值向量 W_0，例如 $W_0 = (\frac{1}{n}, \frac{1}{n}, \ldots, \frac{1}{n})^T$；

第二步，对于 $k = 1, 2, 3, \ldots$，计算 $\overline{W}_k = Aw_{k-1}$，式中 W_{k-1} 为经归一化所得的向量；

第三步，对于事先给定的计算精度，若 $\max|w_{ki} - w_{(k-1)i}| < \varepsilon$，则计算终止，否则继续第二步；

第四步，计算 $\lambda_{\max} = \frac{1}{n} \sum_{i=1}^{n} \frac{\overline{w}_{ki}}{w_{(k-1)i}}$ 和 $w_{ki} = \frac{\overline{w}_{ki}}{\sum_{j=1}^{n} \overline{w}_{kj}}$。得到指标的权重

为：（经济基础，政府公共服务，社会诚信，社会保障，法治环境，金

---

① 若第 p 个指标相对于第 q 个指标的相对重要性为 a_{pq}，则第 q 个指标相对于第 q 个指标的相对重要性为 $\frac{1}{a_{pq}}$。

融主体）＝（0.2594，0.0789，0.0436，0.0252，0.1434，0.4493）。

4. 一致性检验

经计算判断性矩阵的一致性比例 C.R. ＝ 0.0792 （＜1），通过了一致性检验。

（二）数据的标准化处理

鉴于本章选用的指标在量纲和量级上存在较大差异，因此采用极差法对原始数据进行标准化处理。方法见本篇第二章。

（三）综合指数的计算

将处于二、三因子层的标准化数据逐级进行算术平均，然后将求得的指数值乘以各自的权重、求和得到金融生态系统指数。经济增长指数则由 GDP、人均 GDP 和 GDP 增长率的标准化值直接通过算术平均求得。部分年份的计算结果见表 3 - 4 - 4[①]。

表 3 - 4 - 4　　　部分年度各省区金融生态与经济增长指数

区域	城市	金融生态							经济增长						
		年份						均值	年份						均值
		2001	2007	2008	2009	2010	2011		2001	2007	2008	2009	2010	2011	
东部	北京	0.20	0.41	0.44	0.52	0.56	0.61	0.39	0.29	0.57	0.42	0.51	0.57	0.53	0.44
	天津	0.15	0.22	0.23	0.26	0.27	0.28	0.21	0.22	0.36	0.50	0.44	0.55	0.57	0.40
	上海	0.23	0.43	0.44	0.51	0.54	0.57	0.40	0.24	0.53	0.46	0.49	0.53	0.50	0.45
	河北	0.17	0.25	0.28	0.30	0.29	0.30	0.24	0.17	0.30	0.29	0.28	0.38	0.40	0.28
	山东	0.21	0.35	0.39	0.43	0.46	0.48	0.34	0.21	0.42	0.47	0.46	0.53	0.55	0.41
	江苏	0.24	0.43	0.49	0.53	0.55	0.58	0.40	0.23	0.47	0.49	0.52	0.63	0.65	0.44
	浙江	0.22	0.41	0.44	0.49	0.53	0.53	0.37	0.22	0.43	0.40	0.42	0.55	0.52	0.40
	福建	0.17	0.24	0.25	0.28	0.29	0.29	0.23	0.14	0.33	0.30	0.37	0.42	0.41	0.28
	广东	0.30	0.56	0.65	0.71	0.71	0.75	0.52	0.25	0.52	0.49	0.53	0.61	0.62	0.46
	海南	0.10	0.15	0.16	0.16	0.17	0.17	0.14	0.11	0.18	0.19	0.19	0.29	0.27	0.18
	均值	0.20	0.34	0.38	0.42	0.44	0.46	0.32	0.21	0.41	0.40	0.42	0.51	0.50	0.37

---

① 限于篇幅原因，本章只列了部分年份的指数值，其余年份的数值不再列出，如有需要可与笔者联系。

续表

区域	城市	金融生态							经济增长						
		年份						均值	年份						均值
		2001	2007	2008	2009	2010	2011		2001	2007	2008	2009	2010	2011	
东北	辽宁	0.18	0.29	0.31	0.35	0.36	0.37	0.27	0.16	0.32	0.39	0.35	0.47	0.47	0.30
	吉林	0.13	0.20	0.21	0.22	0.23	0.24	0.18	0.18	0.30	0.29	0.28	0.32	0.36	0.25
	黑龙江	0.13	0.20	0.23	0.25	0.25	0.26	0.20	0.17	0.20	0.24	0.16	0.33	0.34	0.21
	均值	0.15	0.23	0.25	0.27	0.28	0.29	0.22	0.17	0.27	0.31	0.26	0.37	0.39	0.26
中部	河南	0.15	0.26	0.28	0.30	0.33	0.34	0.24	0.16	0.31	0.30	0.28	0.37	0.35	0.27
	山西	0.13	0.20	0.22	0.24	0.28	0.28	0.20	0.06	0.29	0.25	0.12	0.37	0.34	0.26
	湖南	0.15	0.23	0.25	0.27	0.29	0.30	0.22	0.10	0.28	0.29	0.29	0.38	0.38	0.25
	湖北	0.18	0.25	0.27	0.29	0.30	0.31	0.24	0.16	0.29	0.28	0.31	0.40	0.39	0.26
	安徽	0.14	0.21	0.23	0.25	0.27	0.28	0.21	0.11	0.24	0.24	0.27	0.35	0.35	0.22
	江西	0.15	0.19	0.20	0.23	0.24	0.28	0.19	0.11	0.23	0.23	0.21	0.34	0.34	0.23
	均值	0.15	0.22	0.24	0.26	0.28	0.30	0.22	0.12	0.27	0.26	0.25	0.37	0.36	0.25
西部	四川	0.17	0.25	0.28	0.31	0.33	0.35	0.25	0.14	0.26	0.26	0.26	0.36	0.37	0.24
	重庆	0.14	0.20	0.22	0.25	0.26	0.29	0.20	0.18	0.23	0.28	0.28	0.33	0.39	0.24
	贵州	0.12	0.16	0.17	0.19	0.20	0.21	0.16	0.11	0.20	0.20	0.17	0.21	0.27	0.18
	云南	0.13	0.18	0.19	0.21	0.21	0.22	0.17	0.11	0.19	0.20	0.15	0.22	0.29	0.18
	广西	0.15	0.19	0.21	0.22	0.23	0.24	0.19	0.13	0.24	0.21	0.23	0.33	0.31	0.22
	西藏	0.12	0.15	0.16	0.17	0.16	0.16	0.15	0.20	0.18	0.14	0.15	0.19	0.21	0.18
	陕西	0.14	0.19	0.21	0.23	0.24	0.26	0.19	0.15	0.25	0.31	0.24	0.36	0.36	0.26
	甘肃	0.12	0.15	0.17	0.18	0.18	0.19	0.15	0.09	0.18	0.13	0.11	0.25	0.24	0.17
	青海	0.10	0.12	0.13	0.13	0.13	0.14	0.12	0.16	0.21	0.09	0.09	0.27	0.26	0.19
	宁夏	0.10	0.13	0.13	0.15	0.15	0.15	0.13	0.17	0.27	0.28	0.20	0.31	0.29	0.22
	新疆	0.12	0.16	0.18	0.19	0.19	0.19	0.16	0.14	0.18	0.19	0.10	0.35	0.29	0.21
	内蒙古	0.13	0.18	0.19	0.22	0.23	0.24	0.18	0.12	0.39	0.44	0.37	0.41	0.46	0.34
	均值	0.13	0.17	0.19	0.20	0.21	0.22	0.17	0.14	0.23	0.24	0.20	0.30	0.31	0.22

（四）综合指数分析

第一，分别计算全国各年度金融生态和经济增长指数的总体均值（见表 3 - 4 - 4 最后一行），可以发现，经济增长指数呈现波动上升趋势。究其原因，2001 年我国经济遭受东南亚经济危机冲击后开始全面反弹，同时得益于 2001 年底加入世贸组织，贸易量迅速提升导致我国 2002 年经济增长实现一大飞跃。其后经济保持了 5 年快速增长，但 2008 年由于受到全球经济危机的影响，经济出现明显的下降，随后有所恢复。与经济发展状况相比，金融生态水平的发展则显得较为平稳，并未受到此次金融危机的影响。说明金融体系保持了较好的发展状态，这可能得益于并未完全放开的金融体制。

第二，分别计算四大区域两指数均值（见表 3 - 4 - 4 区域横向均值）。比较发现，各区域两指数具有相似的变动趋势，均表现为东部最高，西部最差。然而，东北和中部在金融生态指数上的差异性比在经济增长指数上的差异性要小得多。就每种指数分区域的走势来看，四大区域的金融生态指数的走势基本相同，都表现为稳步上升的趋势；经济增长指数则在增长的同时表现出更大的波动性。走势的具体成因与全国均值相似，不再赘述。

第三，分别计算 31 个省区市两指数 11 年的均值（见表 3 - 4 - 4 中的列均值），依据均值特征将其划分为四种类型，而后绘制各省区两指数均值的空间分位图（见图 3 - 4 - 2、图 3 - 4 - 3）①。首先，由图 3 - 4 - 2 可知，金融生态指数主要表现为东、中、东北、西部依次递减的阶梯形分布态势。具体来看，东部广东省的金融生态指数均值为 0.52，居全国各省之首。北京、上海、江苏、浙江、山东也位于分位图的第一级。中部 6 省除山西和江西位于第三级外，其余省份均位于第二级。东北地区辽宁位于第一级，其余两省位于第三级。西部 12 省位于三、四级的省份有 11 个。其次，由图 3 - 4 - 3 可知，经济增长水平由东至西依次递减。东部除河北、福建、海南外全部位于第一级；中部地区主要分布在第二级；西部除内蒙古外，全部位于第三、四级；东北地区差异性较大，三省分别位居三个级别。此外，从图 3 - 4 - 2 和图 3 - 4 - 3 的比较来看，各省区两指数的分布状况具有空间上的一致性。金融生态指数位于第一级的省份（四川除外），经济增长指数也位于第一级；同样，金融生态指数位于其他级别的省份也具有相似的对应关系。说明金融生态与经济增长具有协调关联性。

---

① 中国台湾及南海诸岛均未在本章的研究范围内，故台湾以第四级符号标志，南海诸岛以底色填充。

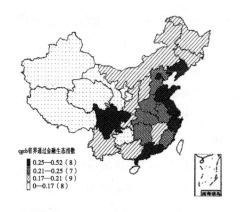

图 3 – 4 – 2　省域金融生态指数　　　　　图 3 – 4 – 3　省域经济增长指数
空间分位图　　　　　　　　　　　空间分位图

上述分析仅从数据特征上研究了金融生态与经济增长各自的变化趋势，对两者的关联关系也只是从分位图分布上做出的初步推测，如下引入耦合方法，进一步从协同共进视角考察二者的关系。

（五）耦合分析

应用第一篇第四章公式（3）—（5），分别计算金融生态和经济增长的协调度、综合指数以及耦合度[①]。限于篇幅，书中只列出耦合度的计算结果（见表 3 – 4 – 5），耦合程度的判断标准见表 1 – 4 – 4。观察表 1 – 4 – 4、表 3 – 4 – 5 并结合图 3 – 4 – 4 可知耦合具有如下特征：

表 3 – 4 – 5　　　　　　　中国省域金融生态与经济增长的耦合度

区域	城市	年份											均值
		2001	2002	2003	2004	2005	2006	2007	2008	2009	2010	2011	
东部	北京	0.47	0.51	0.55	0.58	0.60	0.61	0.67	0.66	0.72	0.75	0.75	0.63
	天津	0.41	0.42	0.42	0.43	0.43	0.47	0.49	0.49	0.53	0.54	0.55	0.47
	上海	0.49	0.54	0.56	0.58	0.60	0.62	0.68	0.67	0.71	0.73	0.73	0.63
	河北	0.41	0.40	0.45	0.47	0.48	0.49	0.52	0.53	0.54	0.57	0.57	0.49
	山东	0.46	0.47	0.53	0.55	0.57	0.60	0.61	0.65	0.67	0.70	0.71	0.59
	江苏	0.48	0.50	0.56	0.57	0.62	0.64	0.67	0.70	0.72	0.76	0.78	0.64

---

① 本章认为金融生态系统和经济增长系统同等重要，故取 $\theta = \delta = 0.5$，调节系数取 $k = 3$。

续表

区域	城市	年份											均值
		2001	2002	2003	2004	2005	2006	2007	2008	2009	2010	2011	
东部	浙江	0.47	0.52	0.55	0.56	0.58	0.61	0.65	0.64	0.67	0.73	0.73	0.61
	福建	0.38	0.40	0.44	0.45	0.47	0.49	0.51	0.52	0.56	0.56	0.57	0.49
	广东	0.52	0.56	0.62	0.62	0.66	0.69	0.73	0.73	0.77	0.81	0.82	0.68
	海南	0.32	0.35	0.35	0.36	0.37	0.39	0.40	0.41	0.42	0.43	0.44	0.38
	均值	0.44	0.47	0.50	0.52	0.54	0.56	0.59	0.60	0.63	0.66	0.66	0.56
东北	辽宁	0.41	0.43	0.45	0.44	0.51	0.53	0.55	0.58	0.59	0.63	0.64	0.52
	吉林	0.37	0.39	0.40	0.42	0.43	0.45	0.47	0.48	0.49	0.51	0.51	0.45
	黑龙江	0.38	0.25	0.41	0.43	0.44	0.44	0.45	0.48	0.42	0.53	0.54	0.43
	均值	0.39	0.36	0.42	0.43	0.46	0.47	0.49	0.52	0.50	0.55	0.56	0.47
中部	河南	0.39	0.39	0.44	0.47	0.49	0.50	0.52	0.54	0.54	0.59	0.59	0.50
	山西	0.26	0.36	0.41	0.42	0.44	0.45	0.47	0.48	0.36	0.55	0.55	0.43
	湖南	0.34	0.39	0.40	0.45	0.46	0.48	0.49	0.51	0.53	0.56	0.57	0.47
	湖北	0.40	0.39	0.43	0.45	0.47	0.48	0.52	0.52	0.55	0.58	0.58	0.49
	安徽	0.34	0.33	0.40	0.44	0.42	0.45	0.47	0.48	0.51	0.54	0.55	0.45
	江西	0.35	0.40	0.41	0.43	0.44	0.45	0.46	0.46	0.47	0.52	0.55	0.45
	均值	0.35	0.38	0.41	0.44	0.45	0.47	0.49	0.50	0.49	0.56	0.57	0.46
西部	四川	0.38	0.37	0.44	0.45	0.47	0.49	0.51	0.52	0.53	0.59	0.60	0.49
	重庆	0.39	0.38	0.42	0.42	0.43	0.42	0.46	0.49	0.51	0.53	0.56	0.46
	贵州	0.34	0.31	0.39	0.38	0.40	0.41	0.42	0.42	0.42	0.45	0.47	0.40
	云南	0.34	0.36	0.35	0.40	0.40	0.42	0.43	0.44	0.41	0.47	0.49	0.41
	广西	0.37	0.38	0.41	0.44	0.43	0.45	0.46	0.46	0.47	0.50	0.52	0.44
	西藏	0.36	0.38	0.37	0.39	0.38	0.40	0.41	0.39	0.40	0.42	0.42	0.39
	陕西	0.38	0.38	0.42	0.43	0.44	0.45	0.46	0.48	0.49	0.52	0.53	0.45
	甘肃	0.31	0.26	0.38	0.39	0.39	0.40	0.40	0.38	0.35	0.45	0.45	0.38
	青海	0.33	0.33	0.34	0.35	0.36	0.36	0.37	0.37	0.32	0.37	0.38	0.35
	宁夏	0.33	0.33	0.34	0.35	0.36	0.37	0.37	0.37	0.40	0.40	0.41	0.37
	新疆	0.36	0.27	0.38	0.40	0.41	0.42	0.42	0.43	0.33	0.45	0.46	0.39
	内蒙古	0.35	0.37	0.40	0.40	0.40	0.41	0.43	0.44	0.49	0.50	0.50	0.43
	均值	0.35	0.34	0.39	0.40	0.41	0.42	0.43	0.43	0.43	0.47	0.48	0.41
总体均值		0.38	0.39	0.43	0.45	0.46	0.48	0.50	0.51	0.51	0.56	0.56	0.48

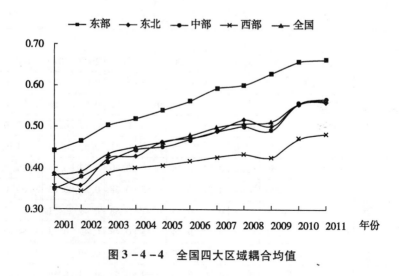

图 3 - 4 - 4　全国四大区域耦合均值

第一，分别计算所有省份历年耦合度均值（见表 3 - 4 - 5 中最后一行），总体上看，呈逐年递增的态势，从轻度失调的 0.38 变动到勉强协调的 0.56。具体看，协调度的变动较小，维持在 0.90—0.95 之间，而综合发展度的变动较大，从 0.16 变动到 0.35，增幅 118%。[1] 因此可推断金融生态和经济增长两系统耦合度的时序改善主要缘于二者综合发展水平的提升。

第二，分区域看，四大区域的均值具有相似的变动规律，如图 3 - 4 - 4所示都表现为耦合度的不断优化。但区域间耦合度却呈现明显的差异，表现为东部最高，西部最差，东北和中部相当。具体来看，东部在 2002 年已经实现了从负向耦合向正向耦合的跨越；而东北和中部到 2007 年才实现这一跨越；西部截至 2011 年，还一直处于负向耦合阶段。从各区域耦合度的趋势线走势来看，东部呈现平稳上升趋势，东北、中部、西部则表现出更大的波动性。

第三，分省看，各省的耦合度差异较大，2011 年广东省的耦合度为 0.82，属于良好协调发展型，而青海省的耦合度仅为 0.38，处在轻度失调衰退状态。但从耦合度的变动趋势看，各省份又表现出相似性。大多数省份呈波动上升的态势。进一步求得各省 11 年的均值（见表

---

[1]　限于篇幅原因，协调度和综合发展度的值并未列出，如有需要可与笔者联系。

3-4-5最后一列），并绘制省域耦合度的空间分位图（见图3-4-5）。观察图3-4-5并结合表3-4-5可知，金融生态与经济增长的耦合度表现出明显的区域内趋同而区域间分异现象。东部有6省均值处于正向耦合阶段，但耦合的级别存在差异，山东省为勉强协调发展型，其余5省均为初级协调发展型；中部和东北区域内的差异性不大，除辽宁和河南两省处于勉强协调发展状态外，其余省份都处在濒临失调衰退状态。西部地区所有省份均处于负向耦合的轻度失调衰退和濒临失调衰退状态。

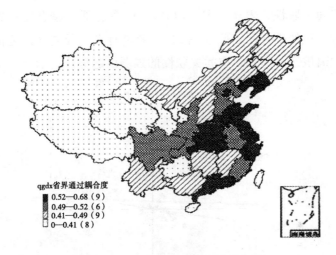

图3-4-5　省域耦合度空间分位图

　　总体看，我国省域金融生态与经济增长的协调发展水平较低，但正处不断优化的进程中，今后还具有较大的发展空间。同时，考虑到大多数省份的协调度较高（≥0.9），耦合度的优化源于两系统在发展水平上的正向互促机制，因此可预知，今后通过不断改善金融生态系统，可有力带动经济的发展。

五　耦合度的 Moran 分析

　　前文分析表明，我国各省区金融生态与经济增长具有较强的协调性，且四大区域内各省区的耦合度变动存在很强的一致性。考量这两个结论，自然形成如下需要探讨的问题：不同省区间是否存在耦合的关联性？下文运用 ESDA 方法的局域 Moran 指数分析来讨论这一问题。

　　Moran 指数分析通常将两变量的空间关联模式划分为四种类型：HH、LH、LL 和 HL，如图 3 - 4 - 6 所示，分别对应散点图中的四个象限，其中，图中横纵坐标表示耦合值与其空间滞后值。本章所讨论的省域金融生态与经济增长耦合度的空间关联模式可与上述四种类型相对应。具体看，第一、三象限代表正的空间关联性，表现为 HH（LL），即高（低）耦合度的省域被高（低）耦合度的邻近省域所包围，二者具有空间依赖性，即为高（低）耦合度的空间集聚；第二、四象限代表负的空间关联性，表现为 HL（LH），即高（低）耦合度的省域，其周围邻近省域的耦合度较低（高），二者具有空间异质性，可视为耦合度的空间离散区。另外，空间关联性的强弱由趋势线表示。

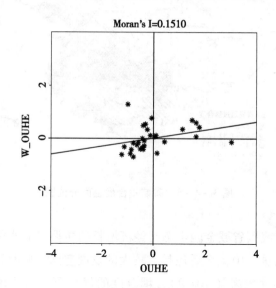

图 3 - 4 - 6　省域金融生态耦合度
Moran 散点图

　　选用二阶邻近标准设定空间权重矩阵，对 2001—2011 年耦合度均值的空间关联性加以测算，结果见图 3 - 4 - 6 和表 3 - 4 - 6。我国金融生态与经济增长耦合度的全域 Moran's I 值为 0.1510（ >0），即从区域空间的整体状况来看，呈现为正的空间关联性，故耦合度的典型区为第一、三象限。具体特征如下：

表 3 - 4 - 6　　　　　　金融生态耦合度 Moran's 散点图对应省域表

模式	对应城市
HH	上海、浙江、江苏、山东、北京、河南、湖北、河北
LH	福建、安徽、江西、天津、湖南、海南
LL	青海、宁夏、西藏、新疆、贵州、云南、吉林、黑龙江
	陕西、内蒙古、重庆、山西、甘肃
HL	四川、辽宁、广东

第一，多数省份位于典型区域，其中位于第三象限的省份要多于第一象限。而位于非典型区的省份较少，对应于表 3 - 4 - 6 的 HL 和 LH 两种类型。空间异质性通过 Moran's 散点图中 HH、LL 两种空间分异区域鲜明地体现出来。

第二，分区域看，东部省份一半以上位于第一象限，属于 HH 型；而西部大部分省份属于 LL 型。这从总体上揭示了我国金融生态耦合度在空间分布上的不均衡性。即高耦合度的省份主要位于东部地区，而低耦合度的省域主要位于西部地区。

第三，分省看，东部广东省的耦合度虽位列各省之首，但其周边地区的金融生态耦合度相对较低，其向福建、广西等周边地区的扩散作用并未发挥出来，因此呈现 HL 型的负空间自相关性；而西部的四川省则因其耦合度较周边的邻近省份具有明显的优势，也呈现 HL 类型的负空间自相关性；中部地区的空间、关联性则表现出较大的差异，河南、湖北属于高值（HH）集聚区，而山西却属于低值（LL）集聚区。

表 3 - 4 - 7 给出了基于正态假设检验的省域金融生态耦合度的局部 Moran's I 值及对应的 P 值。其中，Moran's I 的负值对应散点图中 LH 型和 HL 型，即为非典型区，而正值对应的是典型区。当 P 值小于 0.05 时，对应省份的空间关联性通过显著性检验。达到高度显著性水平的省份包括东部的上海、山东、江苏、浙江、福建；中部的安徽、江西；西部的四川、重庆、西藏、陕西、甘肃、青海、宁夏、新疆。总体来看，显著性水平较高的省份大部分位于典型区。

表 3 - 4 - 7　　　　　基于正态假设检验的省域金融生态的局部 Moran's I 值

区域	省域	局域 Moran's I	P 值	区域	省域	局域 Moran's I	P 值
东部	北京	0.118	0.346	中部	湖北	0.006	0.230
	天津	-0.082	0.178		安徽	-0.157	0.004
	上海	1.001	0.038		江西	-0.194	0.004
	河北	0.001	0.444	西部	四川	-0.083	0.002
	山东	0.392	0.024		重庆	0.103	0.038
	江苏	0.733	0.050		贵州	0.139	0.186
	浙江	1.025	0.012		云南	0.155	0.134
	福建	-0.044	0.006		广西	0.002	0.498
	广东	-0.461	0.366		西藏	0.534	0.004
	海南	-1.294	0.070		陕西	0.150	0.004
东北	辽宁	-0.059	0.304		甘肃	0.367	0.004
	吉林	0.210	0.076		青海	0.763	0.002
	黑龙江	0.167	0.082		宁夏	0.379	0.016
中部	河南	0.011	0.250		新疆	0.537	0.002
	山西	0.029	0.318		内蒙古	0.094	0.130
	湖南	-0.013	0.324				

综上所述，我国省域金融生态与经济增长耦合度的空间关联特征呈现 HH 型，且通过 5% 的显著性检验的 4 省份全部位于东部沿海地区，该地区的其他省份在高值省份的辐射带动作用下，协调发展程度也将不断优化，将形成高值集聚区；空间关联特征呈现 LL 型且通过 5% 显著性水平检验的 7 个省份全部位于西部地区，该地区已经成为低值集聚区，且由于与高值集聚区在地理空间上不具有关联性，难以得到高值区的辐射带动作用，因此，短期内不进行内部调整，很难打破其低值困境；中部的安徽省和江西省也通过 5% 的显著性水平检验，属于显著的 LH 型，这两个省份的耦合度也较低，但是与西部相比具有明显的地理优势，政府可以通过出台相关的保护金融业发展、刺激经济增长的政策，减少本地区经济、金融资源的流失，加之源自高值区的辐射带动作用，短期内有望实现金融生态与经济增长的协调发展。

六　结论

本章构建了全面的金融生态与经济增长的指标体系，选用 2001—

2011 年全国 31 个省域的面板数据分析了二者的协调发展关系。主要研究结论为：第一，从综合指数特征看，各省区金融生态和经济增长指数均表现出上升趋势，且经济增长指数高的省份其金融生态指数通常也较高，二者具有协调关联性。第二，从耦合关系的特征看，各省区金融生态与经济增长的耦合度呈逐渐上升的态势，且该趋势主要缘于金融生态和经济增长综合水平的提升而非协调程度的提升。第三，无论是金融生态、经济增长还是二者的耦合度均表现出明显的区域间差异性。因此，今后如何在保证金融生态与经济协调发展的基础上缩小区域间差异，实现以强带弱，共同发展的目标，显得任重而道远。第四，经济增长与金融生态耦合度的空间关联性分析表明，金融生态与经济增长的耦合度表现出严重的地理空间非平衡性，东部沿海地区形成耦合度的高值集聚区，而西部地区则形成低值集聚区。且由于两区域间并不具有地理上的关联性，所以西部地区难以受到来自东部高值区的辐射带动作用，不易打破低点困境，只会引起东西部金融生态与经济增长协调发展差距的扩大。因此，国家应进一步合理配置经济、金融资源，积极向空间广袤的西部做出适当的引导，以此作为缩小区域间发展差异的重要手段。

　　前文应用全新的耦合方法验证了金融生态与经济增长的正向互促关系，虽为初步尝试，但研究的结果仍具有重要的理论和现实意义。然而，由于受数据可得性所限，加之缺乏对金融生态影响因素的定性分析，所构建的金融生态指标体系的完整性有待商榷，后续还需在此基础上展开进一步研究。

附录一：

令 $H(x,y) = (\frac{x+y}{2})^2 - xy$ 　　　　　　　　　　　　　　（1）

将（1）式等号右边式子展开得到：

$H(x,y) = \frac{1}{4}(x^2 + 2xy + y^2) - xy$

整理得：

$H(x,y) = \frac{1}{4}(x-y)^2 \geqslant 0$ 　　　　　　　　　　　　（2）

由（1）式与（2）式可知：

$(\frac{x+y}{2})^2 \geqslant xy$

因此：$\dfrac{xy}{(\frac{x+y}{2})^2} \leq 1$ 即：$C = \left\{\dfrac{xy}{\left(\frac{x+y}{2}\right)^2}\right\}^k \leq 1$

且由（2）式可知，当 $x = y$ 时，C 取最大值为 1。

附录二：

对 $\overline{C} = \left\{\dfrac{xy}{\left(\frac{x+y}{2}\right)^2}\right\}^k$ 两边同时开 $\dfrac{1}{k}$ 次幂，有：$\overline{C}^{\frac{1}{k}} = \dfrac{xy}{\left(\frac{x+y}{2}\right)^2}$

展开可得：$\dfrac{\overline{C}^{\frac{1}{k}}}{4} = \dfrac{xy}{x^2 + y^2 + 2xy}$

右边分子、分母同时乘以 $\dfrac{1}{xy}$ 得：$\dfrac{\overline{C}^{\frac{1}{k}}}{4} = \dfrac{1}{\dfrac{x}{y} + \dfrac{y}{x} + 2}$ ，两边同时倒数

得：$\dfrac{4}{\overline{C}^{\frac{1}{k}}} = \dfrac{x}{y} + \dfrac{y}{x} + 2$

令 $a = \dfrac{x}{y}$ $b = \dfrac{4}{\overline{C}^{\frac{1}{k}}}$ ，得：$b = a + \dfrac{1}{a} + 2$ ，两边同时乘以 a 整理得：

$a^2 + (2 - b) \times a + 1 = 0$

求解上式可得：$a = \dfrac{b - 2 \pm \sqrt{(b-2)^2 - 4}}{2}$

将 a、b 代入可得：$\dfrac{x}{y} = \dfrac{4/\overline{C}^{\frac{1}{k}} - 2 \pm \sqrt{16/\overline{C}^{\frac{2}{k}} - 16/\overline{C}^{\frac{1}{k}}}}{2}$

上式右边分子、分母同时乘以 $\overline{C}^{\frac{1}{k}}$ 可得：$\dfrac{x}{y} = \dfrac{4 - 2\overline{C}^{\frac{1}{k}} \pm 4\sqrt{1 - \overline{C}^{\frac{1}{k}}}}{2\overline{C}^{\frac{1}{k}}}$

令：$G = \dfrac{4 - 2\overline{C}^{\frac{1}{k}} \pm 4\sqrt{1 - \overline{C}^{\frac{1}{k}}}}{2\overline{C}^{\frac{1}{k}}}$ ，则有：$\dfrac{x}{y} = G$

其中，G 是依赖于 $\overline{C}$ 的常数。

第五章

金融危机对中国家庭经济行为的影响

一 引言

个人的经济行为是以家庭为载体的，因此研究微观主体的特征，可以通过研究家庭来获得。关于家庭经济行为，一直是国内外学界关注的重点，长久以来出现了诸多研究成果。从古典经济学派到凯恩斯主义及其后的新古典主义综合派的著述中，都有以家庭为微观经济主体，研究其消费、储蓄、投资和生产的相关理论，而诺贝尔经济学奖得主贝克尔发表了一系列有影响的著述（Becker，1960、1964、1981），把经济学的分析方法应用于家庭分析，突破了传统经济学的局限，从而创立了家庭经济学。国内学者在这一方向也做出了卓有成效的研究，代英姿（2007）运用人力资本分析方法探讨了家庭经济行为；马颖、秦永（2008）从经济发展的角度对家庭的社会作用进行了研究。以上学者的研究成果，为本研究提供了基本的思路，在此基础上，本章将以此次全球金融危机为大背景，系统而深入地讨论中国家庭经济行为所受到的影响及应对措施。

表面上看，美国采取的贷款利率浮动政策是金融危机的导火索，因为美国在 2004 年中连续 17 次加息，致使次级贷款客户出现还贷困难而直接出现退房断供，导致金融危机爆发；但实际上多年来美国政府对金融衍生品采取了放任的态度，同时金融监管机制和评级机制存在较大漏洞，加之近几年美国房地产业泡沫严重，由此导致美国次贷危机演化成了一场全球金融风暴。受此影响，2008 年以来我国纺织服装等劳动密集型行业出口增速明显放缓，长三角、珠三角地区 80% 的中小企业面临停产甚至倒闭的困境，固定资产投资出现了停滞，进而对家庭投资、消费等经济行活动产生了强烈的负向冲击。

二　金融危机对家庭投资行为的影响

（一）住房投资

国内房地产业历经十年发展，已经成为拉动国民经济增长的火车头之一。然而，相关法制不完善与市场不规范，造成房地产市场泡沫严重。而随着金融危机的到来，国内房地产市场的泡沫受到挤压，房地产行业近一年来遭遇了十年不遇的深度调整。

根据国家发改委、国家统计局调查显示，2009 年 2 月，全国 70 个大中城市房屋销售价格同比下降 1.2%，降幅比 1 月扩大 0.3 个百分点；环比下降 0.2%。多年来一路飙升又居高不下的房价下跌，对正在考虑购房的家庭来说似乎是好事，但金融危机的延续导致消费者对市场未来发展不确定性预期的增强，致使房屋需求量始终在低位徘徊；同时房价下跌在一定程度上形成部分已购房家庭的资产贬值。

从政策层面来看，从 2008 年初开始，国家为了防止经济过热，实施从紧货币政策，多次提高信贷利率，使高额信贷购房的普通消费者经济负担加重，继续下去将很有可能会重蹈美国覆辙。因此，伴随经济衰退，国内信贷政策从 2008 年后半年起走向宽松，特别是住房信贷利率不断下调，减轻了购房者的房贷负担，从而促使房地产市场得以稳定。另外，导致美国金融危机的另一大因素是许多不具备购房能力的消费者利用美国宽松的信贷政策加入了住房投资的行列，国内房地产市场同样存在着这样的问题。因此，为避免这种错误投资观念的蔓延，国家应进一步加大经济适用房、限价房的建设力度，进行有效分流，引导民众根据自身能力进行合理的置业定位，树立科学的投资观念。

（二）股市投资

此次危机直接作用于 A 股市场所产生的负向冲击，让无数的中国股

民切实感受到财富积累的不确定性。A 股市值从 2007 年初的 8.8 万亿
元人民币起步，到 10 月 16 日沪指攀上 6124 点时，两市 A 股总市值约
为 27.5 万亿元人民币，此时不少机构仍看好 2008 年及今后数年的中国
股市，提出了"黄金十年"和"万点论"等论调。但此后股市开始步
入下降通道，2008 年 9 月 18 日，沪指盘中达到 1802 点的低点。这表明
危机直接影响了中国股民的信心，引发股市抛售，带动股指下跌，致使
股市陷于极度低迷之中，由此使得众多期望以投机获利而投资股市，但
缺乏长期投资信心和策略的家庭陷入资产困境。

为快速抑制资本市场深度衰退的局面，从 2008 年后半年起，国家
开始不断降低存贷款利率。理论上看，降"双率"对股市无疑是一个
利好，有利于刺激家庭储蓄资金流入市场，但频繁的降息也加剧了家庭
投资者对经济可能进一步下滑的预期，因此在资本市场上依然选择抛
售。这样，一方面资本市场上的衰退与恐慌并未得到有效抑制，另一方
面资金却不断回笼到银行。这样在家庭投资锐减的同时，极大地降低了
政府降息的经济刺激效果。

三　金融危机对家庭消费行为的影响

（一）家庭消费变化趋势

我国自 2003 年起进入新一轮经济快速上升周期，2007 年 GDP 增长
率达到 13% 的高峰，其间价格指数不断攀升，而惯性又导致整个危机
过程中价格在高位运行，加之失业率也快速上升，国内产能又相对过
剩，因此城乡居民和农户的实际收入有所下降，进而引致消费需求规模
开始收缩。可以预计，随着危机的延续，家庭消费能力将持续减弱，家
庭收入将进入一个缓慢上升甚至是停滞周期。

（二）家庭消费结构与消费水平的变化特征

首先通过两组数据具体分析金融危机发生后，物价变动与消费水平
变化的关系。

第一，与上年同期相比，2008 年食品价格上涨 14.3%；医疗保健

及个人用品价格上涨 2.9% ；居住价格上涨 5.5% 。① 一般而言，物价上涨对家庭生活水平的影响，取决于居民消费支出的增加幅度和居民对价格变动的承受能力两个方面。上述需求弹性较低的日常消费品具有价格"刚性"，其价格上涨对居民生活的影响更直接、更强烈。

    第二，2008 年 1 月至 2009 年 6 月，CPI 变化呈现先增后减趋势（见图 3 - 5 - 1）。② 虽然在强力宏观紧缩政策干预下，2008 年后期 CPI 同比开始递减，但由于 2007—2008 年前半年的价格水平很高，因此 2008 年后半年开始递减后的 CPI 并不能刺激社会消费能力的提升。同时，在金融危机发生后，我国又加强了财政支出和信贷投放规模（见图 3 - 5 - 2），③ 因此流动性得到极大释放。这样在抗击经济衰退的同时又刺激了本已存在的通货膨胀预期，人们的消费再次受到了抑制。这点与近一年来的 CCI（消费者信心指数）相吻合，如表 3 - 5 - 1 所示，消费者消费的主观感受并不乐观，消费信心持续下降。

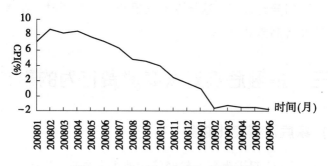

图 3 - 5 - 1   CPI 变动变动率趋势

表 3 - 5 - 1   消费者指数

日期	预期指数	满意指数	信心指数
200801	98.6	91.2	95.6
200802	96.8	90.5	94.3

---

    ①   资料来源：国家统计局网站（www. stats. gov. cn）。后图同。
    ②   经基月数据折算后得到历月可比数据。
    ③   我国 2009 年初开始实施 4 万亿元财政刺激计划，同时 2009 年第一季度人民币新增贷款达 4.6 万亿元，同比增加 3.2 万亿；而 2010 年前 5 个月累计新增人民币贷款 5.8 万亿元，已超过全年的信贷投放计划。

续表

日期	预期指数	满意指数	信心指数
200803	97.1	90.7	94.5
200804	96.6	90.1	94.0
200805	97.0	90.2	94.3
200806	96.5	90.6	94.1
200807	96.9	90.8	94.5
200808	96.0	90.2	93.7
200809	95.6	90.0	93.4
200810	94.2	89.8	92.4
200811	90.8	89.2	90.2
200812	87.6	86.8	87.3
200901	86.9	86.6	86.8
200902	86.7	86.3	86.5
200903	85.9	86.0	86.1
200904	86.5	86.1	85.6
200905	87.1	86.7	86.1
200906	86.9	86.5	86.0

资料来源：国家统计局网站（www. stats. gov. cn）。

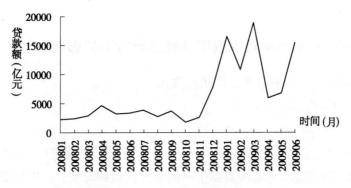

图 3 - 5 - 2　新增信贷变动趋势

　　进一步来看，物价上涨对不同收入类型家庭的影响差别较大。首先，对于城镇低保、低收入家庭而言，恩格尔系数较高，生活必需品消费在全部消费中占有很大的比重，而低收入使得他们抵御通货膨胀的能力很差。2008 年 1—5 月，城镇低保、低收入家庭每人每月食品消费支出118元，但恩格尔系数高达50.5%。由于在国际上恩格尔系数低于50%被认为是由温饱进入小康的一个最重要的标志，所以食品涨价直接导致了部分低保、低收入家庭实际上由小康重回温饱阶段。

第二，对于农村家庭而言，物价涨幅高于城市，农户消费雪上加霜。由于农户消费主要为以农副产品为原料的商品、医疗保健和教育，且因这些领域价格涨幅较大，农户消费水平随之降低。

第三，对大部分城镇普通家庭而言，实际收入在危机期间是负增长的，物价的快速提升导致多数家庭的生活受到影响，居民的实际购买力普遍有所下降。然而金融危机对家庭消费也产生了一些正向推动。例如由于国外物价明显下降以及人民币不断升值，使得中国学生留学成本下降。但这些属于高档消费的范畴，并不具备普遍意义。

四　金融危机对家庭生产行为的影响[①]

家庭生产行为主要分为三个方面：商品性生产、消费性生产和生育行为。家庭为维持生计，会同时消耗时间以及成员的体力或脑力，并从市场中购买中间或最终产品。家庭所耗费的人力、财力以及时间资源总是有限而稀缺的，故家庭的生产决策就是努力使家庭资源使用的效用最大化。

（一）金融危机对家庭商品性生产行为的影响

设家庭总效用函数和生产函数为：

$$U = U(Z_1, Z_2, \cdots, Z_n)$$
$$Z_i = f(x_i, t_i, e_i) \quad i = 1, 2, \cdots, n$$

U 为家庭消费的所有商品带来的总效用；Z_i 为消费的第 i 件商品；x_i、t_i 为可用于第 i 种有酬商品生产的要素数量和时间；e_i 代表家庭生产能力、人力资本以及其他产出变量。

由上两式可知，受到金融危机冲击时，会出现要素短缺、要素价格上涨、需求减少、失业增加、工资水平下降等情况，则在 e_i 不变时，将

---

① 家庭生产行为是指家庭成员为获得某种满足或效用进行生产活动的行为。

引致要素投入量 x_i 或生产时间 t_i 不足，家庭的生产能力受到抑制，进而使其收入受到影响，效用水平降低。

（二）金融危机对家庭消费性生产行为的影响

家庭消费性生产是指满足家庭成员消费需要的家庭内生产，具有自产自给自用的性质，生产没有货币化的报酬。家庭"亲缘经济所追求的家庭幸福最大化"目标主要就是在这些具体的、琐碎的、经常的家务劳动中实现的（李茂松，2002）。而这一目标并不包含参与社会商品性生产获得货币收入所带来的满足感。因此，一个家庭总的效用由两方面组成，区别在于是否获得了货币收入。

设家庭的总效用函数为：

$$U = U(Z_1, \cdots, Z_n, t_1, \cdots, t_m)\ i = 1,\ 2,\ \cdots,\ n;\ j = 1,\ 2,\ \cdots,\ m\ (1)$$

t_j 是花费在第 j 项家庭无酬活动上的时间。

由于家庭成员的收入与时间都是有限的，因此家庭总约束为货币收入约束与时间预算约束之和，因为货币收入由时间配置决定，因此有总的时间约束为：

$$\sum_{j=1}^{m} t_j + \sum_{1}^{n} t_i = T$$

其中：$\sum_{i=1}^{n} t_i = T_w$　　$\sum_{i=1}^{n} t_j = T_j$

T 是可利用的总时间，T_w 是花费在有酬工作上的时间，由此获得货币收入；T_j 是用于家务劳动的时间，从事家务劳动便放弃了从事商品生产或进入相关部门就业可能取得的收入，但从家务劳动中可以获得效用。因此由上两式可得家庭效用最大化的均衡条件：

$$\frac{MU_{T_j}}{\omega} = \frac{MU_{T_w}}{\omega} = \lambda$$

ω 为时间的机会成本，可以用工资水平代表之，λ 为单位货币的持有效用。

一般在家庭货币收入水平不高时，家务劳动对商品性生产的替代率较高，因为家务劳动时间的机会成本较低。因此，金融危机导致实际工资水平降低且当其他条件不变时，家务劳动的机会成本降低，时间的边际效用增大，家庭的商品性生产时间将减少，家庭内部生产时间将增

加，这样便产生了家庭内部生产对商品性生产的替代，以此来保证效用
最大化。这是金融危机导致家庭生产行为变化的主要特征。

　　上述分析的实际支撑来自"雅虎口碑"网发布的家政需求指数，
2008年11月中旬，家政需求信息发布量较上旬减少18%，浏览量下降
15%。这表明，许多家庭已经选择自己动手，通过增加自身的家务劳动
来降低生活成本。因此可知，家庭消费性生产行为的增减与宏观经济存
在负相关性。

图3-5-3　人均GDP增长率变动趋势

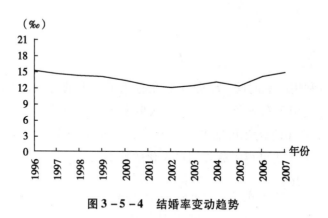

图3-5-4　结婚率变动趋势

　　另外一个独特的现象随着经济危机的加深而出现，即"天伦乐"、
"结婚热"。从长期数据看，结婚率与人均GDP的增长率之间存在正相
关性，如图3-5-3和图3-5-4所示。然而自2008年10月来，我国
的人均GDP增长率下降明显，但从来自民政部门、婚姻服务行业的信
息看，结婚人数并没有出现明显的下降，反而出现了逆势上扬的情形。

这反映了人们在工资收入大幅下降的情况下，将更多的时间直接用在产生非货币效用而不是取得工资上。

（三）金融危机对家庭生育行为的影响

对生育的需求取决于家庭总收入和抚育孩子的相对成本①，当抚育的相对价格上升或家庭总收入减少时，家庭对孩子的需求就会相对减弱。金融危机正是通过价格机制导致已婚育龄人口的实际收入水平下降、抚育成本上升，故此次金融危机很可能会带来全球普遍性的生育率下降，但由于存在时滞，因而影响在一两年后才可能显现，因此目前还无法得出直接的观测结果。但从以往美国的四次经济衰退期来看，普通生育率②都有所下降。根据美国疾病控制和预防中心（CDCP）下属的全国健康数据中心（NCHS）的资料显示，在1973—1975年萧条期，普通生育率由1973年的68.8下降到1976年的65。同样在20世纪80年代初的萧条期后，这个指标从68.4下降到65.7。据此可以初步判定，此次金融危机可能会影响我国在2010年前后有一个生育率递减期，而生育率下降多少取决于这次金融危机的严重程度和持续时间。

五　结语

在本项研究之初，笔者在互联网上发布了一个有关金融危机对家庭影响的开放式调查，如图3-5-5所示，结果表明金融危机对家庭投资、消费以及未来生活的预期产生了显著的负面影响，本章的研究结果支持了上述结论。基于此，为应对此次金融危机的影响，政府部门和家庭需要制定切实有效而可行的政策与措施。

第一，控制信用交易，加强监管。此次金融危机的根本原因在于经济中的过度投机行为和信用交易的失控。因此政府应进一步加强金融监管，严格控制信用交易规模，并通过征收相关税负抑制过度投机行为，进而维护经济稳定。这方面需要与房地产市场的良性发展相结合，政府

---

① 抚育孩子的完全成本不但取决于所承担的直接花费，还取决于家长们所蒙受的机会成本，这些机会成本随着家庭收入的增加而增加，特别是随着母亲收入的增加而增加。
② 每1000名育龄妇女中生育妇女的比例。

发起时间:2008-11-07 11:46:03
已投票数:282
截止时间:2008-12-07

你感觉金融危机给中国家庭带来的影响有哪些？(可选5个)

失业或者面临被裁员：　　　　　　　70(24%)
股市、楼市缩水：　　　　　　　　　87(30%)
废品价格大降，卖了还不如扔了：　　33(11%)
手头紧了，花钱得想想了：　　　　　77(27%)
其他：　　　　　　　　　　　　　　15(5%)

图3－5－5　金融危机影响的网络调查

应进一步支持和完善房屋居住体系。

第二，进一步公平国民收入分配格局，从总体上优化国民收入在居民、企业和政府之间的分配，通过减税让利，进一步激发家庭经济的活力。在具体实施时，应重点考虑针对城镇与农村的低收入户的消费鼓励措施，如增加生活和生产补贴等。

第三，切实稳定价格指数。居民的消费不仅受到生活必需品的影响，还会受到服务价格及中高档耐用消费品价格波动的影响，而未涵盖在 CPI 中的住房价格波动更是对整体体格水平产生了较大冲击。因此，目前在危机状态下关注民生时，全面稳定价格机制，是政府需要着力应对的主要问题。在宏观政策的调整过程中，政府首先应从源头上保障生产生活资料的价格稳定，特别应着力稳定与规范房价，并不断增加民生工程的财政支持力度。

第四，家庭应做好应对危机后时代的就业挑战。解决中小企业大规模倒闭及由此带来的失业问题，政府和家庭都应有相应的措施，政府应本着监管和服务的原则来帮助中小企业的再发展，从产业政策和信贷两个方面给予其有力的支持。在此基础上，家庭可以暂时强化对社会生产的替代，并做好再就业的各项准备。此举不但可以有效减缓目前企业和政府的压力、增加家庭应对难关的信心和动力，而且从未来看，会极大地增强企业的生产活力，从而待经济企稳回升后，吸纳更多的劳动力，使家庭可以更为有效地参与到社会生产中。

第五，通过此次危机的影响，家庭的经济行为应回归理性，而压缩投机心理是关键。今后不但应制定切实有效的消费和投资规划，而且为避免资产大幅度缩水，还应增加储蓄意识、避免盲目投资。

第六章

金融危机对我国东部沿海城市经济的影响
——以青岛市为例

一 引言

　　2008 年的金融危机对我国经济的影响究竟有多大？对于这一问题，社会各界莫衷一是。目前，更多的讨论集中于危机对不同行业的影响，且主要集中于贸易、旅游、金融以及房地产四大行业。因为从各地区看，这几个行业遭受的冲击最大。商务部新闻发言人姚申洪（2008）认为，在金融危机影响下，中国外贸出口增幅明显回落并持续 13 个月负增长，造成了行业整体性的衰退。中国旅游研究所戴斌（2009）则表示，金融危机导致市场流动性严重短缺、投资和消费信心遭受重创、国际经济环境中的不确定和不稳定因素增多，这些负面因素对我国旅游市场的发展较为不利。同样，危机前期，房地产行业成交量受挫、消费者信心下滑、住房空置率上升、房地产公司流动性明显不足加剧了行业的整合。然而，银监会主席刘明康（2009）表示，金融危机对中国银行业的影响是有限的，风险是可控的。

　　实际上，自 2008 年初金融危机传导至国内以来，受影响最大的是外向型产业特征突出、外贸依存度较高的东部沿海地区。因此，该地区各城市都在积极研究应对金融危机冲击的政策措施。就青岛市而言，已形成一些有关金融危机对青岛市社会经济影响的研究成果，但这些研究多以定性描述为主，研究内容较为空泛。因此，本项研究欲通过实证分析，从定量角度系统揭示危机影响的细部特征，进而提出相对全面的应对措施。借此不但可以为本市在后金融危机时代经济的稳定发展提供政策建议，而且可以为其他省市提供有价值的借鉴。

考虑到金融危机的影响力可以从行业发展的特征得到显著体现，且沿海城市的经济发展优势主要集中于外贸、金融、旅游、房地产四大行业，故通过对上述各行业在金融危机期间发展变动特征的分析，可以有效揭示危机对青岛市经济影响力的大小及主要特征。

二　金融危机影响下青岛市的经济变动特征

（一）对外贸业的影响

1. 危机以来青岛市外贸业发展概况

2007 年和 2008 年，青岛市对外贸易增长较快，外贸进出口总额同比分别增长 16.9% 和 17.3%。外商投资企业作为全市外贸出口的主体，占全市出口额的比重为 58.3% 和 54.5%。而随着危机向实体经济蔓延，青岛贸易出口受到极大冲击，多数外贸出口企业效益严重滑坡。2009 年青岛市外贸进、出口额分别下降了 16.5% 和 16.3%。此外，外商直接投资到账 18.64 亿美元，同比下降 29.4%。

2. 危机以来青岛市外贸业具体变动规律

进一步由图 3 - 6 - 1 可知，2007—2008 年的进出口额增长平稳，并未体现出危机的冲击。究其原因，一是短期出口相对稳定；二是危机传导至外贸行业存在一定时滞。但 2009 年以来，危机对本市外贸业的冲击开始显现并逐步深化，2009 年第一季度进出口额双双出现负增长，一直持续到 2010 年第一季度才得以回升。

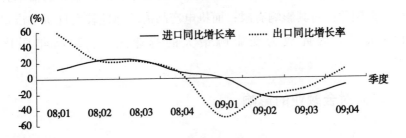

图 3 - 6 - 1　青岛市进出口同比增长率

3. 危机期间外贸业面临的问题

第一，出口压力增大。受金融危机影响，欧、美、日、韩等国经济严重滑坡，国际市场需求萎缩。青岛市对这四大贸易出口市场的出口降幅达 8.4%—26% 不等，对韩出口降幅居首。基于区域联系优势与产品的较强互补性特征，多年来青岛市对韩国出口额一直排在其对外出口额首位。但随着金融危机引致的衰退，2009 年韩国经济实际增长率仅为 0.2%，失业率上升以及居民可支配收入下降导致消费者信心严重受挫，进口需求下降。受此影响，青岛市对韩国出口受到重挫，出口降幅高达 26%，位居青岛主要出口国同比降幅之首。

第二，贸易摩擦加大。金融危机中受冲击最大的欧、美、日等发达经济体的经济下滑，激发了其国内贸易保护主义的诉求，从而使得青岛外贸出口遭遇了异常严峻的贸易壁垒，贸易摩擦加剧。如 2009 年 6 月，美国国际贸易委员会发起了对中国轮胎特保案，出口美国的轮胎中有一半是"山东造"，而青岛又是山东省的主要轮胎制造区，因此行业受损严重。以双星集团为例，美国市场占双星轿车胎出口份额的 2/3，出口到美国的轮胎关税税率从 4% 增长到 35%，导致中国轮胎几乎完全失去竞争力，双星轮胎每年损失约 6000 万元人民币。

第三，出口企业经营风险加大，经营成本上升，利润下降。前期人民币持续升值、劳动力成本上升、基础原材料价格上涨等因素给出口企业带来巨大经营压力，其中人民币升值对出口企业的影响尤为明显。由于出口产品的价格弹性不同，人民币升值对不同行业出口所带来的不利影响也有差异。例如，在青岛市主要出口行业中，纺织服装的需求弹性较小，金融危机对其影响有限；而机电产品需求弹性较大且所占出口金额比重最大，因此成为受影响最大的行业之一，2009 年同比下降 17.7%。

（二）对金融业的影响

1. 银行业

（1）危机以来青岛市银行业发展概况

2007—2009 年，青岛市银行业金融机构的人民币存款余额分别为 3891.59 亿元、4735.38 亿元、6301.98 亿元，比年初分别增加 646.35

亿元、843.80 亿元、1577.87 亿元；同时人民币贷款余额分别为
3097.06 亿元、3748.32 亿元、4873.53 亿元，比年初分别增加 519.11
亿元、694.81 亿元、1125.21 亿元。而截至 2010 年第三季度人民币存
贷款余额较年初分别增加 1201.54 亿元、911.09 亿元。这表明，危机
对银行业的传统存贷业务影响有限。

（2）危机以来青岛市银行业具体变动规律

a. 危机中前期的变动特征

由图 3-6-2 可知，人民币存款自 2008 年第二季度同比开始下降，
直至第三季度；贷款自第二季度同比增幅稍有下降。究其原因有如下几
点：第一，金融危机发生后，企业尤其是外向型企业的经营环境恶化，
企业经营困难，失业率上升，进而引发企业与居民的收入有所下降，相
应存款能力减弱。第二，2008 年前两个季度，出于银行资产安全性以
及风险控制的考虑，青岛市各银行金融机构收缩了商业信贷额度，从而
导致银行业贷款的季度增加额同比下降。但这一举措持续时间不长，自
第三季度开始，出于对宏观经济可能出现衰退的忧虑，在国家扩张性政
策的引导下，各银行放松了贷款限制。

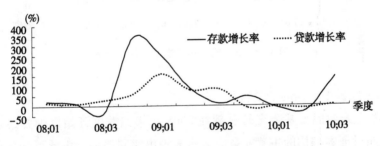

图 3-6-2　青岛市银行业存贷款季度增加额同比增长率

b. 危机中后期的变动特征

自 2008 年第三季度开始，人民币存款同比增长率开始为正，直至
2009 年第二季度，增幅最高达 350%；贷款也保持了相似的变动趋势。

由上述分析可知，青岛市银行业虽然在危机中受到冲击，但并不剧
烈，同时持续时间较短，这主要得益于我国金融市场及相关业务并未完
全开放，危机传导受阻。

2. 证券业

（1）危机以来青岛市证券业发展概况

2008年证券业主营业务收入达86389.77万元，2009年前两个季度主营业务收入为66739.61万元，同比增长68%。由此初步可知，金融危机对青岛市证券营业机构的影响有限。

（2）危机以来证券业具体变动规律

a. 危机中前期的变动特征

由图3－6－3可知，A股及封闭型基金交易总额自2007年第一季度开始下降，直至2008年第四季度；同时，证券经营机构的主营业务收入也自2007年第一季度持续下跌直至2008年第四季度，跌幅达71.7%。可以看出，青岛市证券业在危机中前期受到了一定冲击。

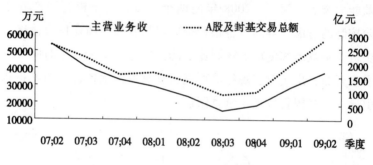

图3－6－3　青岛市证券交易额及收入

b. 危机中后期的变动特征

A股及封闭型基金交易总额在2008年第四季度开始反弹并迅速上升；同时证券机构的主营业务收入也表现出相同趋势。由此可知，危机对我市证券业的影响持续时间相对较短，而且危机后期证券业表现出强劲的反弹趋势，抵消了危机中前期的负面影响。

总体来看，危机对青岛市证券业的负面影响较小。究其原因，第一，我国证券业相对发达国家较为保守，收入以佣金为主，市场安全性较高。第二，各机构充分认识到危机的严峻性，坚定执行《青岛辖区证券经纪业务自律公约》，不断提升经营理念，保障基本的盈利能力和合理的盈利水平，使青岛市证券业平稳度过了危机。

3. 保险业

（1）危机以来青岛市保险业发展概况

2007—2009 年，青岛市保险业保持了平稳发展，全市承保金额同比分别增长 9.2%、21.1%、6.0%；实现保费收入同比分别增长 28.24%、32.4%、12.3%；赔款支出金额也保持了稳定增长，分别为 26.69 亿元、33.32 亿元、34.26 亿元。

上述指标虽然都保持了增长，但增幅不断下降，由此可知，保险业也受到了危机的影响。但截至 2010 年 8 月，财产保险保费收入同比增长 39%，人寿保险保费收入同比增长 29.3%，表明该行业已走出危机影响，开始强劲复苏。从整体看来此轮金融危机对青岛市保险业的冲击不大。

（2）危机以来青岛市保险业具体变动规律

由图 3 – 6 – 4 可知，财产保险与人寿保险的保费季度收入呈相同的变动趋势，都表现为在 2007 年前三个季度呈下降趋势，在 2007 年四季度至 2008 年第二季度波动上升。而自 2008 年第三季度开始，又大幅下降直至 2009 年第四季度。究其原因，这一时期当金融危机向实体经济蔓延的效应开始显现后，居民收入和企业收入在一定程度上受到影响，进而削弱了投保人对保险产品的购买意愿和支付能力，从而导致保险公司的保费收入下降。此外，在经济形势不稳定和企业盈利水平下降的情况下，企业向保险公司投资参股或继续增资的意愿和能力也有所下降。

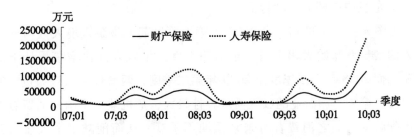

图 3 – 6 – 4　青岛市财产保险、人寿保险季度保费收入

（三）对旅游业的影响

1. 危机以来青岛市旅游业发展概况

2007—2009 年全市旅游总收入分别达 400.3 亿元、420.28 亿元和

489.10亿元，同比增长23.1%、5%和16.4%。其中国内旅游总收入分别为350亿元、385.52亿元和451.40亿元，同比增长24.2%、10.1%和17.1%；国际旅游收入分别为6.75亿美元、5亿美元和5.52亿美元，同比增长24.4%、-25.9%和10.3%。可见危机对青岛市旅游业尤其是入境旅游的影响显著。

2. 危机以来青岛市旅游业具体变动规律

（1）对入境旅游的影响

由图3-6-5可知，危机期间青岛市旅游业极不景气。2008年第二、三季度，虽是旅游旺季，但入境人数和收入甚至低于往年淡季水平，表明金融危机对入境旅游的影响相当显著。但自2009年第二季度起，入境人数和旅游业外汇收入开始大幅回升。

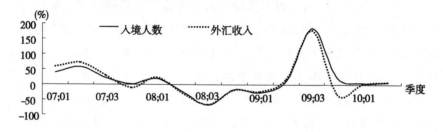

图3-6-5   青岛市旅游业入境人数、外汇收入同比增长率

a. 危机中前期的变动特征

由图3-6-5可知，自2007年第二季度起，旅游入境人数与外汇收入的增长率开始大幅下滑，至第四季度外汇收入同比增幅累计下降60%；而2008年第二季度至2009年第二季度，两增长率双双为负。究其原因，第一，旅游业的收入需求弹性较大，危机减少了国外消费者的可支配收入，加之消费者对未来预期不乐观，从而削减了个人旅游开支。第二，金融危机导致外币快速贬值，且2005年以来人民币汇改加速了人民币的升值，使得包括旅游产品在内的服务业商品价格快速上升，从而削弱了入境游的市场需求。第三，青岛市旅游业对受危机影响严重的日、韩、欧、美等客源地的依赖性较强，进一步加剧了青岛市入境游的衰退。此外，奥帆赛期间强化入境人员检查也造成一定的客源损失。

b. 危机中后期的变动特征

2009 年第三季度开始，入境游强劲反弹，同比增长率达 185.38%，但自 2009 年第四季度开始，增速再次放缓，这主要由季节性因素造成。而自 2010 年第一季度开始，青岛市旅游部门及行业协会紧密围绕省旅游局"好客山东·贺年会"系列活动部署，对全市旅游资源和产品进行了全面整合，推出了多项特色旅游活动，成效显著。

（2）对国内旅游的影响

由图 3 - 6 - 6 可知，2008 年第二季度之前，国内旅游人数和收入大体维持着 10%—20% 左右的正增长，但 2008 年第二、三季度同比增长率双双为负。而自 2009 年第一季度起，国内旅游人数和收入的同比增长率双双由负转正，且开始快速增长，随后一直保持着正增长。这表明在此期间危机对国内游的影响较大，但危机的负面影响已逐渐消退。此外联系前文分析可知，国内游受危机影响的时间明显滞后于入境游且持续期短。究其原因，第一，金融危机传导到国内的实体经济具有时滞，同时影响力有限。第二，国内消费者以费用较低的国内游甚至省内游代替出境游，使得整个危机期间，青岛市接待的国内游人数并未出现大幅下降。

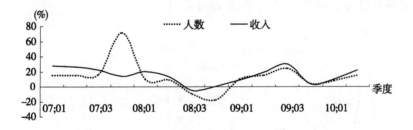

图 3 - 6 - 6 青岛市国内旅游人数及收入同比增长率

（四）对房地产业的影响

1. 危机以来青岛市房地产业发展概况

2007—2009 年，全市各类房屋竣工面积分别为 1556.4 万平方米、1354 万平方米和 814.2 万平方米，同比分别增长 17.2%、- 13% 和 - 39.9%；商品房销售面积分别为 833.3 万平方米、769.2 万平方米、

1261.9万平方米，同比分别增长－1.8%、－7.7%和64.1%。2010年上半年全市房地产开发投资完成259.3亿元，增长38.7%。总体来说，金融危机给青岛市的房地产业带来小幅冲击，2008年全市房屋竣工面积和销售面积有所下降，但2009年青岛市房地产业很快进入一个恢复期，房地产开发完成投资、房屋竣工面积以及房屋销售额都有很大增长，特别是房屋销售面积增幅高达64.1%。

2. 危机以来青岛市房地产业具体变动规律

（1）危机中前期的变动特征

首先，2008年前两个季度商品房施工面积同比增长分别为30%、19%，但后两个季度较2007年同期水平分别下降了35%、13%。这表明，受金融危机影响，危机前形成的行业高速产出惯性逐渐消退。

其次，2008年前三个季度，商品房竣工面积高于2007年同期水平，其中第三季度房屋竣工面积同比增长77.7%，这是前期产能增量的正常释放；但第四季度房屋竣工面积增幅同比下降31.4%，则是危机影响的明确表现。同时，由图3-6-7可知，危机期间，房屋施、竣工面积的变动呈现出正好相反的趋势，2008年第三季度和2009年第三季度分别出现了两次较大的波动，但二者随后表现出稳定的变动趋势，这表明危机的影响自2009年底开始逐渐退去。

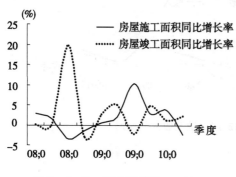

图3-6-7　商品房屋施工、竣工面积同比增长率

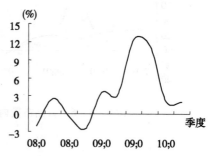

图3-6-8　房屋销售额同比增长率

再次，由图3-6-8可知，2008年第二季度，商品房的销售额同比增长25.8%；但之后的第三、四季度同比都有小幅下降，降幅分别为4.3%、25.9%。这一结果与上述结果大致相同，即2007年前后高

速增长的房地产业发展惯性带动了 2008 年前半年的快速增幅，但金融危机的影响自 2008 年下半年起开始真正显现，从而引致了行业增长的下降。

此外，青岛市房屋销售价格指数在 2007 年第四季度持续攀升，但进入 2008 年后开始下降直至 2009 年第一季度，价格指数从 108 下降至 99，降幅为 8.33%。

这一时期市场变动的原因主要可以归纳为如下几点：

第一，政府政策。2007 年 9 月房贷新政出台，加强了商品房的个人信贷管理，打压了青岛市的高房价。青岛楼市以刚性需求为主，购房者仅有一半选择贷款购房，其比例比南方城市低很多。新政推出后，对市民心理影响会远大于实质影响，大约有 30% 的二套房购房者开始观望。

第二，市场预期。危机后，青岛市的失业率有所增加，职工收入下降，伴随物价的快速攀升，居民的消费意愿普遍减弱，从而在一定程度上降低了对房屋的需求。

第三，投机资金的撤离。青岛市的炒房群体主要来自温州、山西和深圳等地。近年来，受人民币升值和 2008 年奥帆赛等事件的影响，区域外资本流入逐利推动了房价的上涨。危机发生后外来资金的增值预期破灭，最先撤出房地产市场，使得曾经一路上涨的房价涨幅开始趋缓，进而造成"价滞量缩"局面，导致房产业盈利水平下降。

此外，从全国的大环境看，2008 年初在国家紧缩性货币政策的作用下，企业融资困难。而于 2008 年中金融危机影响全面显现后，青岛市的房屋销售额一路下滑，造成了房地产业自有资金不足。多数房地产企业只好向银行申请贷款，但商业银行"惜贷"心理又减少了对房产业的信贷额度，从而进一步导致了房地产企业融资困难。

（2）危机中后期的变动特征

2009 年各季度商品房施竣工面积比 2007 年、2008 年都有一定增加，其中 2009 年第四季度比 2008 年同期增加 47.5%，比 2007 年同期增加 2.1%，且这一趋势已延续至 2010 年前两个季度。2009 年和 2010 年前两个季度商品房屋销售金额同比分别增长了 11.8%、23%；房屋销售价格自 2009 年第二季度起逐步攀升。

上述数据表明，青岛市房地产业虽然经历了危机前期的剧烈冲击，但恢复能力较强。除了需求因素外，这主要得益于国家和地方政府政策的有力调控。2008 年末，积极的货币政策刺激了低迷的楼市。在此基础上，青岛市政府陆续出台财政补贴、购房入户、放宽限外政策、缓解开发商资金压力等措施。

三　金融危机对青岛市经济影响的实证分析

上述分析表明，青岛市外贸业、旅游业、房地产业受危机的影响较为显著，但金融业所受影响有限。为更明确地揭示金融危机对青岛市经济的影响，如下将选取危机期间各行业数据的对数值作为解释变量对GDP 的波动进行回归分析，测算危机期间所选行业变动对 GDP 变动的整体解释能力以及金融危机对 GDP 波动的影响程度。

（一）具体步骤

第一，以青岛市 GDP 为被解释变量；以出口额、旅游业总收入以及房屋销售额为解释变量，并分别对上述四变量取对数，记作 $\ln gdp$、$\ln ck$、$\ln ly$ 和 $\ln fdc$。然后利用 2007 年第一季度至 2009 年第四季度各行业的数据为样本，用 OLS 进行多元线性回归，运行软件为 EVIEWS5.0。因金融业所受影响有限，因此这里并未将其纳入解释变量。

第二，考虑到危机的影响时期特征，从分析的可行性和说服力出发，进一步引入虚拟变量 D 为解释变量，设 D = ｛0：没有受到危机影响；1：受到危机影响｝。由原始数据可知，青岛市 GDP 同比增长率自 2008 年第二季度开始持续下滑，所以选取这一时点为突变点。

回归模型如下：

$$\ln gdp = C + \beta 1 \ln ck + \beta 2 \ln ly + \beta 3 \ln fdc + \beta 4 D$$

（二）结果分析

由回归求得的解释变量系数可得经典计量方程为：

$$\ln gdp = 4.46 + 0.22 \ln ck + 0.055 \ln ly + 0.19 \ln fdc + 0.17 D$$

$$(5.62) \quad (1.57) \qquad (0.46) \qquad (2.54) \qquad (3.08)$$

$R^2 = 0.86$，adj. $R^2 = 0.78$，$F = 10.73$

考察实证结果可以发现，首先，虚拟变量 D 的系数为 0.17，表明金融危机对青岛市 GDP 波动的影响较大。其次，lnck 的系数最大，为 0.22，说明出口额的波动对青岛市危机期间经济波动的影响最大，其次是房地产业，最后是旅游业。再有，lnly 的系数为 0.055，且 t 值较小，不显著，解释能力弱，为此，需要检验其是否为冗余变量。设零假设：lnly 是冗余变量。

经检验，F 统计量为 0.21，其收尾概率为 0.66，因此在 95% 的置信水平下不能拒绝零假设，即 lnly 是冗余变量。因此，需要剔除 lnly。而后再重新对原模型进行回归，可得如下方程：

$$\ln gdp = 4.49 + 0.25\ln ck + 0.2\ln fdc + 0.17D$$
$$(6.01)\ \ (1.97)\ \ \ (3.35)\ \ \ \ \ \ (3.38)$$

$R^2 = 0.856$，adj. $R^2 = 0.801$，$F = 15.79$

该模型的参数检验值都比原模型的高，表明其解释出口、房地产两大行业及金融危机与 GDP 关系的相关度都更高。由上述实证过程可知，2007—2009 年间，青岛市外贸、房地产业波动对 GDP 波动的影响力达到 46%，加之旅游、金融业波动对 GDP 波动的有限影响，四大行业波动对 GDP 波动的总解释力在 50% 左右。而金融危机对 GDP 波动的影响占 17%，同时金融危机又通过影响行业绩效对经济总量产生影响。因此综上可知，青岛市经济确实受到了金融危机的影响，且在危机影响下，外贸业和房地产业的波动是青岛市经济波动的主要原因。

四　结语

前文分析了在此次金融危机中，受影响最大的四个主要经济部门的行业发展变动特征。研究结果表明，各行业在本次危机中都受到了不同程度的负面影响，特别是危机前期和中期，行业波动都较大，其中外贸、旅游、房地产业所受影响较明显，且衰退时间较长，但金融业受影响不大；而至危机后期，各行业都陆续走出危机的影响。此外，回归模型印证了定量分析结果，即在国际金融危机期间，青岛市经济受到了金融危机的影响，且在危机影响下，外贸业和房地产业的变动是影响青岛市经济波动的主要因素。

危机虽然已经过去，但有两个必须面对和思考的问题。第一，如何在后金融危机时代进一步稳定青岛市经济，使之持续、健康、较快成长？第二，为应对以后可能再次出现的金融危机或其他外部冲击，如何制定长效而富有针对性的政策体系？为此，本章提出如下完善青岛市政策体系的初步设想：

（一）外贸业政策建议

1. 强力开拓国内市场，降低对外部市场的依赖。2. 开拓新兴的国际市场，走市场多元化战略。3. 加强企业技术研发和创新能力建设，努力打造强势品牌，转变贸易产品结构。4. 降低行业运营成本，提高工作效率。

（二）金融业政策建议

1. 持续强化对金融业的风险控制。2. 完善行业内部监管，增强风险抵御能力。3. 稳步推进金融业对外开放，但应避免过度开放。

（三）旅游业政策建议

1. 进一步完善旅游基础设施建设，规范行业行为准则，加强市场监管，为旅游业的快速发展奠定坚实的基础。2. 充分挖掘和利用现有旅游资源，开发具有青岛特色的旅游品牌，营造良好的旅游购物环境。3. 开展多元化发展模式，丰富旅游产品，发展高端旅游。4. 加大旅游营销力度，开拓入境旅游的国际客源市场。5. 着力解决冬季旅游项目少、游客少、收入少的问题。完善冬季游乐项目，形成具有青岛特色的反季节旅游。

（四）房地产业政策建议

1. 科学制订项目开发计划、加强成本管理。2. 提高资金周转率、降低资产负债率。3. 政府应时刻保持高度警觉，适时抑制房地产市场的剧烈波动，把房价控制在合理水平，尽全力打击市场的投机行为。4. 危机期间增加对房产商的信贷支持，并保证间接融资渠道的安全与顺畅。

第七章

青岛市加快推进区域金融中心
建设的问题与对策

一 引言

青岛是山东省经济发展的龙头，伴随经济的快速成长，近年来金融业也取得了长足的发展。在审视和考察国内主要区域金融中心发展和建设经验的基础上可知，为使青岛市的经济发展迈上更高的平台，金融支撑必不可少，而其核心在于金融服务种类和水平的提升。同时，结合区位优势，青岛的金融服务业水平提升之后，能为整个山东省及周边区域的经济发展提供强有力的金融支持。因此，加快推进青岛市区域金融中心建设就成为具有重要现实意义的必然选择。实际上有关青岛建设区域金融中心早有规划和实施，根据省政府"十一五"规划，山东省将基本形成济南和青岛两个在全国具有较大影响的区域金融中心。目前"十一五"规划期已近结束，回顾青岛市区域金融中心建设的发展历程，总结成绩、寻找不足，进而为今后推进青岛市区域金融中心建设积累经验、寻找突破点，具有重要的理论与现实意义。

二 青岛市推进区域金融中心建设的优势与条件

从金融中心形成所需要的地理位置、经济实力和金融发展三大最基本的要素来看，青岛与山东省内其他城市及更广范围内的一些主要城市相比拥有诸多明显的优势：

第一，区位优势。作为半岛城市群和山东经济发展的龙头城市，青岛位于亚欧大陆和太平洋的交汇地带，与日本、韩国隔海相望，是中国通向世界五大洲的重要口岸之一。作为承接国际资本转移的重要城市之一，青岛已成为日、韩产业转移的最大地区和桥头堡城市，大量的跨国公司及资本的融入，必然推动青岛金融业的快速发展。此外，青岛是2008年北京奥运会帆船项目的举办城市，是中国海军成立60周年庆典阅兵城市，还是中国北方最大的深水国际港口，经济发达，产业结构较为合理，城市的软硬条件都较为完善，其国际和国内地位是胶东半岛范围内其他城市所无法相比的。随着青岛近年来的高速发展，青岛已发展成为多机遇重叠、多区域合作的交汇点，区位优势越来越突出。民生银行青岛分行发展报告指出，正是由于青岛所具备的良好金融生态环境，成为吸引民生银行落户青岛的关键因素。

第二，经济实力雄厚。青岛市经过改革开放以来30年的发展，经济实力日益增强，为建设区域性金融中心提供了有力的经济支撑。近年来，青岛市的经济一直持续、快速、健康发展，产业结构日趋合理，经济发展水平不断提高，国内生产总值以年均10%以上的速度递增，国民经济主要指标居山东第一。已成为中国华北地区的区域性中心城市。2008年全市GDP已迈上4000亿元台阶，为4436.18亿元，位居全省第一，占全省GDP的比重为14.3%。此外，2001—2006年，本市GDP以平均每年15.6%的速度增长，2007年更是达16%的高速，2008年受金融危机影响，GDP的增长速度有所下降，但仍达到13.2%。2007年，青岛工业增加值达到1785亿元，占山东省的13.3%；冰箱、冰柜、洗衣机、空调等11种产品，国内市场的占有率第一。以海尔、海信、青啤为代表的大企业已享誉海内外，充分借助大企业、大集团的力量，加强与工业企业与金融业的交流，肯定会出现双赢的可喜局面。

第三，金融业发展迅速。经过多年的努力，青岛市在金融基础设施、交易规模、金融主体种类和金融人才建设等方面均取得了长足的进步。目前青岛的银行、证券、保险等各类金融机构较为齐全，省一级的银行分支机构和相关的监管部门均落户青岛，其金融机构数量在全省名列第一，金融服务对象覆盖各行各业。此外，青岛市还是山东省两大政治、文化、教育中心之一，是一个产生大量信息源的区域信息腹地。这些条件是省内乃至更广区域内其他城市无法替代的。

第四，交通便利。青岛是中国北方最大的深水国际港口，是中国的综合交通枢纽，交通设施健全，拥有优越的地理位置和自然环境条件。根据国家《综合交通网中长期发展规划》，青岛在国家"五纵五横"综合运输大通道中分别处于南北沿海运输大通道和青岛至拉萨东西运输大通道上，在国际区域运输通道中处于南亚国际运输通道上。青岛拥有条件优越的集装箱码头、铁矿石码头和国家级港口技术中心，与世界 140 多个国家和 450 多个地区的港口有贸易往来，公路通车里程近 1500 公里。目前已开通 50 个国内主要城市的航线，并开通直航了东京、大阪、巴黎、欧洲 7 国以及香港等 19 条国际（地区）客货航线；2008 年底，与台湾的直航也已开通。这些都为区域金融中心的建设提供了良好的基础设施条件，这是山东及至华北地区绝大多数城市所无法相提并论的。

第五，外向型经济发展迅速。目前的开放度达到 84%。2007 年全市实际利用外资占全省的比重达到 34.6%，累计吸引 80 家世界五百强企业落户，2007 年全年进出口贸易额占山东省的比重超过 35%，以外向型经济为主的经济结构，为在更广的范围、更高层次直接吸引国外金融机构入驻青岛创造了条件。经济的持续繁荣与青岛丰富的旅游资源一起成为联系本市与世界的桥梁，使青岛在国内以至国际上的知名度不断提升。

第六，政府极为重视金融业发展。近年来，青岛市政府始终把金融机构的引进作为政府工作的重中之重，不断加大对欧美、东南亚等地区金融机构的引进力度，通过多渠道掌握信息，多层次跟踪接触，每年列出金融机构的引进项目清单，与 30 多家国外金融机构密切跟进，金融机构引进不断取得新的突破。近三年来，青岛每年金融机构的引进落户数量都在 7 家以上，2007 年成功引进了瑞穗银行、新野银行等 9 家国内外知名的金融机构，目前青岛是山东省唯一有外资银行入驻的城市。初步形成了业态完整、功能齐全的组织体系，为加快区域性金融中心建设奠定了基础。此外，青岛市不断完善政策支撑体系，不断优化金融生态环境。围绕金融业发展、金融层次的提升和金融环境改善，市政府先后出台了《关于加快金融业发展的意见》、《关于加强金融生态环境建设的意见》等 7 个支持金融业发展的政策意见。而为金融业发展创造良好的政策环境，为进一步优化金融生态环境，青岛率先建立了政府部门与银行监管部门的金融稳定协作联席会议制度，通过定期组织金融座谈、行业交流、重要事件通报及风险动态关注等活动，强化金融商业的配合协作，共同防范系统性金融风险，妥善处理了部分大企业资金链条问题；同时抓住部分银行改制的有利时机，加快核销剥离不良资产，消除隐患，减轻了企业债务负担。

三　青岛市推进区域金融中心建设初步具备的条件

近年来，青岛市围绕建设区域金融中心目标，不断加大对金融业发展的支持力度，积极完善促进金融业发展的各项政策，进一步深化金融改革和金融创新，金融发展环境持续优化。

第一，现代金融体系组织框架初步建立，业务种类比较齐全。目前，青岛市的金融机构类型比较齐全，多元化的金融组织体系已具雏形，初步形成了业态完整、功能齐全的组织体系，为加快区域性金融中心建设奠定了基础。截至2007年底，全市共有金融机构78家，其中银行类机构35家，保险公司32家，证券公司1家，外资银行机构数量位居全国第7位。2002年青岛成立了海尔财务公司，2007年中国石化财务有限责任公司山东分公司入驻青岛，而海信集团有限公司开始筹建海信集团财务有限公司，这样青岛共有财务公司3家，青岛由此也成为全省拥有财务公司最多的城市。此外，世界四大会计师事务所及咨询公司已有两家在青岛设立了分公司。至2007年底，全市各类分公司级保险机构达到35家，各类专业保险中介机构近百家，保险从业人员达到2.4万人，基本形成了多成分、多形式、多层次、保险直销市场与保险中介市场互为依托协同发展的市场体系。目前，青岛金融业已经初步具备了向更高层次发展的基础，一个多层次、多元化的金融组织体系布局已在青岛初步形成，尤其是近几年组建和发展了一批重点金融机构，形成了区域金融中心建设的核心力量。

第二，金融机构主要业务发展取得长足进步。首先，青岛市银行业金融机构发展较快，从全省信贷市场份额占比来看，贷款增加量在全省占比较高，2007年金融机构本外币各项存款余额首次突破4000亿元大关，达到 4035.12 亿元，[①] 同比多增 80.47 亿元，约占全省增加额的 22%，各项贷款余额 3424.23 亿元，同比多增 49.54 亿元，约占全省增加额的 24%。而至 2008 年末，全市银行业各项存款余额 4896.3 亿元，各项贷款余额 4067.6 亿元，银行存贷增加额分别占全省的 1/4 和 1/3。不良贷款余额 120.46 亿元，不良贷款率为 2.9%，金融系统的风险较小。表 3 - 7 - 1 是 2007 年全省各市金融机构的人民币存贷款余额比对表。

从表 3 - 7 - 1 可知，在总额方面青岛居全省第二位，但与第一位的济南市差距很少、与其后的差距较大；而青岛市存贷款的增量都位居全省第一，其余各市与其差距较大。由此可见青岛在金融机构存贷款方面处于优势地位，且优势较大，而这种优势主要体现在发展速度上。金融业的快速发展，使得青岛对全省经济辐射能力和金融服务功能显著增强。全市银行业金融机构盈利水平较高，流动性状况良好。2007 年全市银行业金融机构总体盈利 56.1 亿元，增长约 40%，全市金融机构备付率为 11.5%。

表 3 - 7 - 1　　　　2007 年全省各市金融机构的人民币存贷款余额　　（单位：亿元）

地区	各项存款		居民储蓄存款		各项贷款	
	余额	比年初增减	余额	比年初增减	余额	比年初增减
全省总计	22072.24	2439.98	11438.11	1080.01	17545.15	1835.55
济南市	4062.43	38.77	1266.66	84.18	3679.03	-112.27
青岛市	3891.59	646.36	1702.04	134.20	3097.06	519.11
淄博市	1394.84	166.11	807.13	81.84	964.88	115.29
枣庄市	484.63	64.94	288.17	27.60	344.72	57.61
东营市	844.43	82.92	440.72	14.64	598.91	82.52
烟台市	2148.90	282.26	1246.36	116.67	1422.94	124.89
潍坊市	1637.44	211.93	1038.74	125.75	1227.02	195.29
济宁市	1169.47	103.94	704.57	56.19	757.03	97.94
泰安市	812.29	62.32	500.11	32.50	539.18	54.23

---

① 这一数据来自《2008 年青岛市统计公报》，与表 3 - 7 - 1 数字有差异，原因是表 3 - 7 - 1 仅是人民币存贷量，而非本外币存贷量的和。

续表

地区	各项存款		居民储蓄存款		各项贷款	
	余额	比年初增减	余额	比年初增减	余额	比年初增减
威海市	973.21	149.59	583.63	59.05	690.49	147.39
日照市	527.88	113.34	250.49	36.28	494.82	75.31
莱芜市	365.12	46.52	172.19	15.14	313.45	25.93
临沂市	1156.13	141.55	778.04	106.97	946.80	132.89
德州市	725.11	75.06	478.54	55.64	596.05	54.29
聊城市	670.47	88.18	450.75	47.92	558.33	77.47
滨州市	562.83	86.78	302.51	29.36	549.69	96.37
菏泽市	570.00	73.61	427.11	55.82	444.68	47.17

资料来源：2008 年《山东省统计年鉴》。

第三，证券期货机构实力增强。截至 2006 年底，辖区股票基金交易量为 1636.57 亿元，占全国股票基金交易量的 1.77%，同比增长 200%，投资者累计开户数为 86.78 万户，占全国投资者累计开户数的 1.10%，证券客户保证金余额为 55.43 亿元，同比增长 251%，股票托管市值余额为 149 亿元，同比增长 84%；而 2007 年末，股票基金交易量完成了 7256 亿元，同比增长近 5 倍。2006 年，期货交易量为 629.85 万手，占全国期货交易量的 1.40%，比上年增长 13%，期货交易额为 2041.89 亿元，占全国期货交易额的 0.97%，比上年增长 41%。截至目前，青岛辖区 11 家上市公司总资产为 381.10 亿元，同比增长 9.66%，净资产为 184.56 亿元，同比增长 4.66%，总股本为 51.28 亿股，流通股本 30.76 亿股。

第四，保险业务增长速度较快，保险市场发展势头良好。2008 年保险业完成保费收入 77.6 亿元，同比增长 28.2%，增幅在 15 个副省级城市中位居前列。2007 年，来自青岛保监局的统计显示，全年共批准 6 家保险公司开业，批准 2 家保险公司筹建，无论引进的数量还是种类都在全省拔得头筹。同时，保险市场集中度大幅下降，区域结构日益协调，县域及农村地区保险业务增长迅速，农业保险取得重大进展，政策性农业保险试点工作启动。

四　青岛市推进区域金融中心建设面临的问题

第一，金融业发展水平不高、总量不大，是制约青岛建设金融中心的客观因素。虽然近几年青岛市金融业取得了长足的发展，但是，整体发展水平还较低，在全国大城市中的排名比较靠后，尤其与上海、北京等已具备相当规模的金融中心相比较，这是青岛建设区域金融中心最大的软肋。

第二，存贷款结构有待优化。由表3-7-2可知，青岛市企业存款数量较大，这意味着企业并没有更多、更好的投资渠道；同时在贷款方面，工业贷款所占比重不高，而基础设施建设贷款量却相当较高，说明整个青岛市的经济运行很大程度上还处于基础阶段，工业生产缺乏向更高层次迈进的强劲动力，这从另一方面也说明了目前本市正处于产业结构调整期，工业企业全面强劲启动尚需时日。上述两个方面也反映出青岛市的市场活力不够，特别是企业创业融资渠道和投资渠道都较狭窄，严重影响了创业融资市场的发展，进而阻碍了金融市场的进一步扩容。因此，金融对企业中长期的发展支持较弱，使企业难以抓住实现跨越式发展的机会进一步做强做大，难以形成企业发展与金融发展相辉映的良性作用。

表3-7-2　　　　　　　青岛市近年金融资产的增减变动　　　　（单位：亿元）

年份	金融机构本外币存款余额		金融机构本外币贷款余额			基建贷款占中长期贷款的比重
	企业存款	其他	工商业贷款	基础建设贷款	其他	
2005	762.78	1662.16	484.28	208.79	1374.17	0.295
2006	784.29	2092.33	489.43	254.55	1585.09	0.310
2007	977.98	2384.73	558.9	373.24	1910.42	0.340
2008	1233.83	2746.4	637.44	539.60	2373.48	0.372
2009	1373.88	3625.88	824.85	660.16	2741.6	0.380

资料来源：历年《青岛市统计年鉴》、青岛市银监局相关文件整理。

第三，金融集聚程度不高，创新能力不足，市场辐射能力偏弱。目前上海有各类金融机构500多家，其中外资和中外合资金融机构300多家；深圳有各类金融机构 140 家，其中证券公司近 20 家，基金管理公司 14 家，数量位居全国第一。目前青岛共有金融机构 78 家。相比之下，青岛不仅缺乏实力强、辐射能力广的大型金融机构，如全国性股份制商业银行、证券公司或保险公司，而且缺乏专业的机构投资者以及资产管理公司、金融公司、财务公司、基金公司等。银行业务主要集中在资产负债业务，高附加值的中间业务所占比重较小，银行新业务、新品种开发和推广不及国内其他金融程度较高的城市。证券业主要集中在经纪、自营和委托理财三项业务，受证券市场波动的影响较大。债券市场局限于国债，货币和同业拆借不够发达。保险产品较单一，主要集中在寿险和普通产险上，风险过于集中，信用保险、保证保险、责任保险等相关险种有待拓展。保险业缺乏分保、再保和经理人市场环境。信托公司缺乏专属业务和品牌，竞争力不够强。

第四，外部竞争激烈。同处环渤海的天津市计划五年内把天津建成北方金融中心。省内的兄弟城市济南，也正在积极筹划，加快建设全省区域金融中心。作为山东省的经济中心城市，青岛要建设成为范围广泛的区域性金融中心，还存在一定差距和不足。从经济总量上看，青岛显然还无法同上海、广州等长三角、珠三角中心城市相比，与天津的差距也较大。从发展速度上看，经济快速增长与城市经济实力的增强不成比例。同时城市的区域首位度不高，覆盖能力不够强的问题依然突出，特别是现有的产业优势向城市辐射力转化方面还存在很多薄弱环节。从金融机构集聚的服务功能看，青岛金融机构法人数量与国内先进城市相比还有很大差距，金融机构业务种类相对比较单一，业务开拓创新的能力有待加强。从金融市场体系建设情况看，青岛还没有期货交易市场，货币市场与资本市场的发育还不完全，金融产品还不丰富，金融电子化程度不高。从金融改革情况看，地方金融机构资本充足率不高，抵御风险的能力不强，法人治理结构内控机制有待健全，中小企业贷款难的问题尚未得到有效解决。从金融发展环境看，金融人才仍然不足，特别是缺少国际金融业务的精英与管理人才等。

五　青岛市推进区域金融中心建设的对策与建议

第一，加大对外资金融机构和区域性银行总部的引进，力争尽快成为地区性银行与非银行金融机构集聚中心。今后若干年，争取每年新引进5家以上金融机构，争取设立营销总部、地区总部和票据中心。一方面，可效仿深圳、上海浦东等地的做法，对外资金融机构给予土地及税收上的优惠，以吸引更多的外资机构进驻本市。这主要可以通过实行区别税制、降低税率、公正赋税来实现。另一方面，要加强中外资金融机构的合作，在推进现有金融资源重组的过程中，积极吸纳外资金融机构参股，实现中外资银行在组织机构、产品开发、服务领域和经营管理等方面的合作和互补，促进中外资金融机构共同发展。同时，积极创造优越条件，引进区域内外的银行总部进驻本市，从而提高区域金融机构体系的影响力。

第二，加大对金融创新的财政支持。准确把握"金融创新"的新内涵，财政支持"金融创新"的着力点是财政支持金融创新的关键所在。这里说的金融创新，不但涵盖一般金融企业本身的政策创新、服务创新和业务创新，还应该包括政府调控、金融服务、企业内部管理在内的一个系统创新。财政支持金融创新的着力点应该放在促进政府宏观调控目标与金融企业市场目标协调一致上，应该放在筹集资金、强化管理上，进而为青岛产业结构调整、培育城市经济跨越式发展提供新的金融支持。

第三，优化金融生态环境建设。以提高金融信贷资产质量、增强金融企业竞争力、更好地发挥区域金融中心作用为重点，从法律法规、会计审计准则、中介服务体系建设、企业改制及银企业关系等多层次着手，改善金融业生存发展的外部环境，大力加强"诚实守信、资金通畅、经济金融和谐发展"为标志的金融生态环境建设。

第四，加快中小企业信用担保机构和担保体系的构建，通畅银企借贷渠道。利用其在信用考核、项目审查等方面的专业优势，对有产品、有市场、有发展前景，特别是有利于技术进步、科技创新的技术密集型及扩大城乡就业的劳动密集型各类中小企业提供信用担保服务。

第五，加大对重点行业、企业的财政转移支付扶持。深化国企改革、建立现代企业制度是促进金融创新充分发挥作用的重要条件。对重点企业改革过程中的职工安置、土地使用、产品出口等方面给予适当的财政补贴，对行业龙头企业给予适当的政策性贷款和商业担保，对促进本地区的金融市场健康发展有很大的帮助。

第六，强化金融基础设施建设。青岛市必须不断以现代化的金融基础设施建设为前提，以良好的制度建设为保证来形成良好的金融秩序，并不断着力提高金融规范管理的水平，从而有效提升防范和化解金融风险的能力。

第七，以政府为主导，加快创建以政府诚信、效率为核心的完善的社会信用体系。要建立区域性金融中心，首要需要建立一个诚信、高效的政府，提高政府的诚心度和执行力，并以此为基础，努力构建企业信用体系和个人信用体系，从而构成统一规范的城市综合信用体系，为打造金融中心提供良好的信用环境。

第八，继续完善金融市场结构，提升金融创新服务水平，有计划、有控制地扩大交易种类和规模。目前，青岛应着手一些衍生金融产品的试点，进一步规范市场，尽快推出国债远期交易与开放式回购，恢复国债期货交易，研究股指期货推出的可行性。同时应抓住目前世界处于低利率期的有利条件，有计划、有控制地发展衍生金融市场和长期债券。在完善现有市场交易机制，进一步放宽市场进入门槛，增加交易主体的基础上，争取尽快在本市建立区域性金融期货交易中心、债券交易中心、信托市场中心、商业再保险中心等。同时建立全国性票据贴现市场，为央行的票据再贴现操作奠定良好的市场基础。此外，青岛市应加快成为区域性资金结算中心，建立全国联网的资金结算体系。

第九，青岛市应进一步提升作为中心城市的综合实力及对周边地区的影响力。金融中心的建设和发展离不开高度发达、具有较强外部经济效应的产业经济结构。因此，青岛市需要进一步加快产业结构调整步伐，找准产业发展的序列，提高自主创新能力和经济运行质量，增强城市综合实力，加强对周边经济地区的辐射和带动作用。

第十，继续加强金融街区建设，并加大力度引进和培养高层次金融专门人才。通过几个金融街区的强化建设，可以更为有效地提升本市金融业的聚集度和实力，更好地树立和宣传本市区域金融中心的信心和形象，进而对外部金融机构和人员产生强劲的吸引力；在此基础上不断引进高层次金融人才，可以为本市强化金融服务水平、提高金融业创新发展能力、提升行业竞争力提供有力的人力资源保障。

第四篇　福利与产业篇

第一章

区域福利与增长差异的实证研究

——以西北六省为例

一 引言

改革开放以来，我国整体经济实力得以快速提升，但区域经济发展差异日渐明显，已成为当前及今后相当长一段时期内经济发展的基本趋势，同时也成为我国经济最突出和最亟待解决的难题。鉴于此，国家相继实施了非均衡发展、非均衡协调发展、均衡统筹协调发展三大区域经济发展战略。在此引导下，我国各区域呈现出较强的发展活力，区域协调发展格局初现端倪。但由于历史和制度两方面原因所造成的长期积累效应，使得"城乡"之间、"东中西"三大区域之间的发展差距并未有根本性的改观，区域经济协调发展依然任重道远。

近十多年来，有关我国区域经济发展差异的研究渐趋活跃，无论是区域经济发展模式的总结、发展差异的形成原因与影响、区域突破现象的解释以及未来的发展方向等领域，都出现了众多卓有成效的研究成果。但一个明显的问题是，目前国内的研究多注重区域经济发展数量的核算与比较，即多从经济增长率的分解来衡量产出要素的区域配置效率差异，而较少涉及区域经济发展质量的衡量，或者说区域发展软实力的衡量，但这一点已成为今后需要重点关注的研究领域。

经济发展质量内涵广泛，社会保障和社会福利是其核心内容。杨开忠（1994）提出经济增长是传统发展模式的基本目标，而社会福利的增长及人均社会福利的最大化则是持续发展模式的重要方向。一般认为，经济增长和社会福利密切相关。尹恒、龚六堂、邹恒甫（2005）的实证结果表明，我国收入分配不平等与经济增长间存在一定程度的库兹涅茨倒 U 形关系。潘莉（2005）分析了各国福利与增长的相互关系，认为忽视或有意降低社会保障水平，将会导致社会经济发展不平衡。赵怡（2007）的研究表明，我国社会保障能有效促进经济增长，应当建立一个和社会经济相协调的社会保障制度。林治芬（2002）对 2000 年全国相关社会保障数据进行研究，认为中国区域经济发展水平与社会保障水平不协调，社会保障的地区差异甚至高于经济发展的地区差异。

　　而从已有研究成果的空间范畴看，理论界多将区域差距的衡量重点放在我国东、中、西三大地区的差距衡量上，而较少涉及三大区域之间的省域差距。而中西部特别是西部地区地域辽阔、少数民族聚居、经济基础薄弱、经济增长中心分散、后发劣势明显，研究西部省域发展差距对于西部地区乃至全国的社会稳定和经济发展意义重大。进一步来看，西北六省是西部地区经济发展水平相对最低，社会习俗和文化传统等方面又较为同质的区域。因此，本章选取西北六省为研究对象，期望更有效地揭示西部地区经济增长和社会福利水平的区域差异，并得到更有针对性的研究结果。

　　本章的研究主旨是探讨近年来西北六省社会福利水平和经济增长水平的各自变动情况，以及各省福利和增长之间的确切关系，进而明确各省在社会福利和经济增长方面的发展差异，以便为各省今后的社会经济发展提供政策参考。具体研究思路如下：首先，就社会福利和经济增长，设计相对全面而有表征意义的指标体系，为计算福利和增长两个综合指数及进一步研究奠定基础；其次，应用层次分析和耦合方法，计算社会福利和经济增长指数，并定量测度社会福利和经济增长之间的相互耦合程度；再次，应用主成分分析和聚类方法，再次计算社会福利和经济增长指数，并在此基础上进行省域分类，并与耦合分析结论进行对比；最后，依据上述实证结果，对西北六省社会福利与经济增长的关系及其演进特征作出系统分析与总结，并提出政策建议。

二　指标体系与数据说明

（一）指标体系

有关福利、民生、幸福感的衡量指标众多，本研究借鉴已有研究成果，并结合数据可得性和研究内容全面性，创建了相对较为完善的社会福利指标体系。经济增长指标体系则选取一般衡量经济增长数量的指标，如表 4 - 1 - 1 所示。

表 4 - 1 - 1　　　　　社会福利与经济增长的指标体系

约束层	一级指标	二级指标
社会福利 X	物质财富 X_1	城镇居民人均可支配收入 + x_{11}，农村居民人均纯收入 + x_{12}，城镇恩格尔系数 - x_{13}，农村恩格尔系数 - x_{14}，城乡人均消费之比 - x_{15}
	社会保障 X_2	城镇登记失业率 - x_{21}，就业人员平均劳动报酬 + x_{22}，养老保险覆盖率 + x_{23}，每万人口医疗机构床位数 + x_{24}，大专及以上文化程度占比 + x_{25}，房屋平均售价 - x_{26}
	生活环境 X_3	人口密度 - x_{31}，市场化指数 + x_{32}，人均日生活用水量 + x_{33}，离婚率 - x_{34}，总抚养比 - x_{35}，省会城市空气质量达二级以上天数 + x_{36}
经济增长 Y	经济增长 Y_1	人均 GDP + y_{11}，GDP 总量 + y_{12}，GDP 增速 + y_{13}

注：以上标"＋"，"－"标注正负指标。

正向指标是指标值越大对系统越有利的指标，负向指标是指指标值越小对系统越有利的指标。

（二）数据说明

以西北六省（内蒙古、陕西、甘肃、青海、宁夏、新疆）为研究对象。因数据可得性所限，本章选取了 2003—2009 年各省相关数据进行实证分析。计算数据主要来源于历年《中国统计年鉴》、各省《统计年鉴》、《中国劳动统计年鉴》，《中国人口统计年鉴》等。部分数据依据相关方法经原始数据推算而得。

三　耦合分析

（一）指标权重的确定

对于表 4 - 1 - 1 所示指标，耦合分析首的先采用层次分析法（AHP）确定各指标权重。具体步骤如下：（1）构造主观判断矩阵；

（2）求解矩阵的最大特征值及其特征向量；（3）对判断矩阵进行一致性检验，对未通过一致性检验的指标重新设定主观判断矩阵；（4）确定权重值：将特征向量的数值进行归一化，即可得出权重向量。计算软件为 matlab7.0，限于篇幅，此处省略具体计算过程。

经计算，各指标权重如下： = （0.059，0.059，0.294，0.294，0.294）； = （0.067，0.335，0.150，0.150，0.150，0.150）； = （0.051，0.254，0.093，0.254，0.254，0.093）； = （0.333，0.333，0.333）； = （0.333，0.333，0.333）。

（二）数据的标准化处理

为消除各指标量纲不同对计算的影响，需要对数据进行标准化处理。鉴于该研究涉及"正向"、"负向"两种指标，故分别采用不同标准化公式，具体方法见第一篇第四章。

（三）综合指数的计算

对历年相关数据根据上述正负指标标准化公式进行无量纲化处理后，将标准化数据乘以各自的指标权重，求和，进而得出一级指标得分，再加权求和计算出社会福利和经济增长两个综合指数 X，Y。计算结果见表4-1-2中②、③栏。

表4-1-2　　2003—2009年西北六省福利与增长耦合度及指数

	指标	省份	2003	2004	2005	2006	2007	2008	2009
①	耦合度 D	内蒙古	0.853	0.870	0.888	0.891	0.874	0.858	0.824
		陕西	0.696	0.684	0.646	0.680	0.689	0.734	0.713
		甘肃	0.511	0.505	0.497	0.501	0.481	0.468	0.516
		青海	0.563	0.555	0.490	0.498	0.458	0.563	0.513
		宁夏	0.572	0.487	0.468	0.525	0.478	0.555	0.602
		新疆	0.733	0.735	0.679	0.661	0.634	0.631	0.551
②	社会福利指数 X	内蒙古	0.662	0.681	0.718	0.725	0.685	0.652	0.587
		陕西	0.479	0.441	0.389	0.442	0.452	0.489	0.467
		甘肃	0.372	0.301	0.272	0.315	0.304	0.313	0.318
		青海	0.437	0.452	0.482	0.491	0.466	0.501	0.545

指标		省份	2003	2004	2005	2006	2007	2008	2009
②	社会福利指数 X	宁夏	0.483	0.493	0.477	0.529	0.573	0.591	0.509
		新疆	0.511	0.541	0.499	0.492	0.489	0.452	0.377
③	经济增长指数 Y	内蒙古	0.834	0.887	0.900	0.900	0.900	0.900	0.900
		陕西	0.491	0.503	0.457	0.486	0.504	0.619	0.571
		甘肃	0.223	0.229	0.229	0.221	0.200	0.187	0.238
		青海	0.272	0.262	0.204	0.211	0.181	0.268	0.225
		宁夏	0.278	0.202	0.188	0.234	0.201	0.261	0.310
		新疆	0.568	0.538	0.434	0.400	0.356	0.364	0.267

（四）耦合度的计算

社会福利指数 X 和经济增长指数 Y 初步体现出 2003—2009 年西北六省福利和增长的变化情况，但各省的福利和增长水平是否相互协调，二者之间存在何种关系，有待进一步研究。以下将应用"耦合"方法，通过衡量社会福利和经济增长的耦合度来揭示二者的相互关系。

"耦合"是指两个或两个以上的系统或运动形式通过各种相互作用而彼此影响的现象。本章将社会福利和经济增长作为两个相互耦合的系统，定量测度两个系统的耦合程度。通过对二者耦合度在时间序列内的连续考量即能观察二者关系的演进过程。

按照耦合原理，结合实际经验，笔者认为，福利与增长的耦合演进大致可划分为四种类型，见表 4 - 1 - 3。A、B、C 三种类型属于良性耦合，福利与增长都已达到一定水平，二者相互作用，形成不同的耦合类型。最理想的类型即为 A 类，福利与增长协调共进；B 类福利水平较增长水平偏低，C 类则相反，但鉴于在实际当中增长对福利的带动作用更为明显，可知增长水平过低对二者的耦合演进阻碍更大，从而 C 类耦合度更低。而 D 类福利与增长水平过低，二者尚未进入良性耦合阶段，更遑论协调共进。

表 4 - 1 - 3　　　　　　　　**福利与增长的耦合演进类型**

	福利水平	增长水平	耦合度	耦合类型特征
A	高	高	高	福利与增长协调共进
B	低	高	较高	福利与增长不协调
C	高	低	较低	增长与福利不协调
D	低	低	低	尚未进入良性耦合/协调阶段

　　耦合度的计算方法见第一篇第四章，计算结果见表 4 - 1 - 2 中①栏。

（五）结果分析

　　表 4 - 1 - 2 中所列耦合分析结果的趋势如图 4 - 1 - 1 所示。由二者可知：2003—2009 年，西北六省社会福利与经济增长水平均存在较大差异，由此导致这一时期各省区社会福利与经济增长的耦合演进呈现不同类型。

　　第一，内蒙古的耦合度处于 0.8—0.9 之间，7 年均保持最高，但 2006 年起有所下降。原因在于其经济增长水平相对最高，7 年间稳居西北六省第一位。而其社会福利水平自 2006 年起不断下降，与其经济增长水平不相协调，导致福利与增长的耦合度降低。

　　第二，陕西省的耦合度居第二位。原因在于其经济增长水平较高，仅次于内蒙古，而福利水平较低，阻碍了二者耦合度的提升。但鉴于其在耦合关系中占主导作用的经济增长水平较高，从而虽然其福利水平较低，但二者的耦合度仍保持较高水平。

　　第三，甘肃省的耦合度约为 0.5，始终在六省最低点徘徊。原因在于其经济增长和社会福利水平在西北六省中都处于落后地位，增长无法带动福利，福利也不足以推动增长。因二者水平过低，二者的耦合尚未进入良性耦合阶段。

　　第四，青海省的耦合度较低，处于 0.4—0.6 之间。近年来，其社会福利水平持续上升，2009 年甚至逼近内蒙古，然而其经济增长水平与甘肃相近，在六省最低点波动，与其福利水平不相协调，从而阻碍了增长与福利的良性耦合发展。

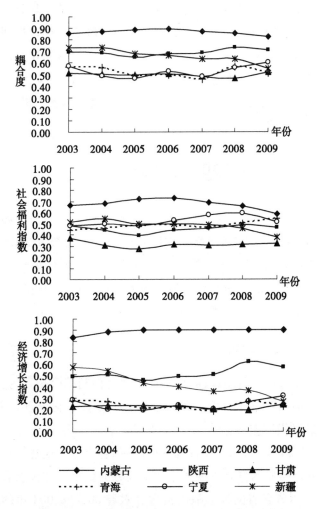

图 4 - 1 - 1　西北六省福利与增长耦合度及指数

第五，宁夏与青海类似，经济增长水平过低，社会福利水平相对较高，增长与福利不相协调，导致二者耦合度也较低。

第六，新疆的耦合度从 0.733 变化到 0.551，呈波动下降趋势。原因在于近年来，其经济增长和社会福利水平均不断下降，导致二者从协调共进状态逐步退化。

总体来看，2003—2009 年西北六省社会福利与经济增长的耦合情况呈现出了表 4 - 1 - 3 所述 4 种耦合类型的特征。内蒙古属于 A 类，但有向 B 类退化的趋势，应着重解决其社会福利水平下降的问题，防止福利与增长不相协调,阻碍二者的协调共进。陕西省属于 B 类,福利水平较低,与其较高的增长水平不相协调。甘肃省属于 D 类,福利与增长水平过低,尚未进入良性耦合阶段。青海省和宁夏均属于 C 类,经济增长水平相对较低,与福利水平不相协调,导致二者耦合度较低。新疆表现出由 A 类逐渐退化的趋势,甚至有离开良性耦合阶段,进入 D 类的可能,应引起高度重视。

四　聚类分析

为揭示更多信息,并对上述耦合分析结果作出验证与扩展说明,如下将依据表 4 - 1 - 1 所列指标,应用主成分分析法核算 2003—2009 年西北六省的社会福利和经济增长综合指数,以 F 和 G 表示。在此基础上,再通过聚类方法对西北六省的福利和增长变动状况进行分类。计算软件为 SPSS14.0。

(一)主成分分析

分析步骤为:以西北六省 2009 年的社会福利综合指数为例,首先,对各省社会福利各指标的相关数据进行 Zscore 标准化处理,消除量纲;其次,根据累积方差贡献率大于 85% 的标准,选取主成分;再次,用主成分载荷矩阵及其相对应的特征值得到各主成分的表达式;最后,将每个主成分所对应的方差贡献率作为主成分的权重,加权求和即可得到2009 年西北六省各省的社会福利指数。六省 2004—2008 年的社会福利指数 F 以及 2003—2009 年的经济增长指数 G 均按照上述步骤计算得出,社会福利方面提取了四个主成分,经济增长方面提取了两个主成分。因篇幅所限,本章省略相关累积方差贡献率值和主成分载荷矩阵,仅列出各综合指数值,见表 4 - 1 - 4。为便于分析,表中还列出了各年度六省福利和增长的排序结果。

表 4 - 1 - 4　基于主成分分析的社会福利指数 F 和经济增长指数 G 及各自排序

F 值及排序	2003		2004		2005		2006		2007		2008		2009	
内蒙古	1.667	1	1.570	2	2.521	1	1.750	1	1.493	1	1.372	1	1.540	1

续表

F 值及排序	2003		2004		2005		2006		2007		2008		2009	
陕西	-0.798	5	-0.777	5	-0.546	5	-0.623	5	-0.633	5	-0.007	4	-0.188	4
甘肃	-1.659	6	-1.855	6	-1.751	6	-1.965	6	-2.108	6	-2.385	6	-1.454	6
青海	-0.608	4	-0.259	3	-0.383	4	-0.382	4	-0.448	4	-0.153	5	-0.119	3
宁夏	0.293	3	-0.264	4	0.175	2	0.219	3	0.775	3	0.855	2	1.365	2
新疆	1.089	2	1.585	1	-0.015	3	1.000	2	0.921	2	0.318	3	-1.144	5
G 值及排序	2003		2004		2005		2006		2007		2008		2009	
内蒙古	1.239	1	1.601	1	2.084	1	2.171	1	2.395	1	2.174	1	2.374	1
陕西	0.358	3	0.426	2	0.302	2	0.386	2	0.564	2	0.891	2	0.769	2
甘肃	-0.604	4	-0.563	4	-0.702	4	-0.835	5	-0.879	4	-1.129	6	-0.883	5
青海	-0.698	6	-0.745	5	-0.882	5	-0.913	6	-1.007	6	-0.797	5	-0.967	6
宁夏	-0.662	5	-0.907	6	-0.944	6	-0.816	4	-0.913	5	-0.827	5	-0.545	3
新疆	0.366	2	0.188	3	0.142	3	0.007	3	-0.161	3	-0.312	3	-0.728	4

　　由表 4-1-4 可知，首先从社会福利看，2003—2009 年间，除 2004 年外，内蒙古始终居于首位；而甘肃省一直位列最后；陕西省福利水平较低，但有逐渐升高的趋势；宁夏福利水平较高，变化也较为稳定，一直在第 2、3 位波动；青海仅次于宁夏，始终在第 3、4 位波动。六省中最富有特征的省份是新疆，原因在于其福利水平变化较大，虽然大部分年份都名列前三，但 2009 年突降至第 5 位。其次从经济增长看，2003—2009 年间，内蒙古稳居第 1 位；陕西省除 2003 年外，均位列第 2 位；新疆从第 2 位降至第 4 位；甘肃、青海、宁夏增长水平均较低，分别在第 4、5、6 位波动。

　　由上述分析可知，基于主成分分析的社会福利指数 F 和经济增长指数 G 的变动特征与耦合方法所得两指数 X、Y 的分析结果大体一致。因此可以认为，就社会福利和经济增长水平而言，西北六省近年来表现出较为明显的区域差异，以下将通过聚类分析明确各省所属类型及变动特征。

（二）聚类

　　基于上述指数 F、G，如下将应用聚类方法对西北六省进行分类，并与耦合分析结果展开进一步对比，从而得出更有说服力的结论。

为观察各省的时序演变特征，本章选取2003—2009年西北六省7年共42个样本值的两个指数为原始数据，进行Q型聚类。由于原始数据不含量纲，因此不需作变换，可直接进行计算。

采用层次聚类法求解。具体步骤为：第一，在原始数据的基础上，以"欧式距离法"为相似性度量准则，计算出相似性度量矩阵；第二，假定各样本自成一类，则基础数据可分为42类；第三，将各类中最相似的两类合并成新类；第四，选取"组间连接法"为求新类相似性的方法，计算新类与其余各类间的相似性，再将其中最相似的两类合并，并重复这一步，直到最后聚成一类。限于篇幅，仅给出便于实际观测的谱系图（见图4-1-2）。

由图4-1-2可知，按照社会福利与经济增长的不同水平，2003—2009年西北六省可大致划分为五类。为明确五种类型的基本特征，需求得各种类型福利和增长指数的均值，如图4-1-3所示。五种类型的社会福利指数均值分别为1.70，-0.45，-1.80，-0.13，1.08；经济增长指数均值分别为2.01，0.48，-0.79，-0.80，-0.27。若按照两指数均值将各省社会福利和经济增长水平划分为高、较高、中等、较低、低五个等级，则42个样本所划分成的五种类型及其具体特征见表4-1-5。

表4-1-5　　　　　　　　基于聚类结果的西北六省分类及特征

类别	福利	增长	包含样本
1	高	高	2003—2009年内蒙古
2	较低	较高	2003—2009年陕西，2005年新疆
3	低	低	2003—2009年甘肃，2009年新疆
4	中等	较低	2003—2009年青海，2003—2006年宁夏，2008年新疆
5	较高	中等	2007—2009年宁夏，2003年、2004年、2006年、2007年新疆

综合主成分分析和聚类分析结果，可得如下结论：

第一，内蒙古的增长水平较为稳定，始终居于六省之首；其福利水平自2006年起明显下降，但仍持续高于其他五省，因而7年来一直稳定在1类。

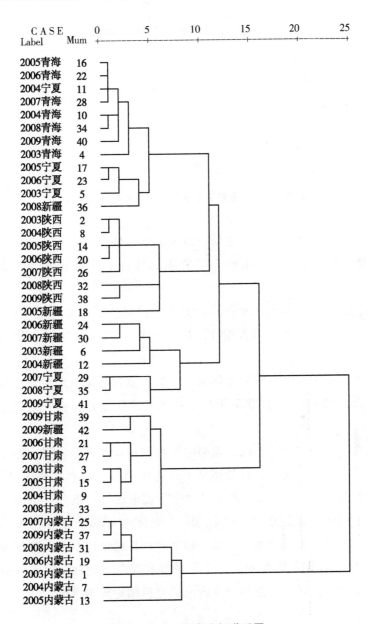

图 4 - 1 - 2　聚类分析谱系图

第二，陕西省的福利水平较低，近两年来有所上升；其增长水平较高，也有稳定上升趋势。但二者均未得到有效突破，从而始终在 2 类停滞不前。

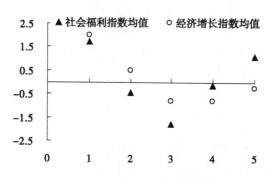

图 4 - 1 - 3　五种类型福利与增长指数均值比较

第三，甘肃省的福利水平居于最末，未有任何提升；其增长水平则始终在最低点波动。因此其 7 年来持续落后于其他五省，从未脱离 3 类。

第四，青海省福利水平居中，并存在波动上升趋势，但不甚明显；其增长水平较低，与甘肃省相近，并且持续低于其福利水平。因而 7 年来始终居于 4 类。

第五，宁夏起初与青海省同属于 4 类，福利和增长水平都在六省中处于较落后地位。但自 2007 年起二者水平均明显稳步提升，因而最近 3 年得以跻身 5 类。

第六，与前文分析相同，新疆的福利和增长水平波动最为剧烈。新疆 7 年来分属 4 个类型，且总体呈不断恶化趋势，福利水平从"较高"波动下降为"低"，增长水平从"中等"逐渐转为"低"。

综上可知，聚类分析所得 1、2、3 类分别与耦合分析的 A、B、D 类对应，分别是福利和增长双高，福利较增长偏低以及福利和增长双低型；而 4、5 类则与 C 类对应，增长较福利偏低。因此，聚类分析和耦合分析结果高度相似，意味着本研究的分析结论较为准确。

五　结语

本章构建了较为系统的社会福利和经济增长指标体系，基于此，应用耦合和聚类两种方法，实证分析了 2003—2009 年西北六省的社会福利水平与经济增长状况及其相互关系，并展开了详细的分类描述与判断。两方法相互验证，互为补充，进而得出了较为全面和富有新意的结论，对于各省今后发展战略的制定和实施具有一定的理论参考与政策引导价值。

第一，内蒙古社会福利和增长水平均最高，且二者实现了协调共进。但近年来其社会福利水平略有下降，未与经济增长水平同时稳步提升，将可能阻碍经济发展水平的进一步提高。未来应在稳定其经济增长水平的基础上，推动社会福利水平的同步提升。

第二，陕西省福利水平较低，与其较高的增长水平不相协调，但因其增长优势明显，故二者耦合关系良好，这在一定程度上意味着西部地区增长极之一西安及关中城市群的发展态势良好，后续应提高对福利的关注度。

第三，甘肃省的福利和增长水平没有根本性的改善，持续落后于其他五省，更无法获得福利与增长良性耦合所应带来的收益。作为西北地区的老工业基地，甘肃省急需大力推动其重点城市兰州、天水等的发展，并加速与关中—天水经济区的协调与整合，从而有效提升自身经济发展水平，增进社会福利。

第四，青海省福利水平中等，但经济增长水平过低，与其社会福利水平不协调，从而阻碍了二者的良性耦合。宁夏与青海省类似，经济增长水平低于其社会福利水平，但较青海省而言，宁夏的福利和增长水平近几年不断提升。

第五，新疆的社会福利与经济增长水平均呈不断波动下降趋势，二者的耦合关系也不断恶化。新疆是我国最主要的少数民族聚集区，目前的福利与增长的耦合趋势令人担忧，这可能会严重威胁西部甚至是国家的稳定与安全。因此，需要高度关注新疆的社会福利和经济增长现状，深入分析其恶化原因，有针对性地加以积极改善，逐渐恢复新疆在西北六省中的优势地位，此举意义深远。

本研究虽然仅选取了西北六省7年的数据，但实证结果具有较强的现实意义，其表明六省福利和增长水平差异明显，并形成了不同的发展类型。由此可知，本研究思路适于考察福利和增长水平的变动及差异，因而该研究也具有较大的拓展空间。若今后进一步扩展研究范畴，构造宏观层面的"东、中、西"三大区域、中观层面的31个省区市再到微观层面 200 多个地级市的全面的研究架构；并设定更为科学合理、系统全面的指标体系，展开多方法交叉的实证分析，则后续研究将会得出更具有实际价值的研究结论。这有待后续展开进一步研究。

第二章

社会福利、经济增长与区域发展差异
—— 基于中国省域数据的耦合实证分析

一 引言

源于历史积淀、区位优势差异以及政策导向等因素的共同作用，长久以来我国区域发展差距一直较为明显。因此如何缩小区域间差距，并以此提升综合国力，始终是我国社会主义经济建设的重要任务。改革开放后，我国相继实施了非均衡发展、非均衡协调发展以及均衡协调统筹发展三大区域发展战略，区域发展差距也在不断演化中呈现出复杂的变动态势。在上述背景下，国内外有关中国区域发展差异的研究非常活跃，从表现、特征、原因等多个层面得出了富有价值的研究结论。但目前既有研究也存在一些不足，主要在于多注重区域经济增长数量的衡量，较少涉及增长质量的核算。而由我国转变经济发展方式的内涵可知，综合考虑区域发展差异时，质量的差异可能比数量的差距更为关键。

经济增长质量内涵广泛，但社会福利水平的高低是其核心内容之一。笔者认为，如果从宏观经济视角来审视福利，则广义社会福利应聚焦于三个层面，即有关收入、消费及分配的物质财富；包含就业、养老、医疗、教育、住房等的社会保障；涉及社会环境、家庭氛围、政府行为、自然条件等的生活环境。以此为基石，从这三个层面考察我国的区域经济发展态势，则自然形成了如下分析逻辑：区域发展差异涉及经济增长的"量扩"与福利的"质升"两大方面；其中，区域福利水平的差异实际表现为物质财富的多寡、社会保障的健全程度以及生活环境的好坏；而区域增长水平不仅自身存在差异，同时作为社会福利递进的原始驱动力，又推动了上述福利三个层面差距的形成。鉴于此，对社会福利与经济增长之间的关系做出明确描述，对于揭示我国的区域发展差异具有一定的理论创新意义与实践价值。

目前，有关福利与增长关系的研究主要涉及两个方向：一是福利与增长总体关系的界定。如收入与幸福、经济增长与生活质量的研究等（Cummins，2000；Carol Graham，2007；黄有光，2002；朱建芳等，2009）。研究结果表明，一定范围内，社会福利与经济增长同步上升；但在收入或增长水平超过一定程度后，幸福和收入、快乐和金钱、生活质量和经济增长之间并不存在明显相关性。二是福利的某一项或几项特征与增长关系的研究。这一方向大致可细分为三类：第一，收入分配与经济增长。Barron（2000）的研究表明，收入差距与经济增长的关系因经济发展阶段而异，发达国家是正向关系，而发展中国家则是负向。陆铭等（2005）认为，控制收入差距有利于促进经济增长，经济增长又能进一步缩小收入差距，从而实现平等与增长的协调发展。第二，社会保障与经济增长。Jie Zhang（2003）的实证研究表明，社会保障能够促进人均收入的增加，而经济增长对社会保障水平的影响不明显。林治芬（2002）认为中国社会保障的地区差异明显，甚至比经济发展的地区差异还要大。第三，政府支出与经济增长。庄子银等（2003）认为，减少公共支出过程中的调整成本，提高公共支出效率，能够有效拉动经济增长。诸大建等（2010）则认为，我国的经济增长对以人类发展指数（HDI）表征的福利水平的提高具有重要贡献，且政府提供持续增长的基本公共服务是提高我国福利水平的根本保障。

由此看来，现有福利与经济增长关系的研究主要存在三个问题：一是用"幸福"、"快乐"、"生活质量"等描述社会福利时，多注重主观社会福利感的研究，不易获得真实的数据。二是多数研究只关注了福利某一方面与增长的关系，虽然指标的客观性较强，但研究面较窄，且方法和结论复杂多样，难以对福利和经济增长的总体关系作出系统判断。三是未能很好地将福利与增长关系的研究用于解释区域差异，同时，很少涉及在四大区域及省域层面对二者关系的探讨。基于此，本章欲从如下两个方面作出扩展研究：首先，按照上文所述广义社会福利的内涵，构建一个较为科学、完善的社会福利与经济增长的指标体系，从而对社会福利和经济增长的区域发展差异作出初步衡量；其次，运用相关实证方法测算近年来我国社会福利和经济增长之间的关系，借此深入探讨区域发展差异的表现及成因。

二 指标体系与数据说明

（一）指标体系

1. 社会福利指标体系

在充分考虑研究的全面性和数据可得性的基础上，通过对社会福利概念的深入解读，对已有相关研究所列指标的精心筛选和完善而最终构建。其中失业、养老、医疗保险覆盖率借鉴了贾智莲等（2010）的计算方法，市场化指数则来源于樊纲等（2010）的研究结果。指标具体涵盖三层，包括3个一级因子，12个二级因子，38个三级因子。

2. 经济增长指标体系

选用通常衡量经济增长数量的三个指标，为与社会福利指标体系相对应，也分成三层，包括3个三级因子。上述指标体系见表4-2-1。

表4-2-1　　　　　　社会福利与经济增长指标体系

约束层	一级因子	二级因子	三级因子
社会福利 X	物质财富 X_1	收入 x_{11}	城镇居民人均可支配收入 $^+x_{111}$，农村居民人均纯收入 $^+x_{112}$，人均储蓄存款余额 $^+x_{113}$
		消费 x_{12}	城镇居民人均消费性支出 $^+x_{121}$，农村居民人均生活消费支出 $^+x_{122}$，城镇恩格尔系数 $^-x_{123}$，农村恩格尔系数 $^-x_{124}$
		分配 x_{13}	城乡人均收入之比 $^-x_{131}$，城乡人均消费之比 $^-x_{132}$
	社会保障 X_2	就业 x_{21}	失业保险覆盖率 $^+x_{211}$，城镇登记失业率 $^-x_{212}$，就业人员平均劳动报酬 $^+x_{213}$，劳动争议当期案件受理数 $^-x_{214}$
		养老 x_{22}	养老保险覆盖率 $^+x_{221}$，农村社会养老保险覆盖率 $^+x_{222}$
		医疗 x_{23}	医疗保险覆盖率 $^+x_{231}$，每万人口医疗机构床位数 $^+x_{232}$，每万人口卫生技术人员数 $^+x_{233}$
		教育 x_{24}	初中生师比 $^-x_{241}$，大专及以上文化程度占比 $^+x_{242}$，文盲率 $^-x_{243}$
		住房 x_{25}	城市人均住宅面积 $^+x_{251}$，房屋平均销售价格 $^-x_{252}$

续表

约束层	一级因子	二级因子	三级因子
社会福利 X	生活环境 X_3	社会 x_{31}	人口密度 $^-x_{311}$，交通事故发生数 $^-x_{312}$，市场化指数 $^+x_{313}$，城镇化率 $^+x_{314}$
		政府 x_{32}	城市燃气普及率 $^+x_{321}$，人均城市道路面积 $^+x_{322}$，人均日生活用水量 $^+x_{323}$，财政支出占 GDP 比重 $^+x_{324}$，税收收入占 GDP 比重 $^-x_{325}$
		家庭 x_{33}	离婚率 $^-x_{331}$，总抚养比 $^-x_{332}$，户均人口数 $^-x_{333}$
		自然 x_{34}	人均城市园林绿地面积 $^+x_{341}$，生活垃圾无害化处理率 $^+x_{342}$，省会城市空气质量达二级以上天数 $^+x_{343}$
经济增长 Y	增长数量 y	增长 y_{11}	GDP $^+y_{11}$，人均 GDP $^+y_{111}$，GDP 增长率 $^+y_{113}$

注：数值越大对系统越有利的指标为正指标，数值越小对系统越有利的指标为负指标，分别用"＋"、"－"加以标记。

（二）数据说明

受数据可得性所限，本章的研究时序为 2003—2009 年，构建了 31 个省份 7 年的面板数据。实际上这一时期是改革开放后第三次较明显的经济波动期，很有特色；同时，又是社会福利改革开始全面展开的关键时期，因此具有较强的研究意义。数据来源于 2004—2010 年《中国统计年鉴》、《中国劳动统计年鉴》、《劳动与社会保障统计年鉴》、《中国人口统计年鉴》以及分省《统计年鉴》等。部分缺失数据经推算而得。最终采用原始样本数据 8897 个，辅助样本数据 1209 个，总计 10106 个数据。

三　福利与增长指数

（一）指标权重的确定

采用三标度层次分析法（李新运等，1998）确定指标权重。计算步骤为：第一，设定主观判断矩阵；第二，设定感觉判断矩阵；第三，构造客观判断矩阵；第四，确定指标权重值。限于篇幅，不再列出各矩阵及权重计算结果。

（二）数据的标准化处理

为消除各指标数据的量纲，对原始数据进行标准化处理，具体方法见第一篇第四章。

（三）综合指数的计算

对经标准化处理过的数据以及相应指标权重，进行逐级加权求和，即可得31个省区市社会福利和经济增长的综合水平，分别以社会福利指数和经济增长指数表示。计算结果如表4－2－2所示。

表4－2－2　　2003—2009年中国省域社会福利与经济增长指数

省份	社会福利指数							经济增长指数						
	年份							年份						
	2003	2004	2005	2006	2007	2008	2009	2003	2004	2005	2006	2007	2008	2009
北京	0.60	0.61	0.65	0.67	0.67	0.72	0.75	0.27	0.36	0.36	0.41	0.46	0.42	0.48
天津	0.55	0.57	0.59	0.62	0.63	0.63	0.66	0.29	0.34	0.34	0.37	0.41	0.48	0.52
河北	0.45	0.47	0.48	0.50	0.51	0.53	0.55	0.20	0.25	0.28	0.30	0.32	0.31	0.32
山西	0.42	0.43	0.45	0.48	0.50	0.53	0.55	0.21	0.23	0.20	0.20	0.27	0.18	0.14
内蒙古	0.46	0.47	0.49	0.51	0.53	0.54	0.57	0.26	0.34	0.42	0.36	0.39	0.40	0.45
辽宁	0.49	0.49	0.52	0.54	0.55	0.57	0.59	0.21	0.25	0.26	0.31	0.35	0.37	0.41
吉林	0.48	0.49	0.49	0.51	0.53	0.54	0.57	0.13	0.18	0.19	0.26	0.31	0.33	0.31
黑龙江	0.47	0.49	0.51	0.52	0.55	0.55	0.56	0.16	0.20	0.21	0.23	0.24	0.26	0.26
上海	0.62	0.64	0.65	0.68	0.70	0.72	0.76	0.37	0.45	0.39	0.45	0.54	0.50	0.51
江苏	0.51	0.52	0.55	0.56	0.59	0.61	0.63	0.31	0.37	0.41	0.47	0.52	0.54	0.60
浙江	0.54	0.56	0.58	0.59	0.61	0.63	0.66	0.32	0.35	0.35	0.41	0.48	0.44	0.44
安徽	0.39	0.40	0.40	0.42	0.45	0.46	0.50	0.12	0.20	0.18	0.21	0.25	0.25	0.28
福建	0.47	0.49	0.51	0.50	0.52	0.54	0.56	0.20	0.22	0.23	0.31	0.35	0.35	0.36
江西	0.43	0.44	0.45	0.46	0.48	0.51	0.53	0.12	0.19	0.19	0.19	0.22	0.23	0.26
山东	0.47	0.49	0.50	0.54	0.56	0.57	0.59	0.29	0.37	0.41	0.45	0.49	0.51	0.55
河南	0.41	0.42	0.44	0.46	0.48	0.50	0.52	0.17	0.25	0.28	0.31	0.35	0.35	0.34
湖北	0.43	0.44	0.46	0.47	0.48	0.50	0.52	0.14	0.18	0.21	0.25	0.30	0.31	0.34
湖南	0.42	0.43	0.44	0.47	0.49	0.50	0.51	0.13	0.19	0.20	0.22	0.29	0.29	0.33
广东	0.46	0.47	0.50	0.51	0.53	0.55	0.58	0.36	0.40	0.43	0.50	0.56	0.54	0.58
广西	0.40	0.40	0.42	0.43	0.44	0.45	0.48	0.12	0.16	0.20	0.22	0.26	0.24	0.27
海南	0.43	0.44	0.44	0.45	0.49	0.49	0.51	0.12	0.13	0.13	0.18	0.23	0.15	0.20
重庆	0.37	0.38	0.40	0.41	0.43	0.45	0.48	0.14	0.17	0.17	0.19	0.27	0.27	0.31

续表

省份	社会福利指数							经济增长指数						
	年份							年份						
	2003	2004	2005	2006	2007	2008	2009	2003	2004	2005	2006	2007	2008	2009
四川	0.41	0.41	0.41	0.43	0.44	0.46	0.49	0.16	0.20	0.22	0.25	0.29	0.23	0.34
贵州	0.33	0.33	0.35	0.36	0.37	0.38	0.41	0.10	0.12	0.13	0.14	0.19	0.14	0.17
云南	0.35	0.36	0.38	0.39	0.42	0.43	0.44	0.09	0.15	0.11	0.17	0.20	0.19	0.22
西藏	0.28	0.32	0.34	0.40	0.41	0.41	0.44	0.13	0.14	0.15	0.17	0.19	0.13	0.18
陕西	0.40	0.40	0.42	0.44	0.46	0.48	0.50	0.15	0.18	0.19	0.21	0.26	0.31	0.30
甘肃	0.37	0.37	0.38	0.38	0.40	0.42	0.44	0.11	0.13	0.15	0.15	0.18	0.15	0.16
青海	0.41	0.43	0.44	0.45	0.46	0.48	0.49	0.13	0.15	0.15	0.16	0.20	0.18	0.16
宁夏	0.42	0.43	0.44	0.47	0.48	0.50	0.52	0.15	0.13	0.13	0.17	0.19	0.19	0.21
新疆	0.42	0.43	0.44	0.45	0.47	0.48	0.50	0.15	0.16	0.16	0.18	0.21	0.21	0.16
均值	0.44	0.45	0.47	0.49	0.50	0.52	0.54	0.19	0.23	0.24	0.27	0.31	0.30	0.33

（四）结果分析

1. 时间序列对比

第一，从各省分别来看，就社会福利指数而言，除北京、黑龙江、福建有轻微波动外，其余各省均稳步上升；就经济增长指数而言，除山西省呈波动下降趋势外，其余各省均波动上升，且大多数省份2008年较2007年明显下降，2009年又普遍回升。

第二，为分析社会福利和经济增长水平的全国总体变动趋势，分别求得全部省份各年度社会福利和经济增长指数的均值，计算结果见表4-2-2最后一行，变动趋势见图4-2-1。从全国均值的时间序列来看，2003—2009年间，社会福利水平稳步提升，从0.44上升至0.54；而经济增长水平波动上升，其中2008年有明显下降趋势，2009年又逐渐升高。

综上可知，2003—2009年间，全国和各省区市的社会福利与经济增长呈现相同变动趋势，即社会福利水平不断增长，经济增长水平呈波动上升态势。就经济增长而言，由原始数据可知，近几年各省区市人均GDP和GDP总量均呈快速上升趋势，因而经济增长指数的波动主要源

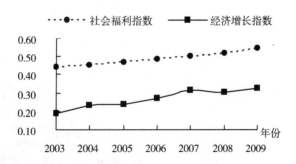

4-2-1　社会福利指数、经济增长指数全国均值

于 GDP 增速的波动。2008 年 GDP 增速进而经济增长指数显著下降，很大程度上是受到金融危机的影响，2009 年经济逐渐复苏，这一指数也得以回升。而社会福利指数呈逐年上升趋势，表明其并未受到此次全球金融危机的严重冲击。进一步来看，由图 4-2-2 可知，社会福利水平持续上升，可以由其所涵盖的物质财富、社会保障和生活环境指数三方面的稳步上升加以解释。但相对而言，生活环境水平最高，物质财富水平其次，而社会保障水平较低。这表明，切实解决就业、养老、医疗、教育、住房等社会保障问题是今后持续提升社会福利水平的关键。此外，物质财富的上升幅度最大，表明收入和消费水平的提升、城乡分配的公平化对社会福利水平的快速上升作出了较大贡献。

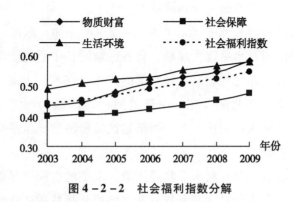

图 4-2-2　社会福利指数分解

2. 截面数据对比

对各省社会福利指数、经济增长指数分别求 7 年均值，可分析福利和增长水平的省域差异。为更清晰地展示计算结果，应用 Mapinfo 软件

绘制出中国省域社会福利指数、经济增长指数的 GIS 空间分异图，如图
4 – 2 – 3、图 4 – 2 – 4 所示。①

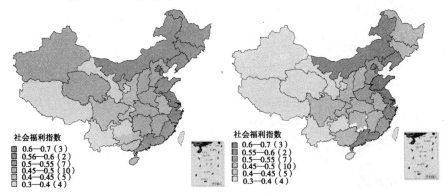

图 4 – 2 – 3　中国省域　　　　　图 4 – 2 – 4　中国省域
社会福利水平分布图　　　　　　经济增长水平分布图

　　首先，从社会福利水平看，由图 4 – 2 – 3 可知，东部地区社会福利
水平的落差较大：上海、北京、天津居于全国前列，河北、海南两省较
低，其余五省相对较高。东北地区的社会福利水平均较高，且较为平
稳。中部地区的社会福利水平一般，但也较为集中。西部地区的福利水
平，内蒙古最高，宁夏、青海、新疆次之，其余八省落后于全国其他省
区。可见，东、西部地区社会福利水平的省际差异较大，而东北、中部
地区在社会福利水平方面呈现趋同状态。

　　其次，从经济增长水平看，由图 4 – 2 – 4 可知，东部、东北、中
部、西部的经济增长水平逐次递减，且各区域增长中心的经济增长水平
与区域内其他省份相比均较高，如东部的广东、江苏、上海、山东、浙
江、天津、北京，东北的辽宁，中部的河南，西部的四川、陕西、重
庆、广西。上述结果还表明，东、西部地区的经济增长水平存在着较大
的区域内发展差异。

　　此外，可以对社会福利水平和经济增长水平的空间差异做出综合评
判。一方面，对各省份社会福利指数和经济增长指数的 7 年均值按照四
大区域范围分别求均值，则可得东部、东北、中部、西部社会福利指数

───────────
　　①　因中国台湾不在本章研究对象之列，故以底色显示。

的均值分别是 0. 564、0. 524、0. 464、0. 428；经济增长指数的均值分别为 0. 375、0. 259、0. 234、0. 199。因此，一方面，从四大区域来看，社会福利和经济增长水平都符合一般所认同的由东至西逐次递减规律，同时可知两指数的差距也存在明显区域差异。另一方面，从省域来看，社会福利水平、经济增长水平以及由二者差距构成的区域差异特征更为复杂：经济增长水平较高的省份，其社会福利水平并不高，而经济增长水平较低省份的社会福利水平又相对较高。例如：东部的广东省，经济增长水平居全国首位，而其社会福利水平仅为全国第十；中部的河南省，经济增长水平在中部最高，而其社会福利水平在中部列倒数第二；西部的四川、陕西、重庆、广西，符合西部经济增长中心的定位，但社会福利水平均较为落后，而经济增长水平相对较低的宁夏、新疆、青海，则有较高的福利水平。

上述分析表明，近年来，我国的社会福利和经济增长水平均存在明显的区域差异，且各区域二者的差距也相差悬殊。因此，为揭示更为深入而细致的区域发展差异之特征，如下将基于社会福利指数和经济增长指数的面板数据，进一步拓展二者相互关系的研究。

四　耦合分析

一般而言，社会福利和经济增长相互作用、相互影响，二者的决定与被决定关系似乎较难判断。因此，如果暂不考虑二者的因果关系，而将社会福利和经济增长视为一个交互体中的两个系统，应用非参数检验的"耦合法"进行分析，则不仅能够明确二者之间的协调发展程度，还能预测福利和增长水平的未来耦合趋势，从而能对二者关系的改善提出相应的建议。

（一）耦合机制的解析

物理学中的"耦合"原理涵盖了两个方面："协调"和"发展"。"协调"是指系统之间的相互关联，"发展"则指系统各自的演化进程，"协调"与"发展"相互交织，即为"耦合"。

有关耦合度的计算模型较多，经适用程度比对，本章选用如下模型

（廖重斌，1999）：

$$C = \left[\frac{f(x) \cdot g(y)}{\left(\dfrac{f(x) + g(y)}{2}\right)^2}\right]^k \quad T = \alpha f(x) + \beta g(y) \quad D = \sqrt{C \cdot T} \quad (1)$$

假设存在两个相互关联的系统，其各自发展水平由综合指数 $f(x)$、$g(y)$ 分别标记。（1）式中，C 为协调度，k 为调节系数；T 为两个系统的综合评价指数，或称发展度；D 为耦合度。如下将结合图 4 - 2 - 5 阐述耦合机制。

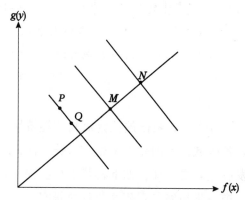

图 4 - 2 - 5　协调、发展、耦合

首先，按照"协调"的内涵，$f(x)$、$g(y)$ 的离差越小，协调度 C 值就越高；当 $f(x) = g(y)$ 时，达到最优协调度 1。因此，若以 $f(x)$、$g(y)$ 分别作为横纵坐标轴，可用斜率为 1 的直线（45 度线）表示协调度为 1 的所有点的集合。其次，参照无差异曲线的构造思路，可将一簇向右下方倾斜的直线作为发展度的无差异曲线系。每条曲线上各点的发展度相同，曲线离原点越远，其所代表的发展度则越高。最后，作为"协调"与"发展"的综合结果，耦合度可用协调度和发展度的交集表示，即图 4 - 2 - 5 中任一点均表示一个相应的耦合度。图 4 - 2 - 5 中，点 M 与 N 共处 45 度线上，表示协调度均为 1，但点 N 处于更高的发展度无差异曲线上，因而 N 点的耦合度必然高于 M 点的耦合度。

图 4 - 2 - 5 展示了协调、发展与耦合的内在关系，即耦合度的概略含义，进一步地，可通过图 4 - 2 - 6 明确表示耦合的演进过程。假设在时间 t 内，$f(x)$、$g(y)$ 都呈上升趋势，如图 4 - 2 - 6（a）所示。那么，协调度的发展趋势可由图 4 - 2 - 6（b）中的 C 曲线表示。按照前文定

义，协调度与 $f(x)$、$g(y)$ 的离差（即相应曲线的间距）呈现相反的变动特征。因此，曲线交点 M、N 处协调度 C_M、C_N 相等（均为 1）；协调度在 M 点之前不断上升，在 N 点之后逐渐下降；MN 之间则相应呈现先减后增趋势。另外，耦合度的发展趋势可由图 4 - 2 - 6（b）中的 D 曲线表示。从图 4 - 2 - 6（a）中可知 N 点耦合度高于 M 点，则耦合度必从 D_M 上升至 D_N。但由于耦合度取决于协调度和发展度的相对变化，故较难确定其在 M、N 点间的变动趋势，因此随机设定 M、N 点间 D 曲线如图 4 - 2 - 6（b）所示。

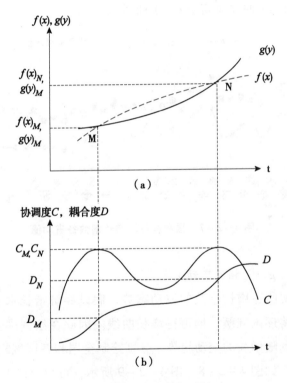

图 4 - 2 - 6　耦合演进趋势图

（二）福利、增长的耦合趋势

为考察近年来我国社会福利和经济增长的相互关系及其区域差异，如下将采用上述"耦合"思路进行分析。将增长和福利视为两个交互系统，各自的发展水平由前文已求得的经济增长指数和社会福利指数分别标记，记为 $f(x)$、$g(y)$。

为获得如图 4 – 2 – 6（a）的耦合趋势图，需明确 $f(x)$、$g(y)$ 的相对高低以及 $f(x)$、$g(y)$ 的相互变动关系等特征。

1. $f(x)$、$g(y)$ 相对高低

由前文指数分析可知，从时间序列看，社会福利水平高于经济增长水平，从截面数据看，也呈现相同特征。为进一步明确截面数据的对比特征，绘制各省福利和增长指数均值的折线图，如图 4 – 2 – 7 所示，各省福利指数的均值均高于增长指数的均值。综上可知，在耦合趋势图中，现阶段 $f(x)$ 曲线应高于 $g(y)$ 曲线。

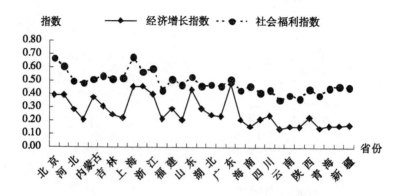

图 4 – 2 – 7　福利指数与增长指数各省均值

2. $f(x)$、$g(y)$ 相互变动关系

按照前文所述增长指数的波动态势，假设经济增长水平不断上升，但上升幅度将逐渐减缓，即可得增长曲线。因此在绘制耦合趋势图时，重点考察福利随增长的变动趋势。分别绘制全国和各区域福利与增长指数的散点图，如图 4 – 2 – 8、图 4 – 2 – 9 所示，可得出以下几点结论：

第一，福利随增长呈现先增后减趋势。初步分析可知，全国、各区域的散点图均可拟合成二项式曲线：[①]

全国：$y = -0.5682x^2 + 0.9358x + 0.2855$；

东部：$y = -0.6909x^2 + 0.9358x + 0.3195$；

———————

① 前文计算过程表明历年山西省及 2003 年吉林省的数据可视为奇异值，故此处拟合曲线时剔除了相应数据。

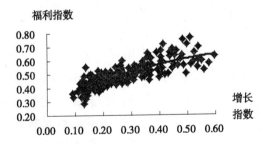

图4－2－8　全国福利指数与增长指数散点图

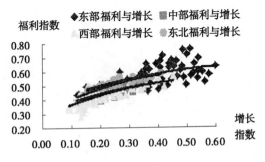

4－2－9　各区域福利指数与增长指数散点图

中部：$y = -0.6155x^2 + 0.7616x + 0.3159$；

西部：$y = -0.8099x^2 + 0.922x + 0.281$；

东北：$y = -0.6323x^2 + 0.7764x + 0.3678$。

由此可知，当前我国整体的福利水平将随着增长水平呈现先增后减的趋势，而二项式曲线平滑递减的趋势也意味着存在福利的拐点。

第二，各区域的福利拐点不同，且到达拐点时，福利低于增长水平。计算可得各区域的拐点为：东部（0.677，0.636），中部（0.619，0.551），西部（0.569，0.543），东北（0.614，0.606）。这表明东部、中部、西部、东北分别在其增长指数达到0.677、0.619、0.569、0.614时出现福利的拐点。这一点与各区域当前发展情况相一致，东部本身增长水平最高，增长能力也相对较强，因而其福利拐点处的增长水平最高，同理，中部、东北次之，西部最低。

从各区域拐点处可知另一重要结论，即虽然当前福利水平均高于增长水平，但到达拐点时，福利水平却都低于相应的增长水平。

　　第三，各区域当前均未到达拐点。东部、东北、中部、西部2009年经济增长水平的均值分别为0.456、0.327、0.310、0.244，均低于福利拐点处的增长水平。同时，由前文表4-2-2可知，2009年各区域增长水平最高的省区，其增长水平也低于相应拐点处的增长水平。

　　由以上几点可大致预测我国福利与增长的耦合趋势图，如图4-2-10所示。即增长呈上升趋势，但上升趋势逐渐减缓，而福利随增长的变动呈先增后减趋势；当前福利水平高于增长，但拐点H处福利水平低于增长，故二者存在一个交点G；交点处福利与增长相等，即协调度达到最高值1。

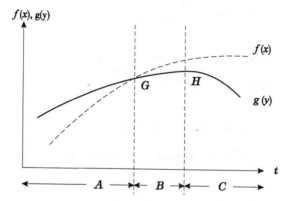

图4-2-10　福利指数与增长指数耦合趋势图

　　此外，以交点G和拐点H为界，可将该变动趋势划分为A、B、C三个阶段。现阶段我国各省区的福利水平均高于增长水平，故应处于耦合度逐渐上升的A阶段。可以预知，在B阶段，随着协调度逐渐下降，耦合度上升趋势将减缓；在C阶段，随着福利水平越过拐点，且协调度继续下降，福利和增长的耦合度也将逐渐下降。

　　以上对我国福利和增长的耦合情况作出了初步判断与预测，而对耦合度进行定量测度将有助于深入理解福利和增长的耦合特征。

（三）耦合度的计算

　　前文已表明，"耦合"是指系统之间通过交互作用彼此影响的现象。实际上，"耦合"包含两大类情况：系统之间配合得当，为良性耦合或协调发展类型；反之，则为恶性耦合或失调衰退类型。耦合度的大小标志着系统之间相互协调程度的强弱，具体判断标准见表 1 - 4 - 4（吴文恒等，2006）。根据第一篇第四章公式（3）—（5）（我们认为社会福利与经济增长同等重要，故公式中弹性系数均取 0.5），可求得 2003—2009 年全国各省区市福利和增长的耦合度，如表 4 - 2 - 3 所示。

表 4 - 2 - 3 2003—2009 年中国省域福利指数与增长指数的耦合度、协调度

省份	耦合度							协调度
	2003	2004	2005	2006	2007	2008	2009	2009
北京	0.56	0.65	0.65	0.69	0.73	0.70	0.75	0.908
天津	0.59	0.63	0.63	0.66	0.69	0.73	0.76	0.975
河北	0.49	0.54	0.57	0.59	0.61	0.60	0.61	0.868
山西	0.50	0.52	0.49	0.49	0.56	0.46	0.38	0.418
内蒙古	0.56	0.62	0.67	0.64	0.67	0.67	0.71	0.973
辽宁	0.49	0.54	0.55	0.60	0.64	0.66	0.68	0.933
吉林	0.38	0.46	0.47	0.56	0.60	0.62	0.61	0.837
黑龙江	0.42	0.48	0.49	0.52	0.54	0.56	0.56	0.752
上海	0.66	0.72	0.68	0.72	0.77	0.76	0.77	0.924
江苏	0.60	0.65	0.68	0.71	0.74	0.75	0.78	0.999
浙江	0.61	0.64	0.64	0.68	0.73	0.71	0.71	0.922
安徽	0.36	0.49	0.46	0.50	0.55	0.55	0.57	0.843
福建	0.49	0.51	0.52	0.60	0.64	0.63	0.65	0.906
江西	0.45	0.47	0.48	0.48	0.51	0.53	0.56	0.790
山东	0.58	0.64	0.67	0.70	0.72	0.73	0.76	0.997
河南	0.45	0.54	0.57	0.60	0.63	0.63	0.63	0.914
湖北	0.40	0.46	0.50	0.54	0.59	0.60	0.63	0.912
湖南	0.38	0.48	0.48	0.51	0.58	0.58	0.62	0.912
广东	0.63	0.66	0.68	0.71	0.74	0.74	0.76	0.999
广西	0.36	0.43	0.48	0.51	0.56	0.54	0.57	0.855
海南	0.36	0.37	0.37	0.45	0.52	0.41	0.48	0.643
重庆	0.41	0.45	0.44	0.47	0.56	0.56	0.60	0.910
四川	0.44	0.49	0.51	0.54	0.58	0.52	0.63	0.937
贵州	0.32	0.38	0.39	0.40	0.47	0.40	0.45	0.692
云南	0.31	0.41	0.35	0.45	0.48	0.47	0.51	0.784
西藏	0.40	0.41	0.41	0.45	0.48	0.38	0.46	0.687
陕西	0.41	0.46	0.47	0.50	0.55	0.60	0.59	0.871
甘肃	0.35	0.39	0.41	0.42	0.46	0.41	0.42	0.597
青海	0.39	0.41	0.42	0.43	0.46	0.48	0.43	0.559

续表

省份	耦合度							协调度
	2003	2004	2005	2006	2007	2008	2009	2009
宁夏	0.41	0.37	0.38	0.45	0.47	0.47	0.49	0.668
新疆	0.41	0.43	0.43	0.45	0.5	0.49	0.42	0.526
均值	0.46	0.51	0.51	0.55	0.59	0.58	0.60	

　　由表4－2－3可知，2003—2009年间，除山西外，其余各省福利与增长的耦合度都呈波动上升趋势，仅在2008年略有下降，2009年又止跌回升。各年度耦合度的全国均值也呈现相同趋势（见表4－2－3最后一行）。因此，表明我国近几年的福利和增长的耦合度确实处于上升期，即图4－2－10中的A阶段。如下将进一步分析各区域耦合度所处的类型。

　　为明确福利与增长耦合度的省域特征，对各省耦合度求7年均值，并绘制出中国省域福利与增长耦合度的分布图。观察图4－2－11，并结合表1－4－4可知，耦合度呈现较为明显的区域差异，具体看有如下特征。

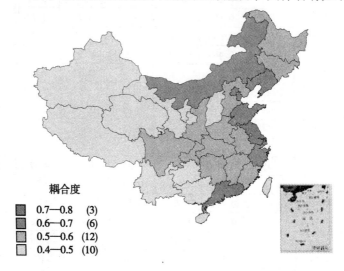

图4－2－11　中国省域福利与增长耦合度分布图

耦合度
- 0.7—0.8　(3)
- 0.6—0.7　(6)
- 0.5—0.6　(12)
- 0.4—0.5　(10)

　　第一，东部地区，除海南省濒临失调衰退外，其余各省市均实现了福利与增长的协调发展，但协调发展水平差异较大。其中上海、江苏、广东达到中级协调发展；山东、北京、浙江、天津属于初级协调发展类型；福建、河北属于勉强协调发展类型。

第二，东北和中部地区大都实现了福利与增长的勉强协调发展。吉林、黑龙江、河南、湖北、湖南、江西及安徽为勉强协调发展类型；辽宁正好达到初级协调发展；而山西则濒临失调衰退。

第三，西部各省大都属于濒临失调衰退类型。其中内蒙古达到了初级协调发展；四川、陕西、重庆勉强协调发展；其余均濒临失调衰退。

总体来看，近年来我国社会福利与经济增长的耦合发展情况不容乐观：21 个省份的福利与增长关系处于可接受区间，但协调发展水平较低，从勉强协调到中级协调不等；10 个省份处于不可接受区间，濒临失调衰退。

（四）优化耦合类型

上述结论意味着虽然现阶段我国福利和增长的耦合度不断上升，但耦合度绝对水平较低。那么，如何提高福利和增长的耦合水平？

观察图 4 - 2 - 5，当前我国福利水平高于增长水平，即现阶段耦合度均应落在图 4 - 2 - 5 中 45 度线的上方。因此，若保持福利水平不变，则提高增长水平，就能提高耦合度（如 P 向 M 点移动）。但若保持增长水平不变，则降低福利水平方可提高耦合度。显然，第二种方式不可取。实际计算结果也表明现阶段经济增长在改善二者的耦合关系时能够发挥主导作用。具体而言，各省区市耦合度存在四种情况：第一，社会福利和经济增长水平均较高，二者耦合度也较高。如东部的上海、江苏、北京、天津、山东、浙江，西部的内蒙古以及东北的辽宁。第二，福利水平高于增长水平，但福利与增长的相对差距较小，二者耦合度相对较高。如中部的河南，西部的四川、陕西、重庆。第三，福利水平高于增长水平，但福利与增长的相对差距较大，二者耦合度相对较低。如东部的海南，东北的吉林、黑龙江，西部的宁夏、青海、新疆。第四，社会福利和经济增长水平均较低，二者耦合度也较低。如西部的西藏、云南、甘肃、贵州。第一种与第四种情况较易理解，第二种和第三种情况可用图 4 - 2 - 5 中 Q、P 点做出解释。P、Q 发展度相同；与 P 点相比，Q 点增长水平较高，即福利与增长的差值相对较低；而 Q 点耦合度高于 P 点。

因此，当福利水平高于增长水平时，相对提高增长水平有助于优化二者的耦合类型。如图 4-2-10 所示，在当前的耦合态势下，处于 A 阶段时可通过稳定福利水平，提高增长水平来提升二者的耦合度。但是，一旦进入 B 阶段，耦合度上升趋势就将减缓。从表 4-2-3 最后一列可知，当前已有一些省份的协调度接近于 1。可知，这些省份的耦合度上升趋势将减缓。更重要的是，随着增长水平不断上升，福利逐渐达到拐点，则将进入 C 阶段，二者的耦合度将不断下降。

　　鉴于此，如想持续推动福利和增长互促式发展，关键在于防止二者进入 C 阶段。由前文分析可知，若构造如图 4-2-6（a）的耦合趋势，则福利和增长有望协调共进，且二者的耦合关系也能逐步向优质协调类型转变。如图 4-2-12 所示，若经济增长在技术创新等因素的驱动下得以不断上升，与此同时，逐渐完善社会福利制度，并通过经济增长有效带动福利水平的提升，则二者将呈现互促式的耦合演进趋势。二者的耦合度依次为 D_1、D_2、D_3、D_4、…、不断上升，最终必然能够转变为优质协调类型。

　　综上所述，各省份可制定与自身当前福利、增长水平相适应的发展政策，从而优化各自福利和增长的耦合类型，逐步实现福利和增长的协调共进。具体而言，东部地区福利和增长水平均较高，需防范福利拐点的到来对二者耦合关系的抑制，因此应积极探索如图 4-2-12 所示的福利和增长持续演进的模式。东北地区福利水平较高，但增长水平仍较低，现阶段应在稳定其福利水平的基础上，有效提升其经济增长水平。中、西部地区的福利和增长水平均较低，距福利拐点处仍有较长的时间，因此现阶段应着力提升经济增长能力，缩小与其他区域的差距，并推动福利均等化的实现。值得注意的是，广东、江苏、山东、天津以及内蒙古的福利增长协调度较高，近阶段可能出现下降的趋势，从而阻碍二者的耦合发展。针对这一问题，各省应密切关注福利水平上升趋势减缓对二者协调关系的抑制，先行探索福利与增长互促共进的发展模式，不仅解决自身的发展问题，还能为其他区域提供有益借鉴。

　　概言之，由于各区域均存在福利拐点，则在转变经济发展方式战略的指引下，今后各区域应结合自身发展特征与比较优势，在拉动经济增长水平的同时，密切关注社会福利水平的变动，以增长促福利，以福利带增长，不断优化二者的耦合模式，以使二者得以可持续地渐进提升。

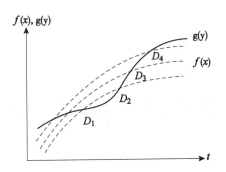

图 4 - 2 - 12　福利增长理想耦合趋势图

五　结语

前文基于综合指标体系，采用 2003—2009 年省域面板数据，全面分析了我国社会福利与经济增长，以及二者耦合关系的变动特征，由此对近期区域发展差异的空间结构及其演化规律做出了新的解释。

首先，无论是经济增长、社会福利，还是二者的耦合程度，均存在明显的区域间差异，并未显现出明确的"俱乐部收敛"特征，省际差异则更为明显。这意味着今后一段时间缩小增长、福利水平的区域差异依旧任重道远。

其次，各区域的社会福利水平均存在相应的拐点，但当前尚未达到各自的拐点。当前各区域增长水平及增长能力存在差异，因而到达各自拐点的速度也将不同。但各区域面临的共同问题是如何推迟或避免福利拐点的到来，从而有效推动福利水平的不断提升。

再有，现阶段各区域福利和增长的耦合度处于不断上升期，但耦合度的绝对水平较低。更重要的是，随着协调度的下降及福利拐点的到来，未来二者的耦合趋势不容乐观。因此，探索福利与增长互促共进的发展模式是各区域提升经济发展质量的关键所在。

总体来看，切实建立以人为本的高质量经济发展模式，不仅有助于尽快实现各省区社会福利与经济增长的协调发展，也有助于缩小区域间发展差异，进而深化和谐社会建设。

第三章

青岛市产业集聚与优势产业的实证分析

一 引言

产业集聚是指同类或关联企业在空间选址问题上出现趋同，高度集中在某个特定地域的现象和过程。这一理论是新经济地理理论的奠基人之一、2008 年诺贝尔经济学奖得主保罗·克鲁格曼（Paul R. Krugman）的研究精华之一，其对产业的发展特征及优化发展模式做出了创新。自那时起，这一理论引起了全球范围内有关产业空间分布效率的研究热潮。

近年来，国内关于产业集聚的实证研究也逐渐兴起，例如：梁琦（2003），罗勇、曹丽莉（2005），赵伟、张萃（2009）分别采用区位基尼系数、EG 指数等，研究了中国各省份制造业的集聚情况及其变动趋势。任英华、徐玲、游万海（2010）基于我国 2002—2007 年的相关数据，测算了金融业的省域集聚度。杨勇（2010）则通过空间基尼系数、行业区域聚集系数等指标，分析了 1999—2006 年间我国旅游产业的集聚现象。可见，有关产业集聚的研究多集中于不同区域同一产业的集聚程度对比，而对同一区域不同产业集聚程度的对比较少。以区域协调发展为目标，二者对于明确区域产业发展特征、优化区域产业发展格局同等重要。目前看来，我国各大区域，特别是东部沿海地区，已形成较为明显的产业集聚现象。而作为东部沿海和山东半岛蓝色经济区的核心城市，青岛市某些产业的集聚度也在不断提高。因此，衡量并对比不同产业在青岛市的集聚程度对本市产业发展水平及发展方向的定位具有重要的理论和实践指导意义。

产业集聚带来的效应之一是地方优势产业的形成和发展。就优势产业而言，国内研究较为活跃，如李少游、王世称（2005）利用区位商分析并确认了广西的特色优势产业。刘晓红、李国平（2006）也通过计算产业的区位商，考察了陕西的优势产业。何雄浪、朱旭光（2007）则基于 2004 年的经济普查数据，利用区位商衡量了我国各地区优势产业的情况。可见，区位商是衡量地区优势产业的常用优质指标。

但通过整理和阅读已有相关研究文献可以发现，目前的研究尚存不足，一个突出的问题是有关区域产业集聚和优势产业分析的各自的研究较多，但对二者的综合分析较少，而这二者均是考察区域产业结构特征的重要因素，同时，对不同行业同时展开集聚分析，进而考察一个区域产业发展空间整体特征的研究更为少见。鉴于此，本章将首先对青岛市各产业的集聚度进行测算，并衡量本市的优势产业。在此基础上，尝试将二者的分析相结合，探究集聚产业和优势产业的关系，从而较为深入地研究产业发展水平与模式，以期对青岛市今后的产业发展提出更有针对性的建议。

二　数据与研究方法

（一）数据说明与来源

本章的研究样本为青岛市 2004—2009 年 20 个产业的相关数据。其中，产业类别的确定参照《国民经济行业分类》（GB/T 4754—2002）中三次产业下的 20 大产业门类。在测算产业集聚程度时，需利用青岛市辖区的有关数据，因数据来源所限，将青岛市原本的 7 区 5 市划分为 9 个次区域，具体包括：市内四区、城阳区、崂山区、黄岛区、胶州市、即墨市、平度市、胶南市、莱西市。而在考察优势产业时，需利用青岛市较高层次区域的有关数据，将山东省作为青岛市的较高层次区域。所有样本数据均来自历年《青岛市统计年鉴》和《山东省统计年鉴》。

（二）研究方法

1. 产业集聚程度测算方法

衡量产业集聚程度的指标较多，如 EG 指数、产值比例、空间基尼系数等。考虑到数据的可得性，采用空间基尼系数来测算青岛市的产业集聚程度，具体公式如下：

$$G_i(t) = \sum \left[S_j^i(t) - X_j(t) \right]^2, i = 1, 2, \cdots, 20; j = 1, 2, \cdots, 9 \quad (1)$$

（1）式中，$G_i(t)$ 为 t 年份青岛市 i 产业的空间基尼系数。[①] $S_j^i(t)$ 是 t 年份青岛市 j 辖区 i 产业的就业人数占青岛市全市该产业就业人数的比重，$X_j(t)$ 是 t 年份青岛市 j 辖区所有产业总就业人数占青岛市全市所有产业总就业人数的比重。空间基尼系数的值在 0—1 之间，其值越高，表明该产业的集聚程度越高；反之，该产业的分布较为分散。

2. 优势产业测度方法

按照大多数研究的做法，采用区位商确定青岛市的优势产业，具体公式如下：

$$LQ_i = \frac{J_{1i}}{J_{2i}} : \frac{B_1}{B_2} \quad (2)$$

（2）式中，LQ_i 为青岛市 i 产业的区位商。J_{1i} 和 J_{2i} 分别代表青岛市及山东省 i 产业的就业人数，B_1 和 B_2 分别代表青岛市及山东省所有产业的总就业人数。LQ_i 值越高，表明某产业的优势越明显。参照何雄浪（2007）对优势产业的划分标准，将 1.5 作为临界值，即 LQ_i 值高于 1.5，则可将该产业视为青岛市的优势产业。

[①] 本书的产业类别为：1. 农林牧渔业；2. 采矿业；3. 制造业；4. 电力、煤气及水的生产供应业；5. 建筑业；6. 交通运输、仓储及邮政业；7. 信息传输、计算机服务和软件业；8. 批发和零售业；9. 住宿和餐饮业；10. 金融业；11. 房地产业；12. 租赁和商务服务业；13. 科学研究、技术服务和地质勘查业；14. 水利、环境和公共设施管理业；15. 居民服务和其他服务业；16. 教育；17. 卫生、社会保障和社会福利业；18. 文化、体育和娱乐业；19. 公共管理和社会组织；20. 国际组织。

三　实证结果分析

（一）产业集聚度分析

通过（1）式可得 2004—2009 年青岛市各产业的空间基尼系数和变动比例，如表 4-3-1 所示。因数据缺失，第 20 个产业——国际组织的历年空间基尼系数为 0，本章不予分析。

表 4-3-1　　2004—2009 年青岛市 20 个产业的空间基尼系数及变动比例

产业类别	空间基尼系数						2009年排名	变动比例（%）		
	2004	2005	2006	2007	2008	2009		2004—2009	2007—2008	2008—2009
1	0.065	0.068	0.054	0.056	0.066	0.041	14	-36.9	17.9	-37.9
2	0.443	0.355	0.673	0.798	0.813	0.549	1	23.9	1.9	-32.5
3	0.021	0.023	0.027	0.031	0.038	0.039	16	85.7	22.6	2.6
4	0.061	0.081	0.090	0.085	0.041	0.040	15	-34.4	-51.8	-2.4
5	0.041	0.030	0.046	0.061	0.071	0.099	11	141.5	16.4	39.4
6	0.276	0.260	0.235	0.253	0.221	0.252	4	-8.7	-12.6	14.0
7	0.226	0.195	0.378	0.300	0.363	0.373	2	65.0	21.0	2.8
8	0.159	0.157	0.173	0.188	0.182	0.138	9	-13.2	-3.2	-24.1
9	0.176	0.135	0.105	0.039	0.08	0.108	10	-38.6	105.1	35.0
10	0.156	0.164	0.200	0.183	0.186	0.194	6	24.4	1.6	4.3
11	0.077	0.064	0.058	0.038	0.043	0.037	17	-51.9	13.2	-14
12	0.077	0.086	0.311	0.312	0.309	0.290	3	276.6	-1.0	-6.1
13	0.167	0.106	0.251	0.244	0.151	0.162	8	-3.0	-38.1	7.3
14	0.030	0.037	0.048	0.046	0.057	0.057	13	90.0	23.9	0.0
15	0.269	0.287	0.119	0.018	0.367	0.245	5	-8.9	1938.9	-33.2
16	0.013	0.010	0.011	0.009	0.009	0.014	19	7.7	0.0	55.6
17	0.044	0.059	0.058	0.061	0.048	0.074	12	68.2	-21.3	54.2
18	0.241	0.435	0.223	0.217	0.213	0.169	7	-29.9	-1.8	-20.7
19	0.008	0.011	0.044	0.017	0.013	0.016	18	100	-23.5	23.1
20	0.000	0.000	0.000	0.000	0.000	0.000	20	0.0	0.0	0.0

第一，2009 年的排序结果显示，空间集聚程度较高，即空间基尼

系数大于 0.2 的五大产业依次是采矿业，信息传输、计算机服务和软件业，租赁和商务服务业，交通运输、仓储及邮政业，居民服务和其他服务业，而金融业，文化、体育和娱乐业则紧随其后，比较符合当前青岛市产业的实际发展状况。对此的解释为：首先，采矿业本身对地理区位有着极高的要求，其集聚度高是必然的。其次，信息传输、计算机服务和软件业，金融业对人才数量和质量有较高的需求，因此一般易在相对较发达的区域产生集聚。就青岛市而言，市内四区的这两个行业的就业人数均明显较高，同时高学历、高层次的专业化人才优势较为明显，因此其产业集聚度也较高。再次，租赁和商务服务业，交通运输、仓储及邮政业，居民服务和其他服务业在市内四区的集聚度也较高，一定程度上表明较其他辖区而言，市内四区的基础设施建设更为完善。最后，文化、体育和娱乐业的集聚度较高，且市内四区和黄岛区的就业人数相对较多，可能源于旅游及体育事业的较为繁荣的推动。

空间基尼系数较低的产业包括教育，公共管理和社会组织，房地产业，建筑业，电力、煤气及水的生产供应业，水利、环境和公共设施管理业，卫生、社会保障和社会福利业，多为关系到民生的公共事业类产业，各辖区的发展水平都相近，因此没有明显的集聚。

第二，观察 2004—2009 年间的变动比例，总体来看，青岛市有 10 个产业的空间基尼系数波动上升，而 9 个产业的空间基尼系数呈波动下降趋势。

空间基尼系数上升较快的 5 个产业——租赁和商务服务业，建筑业，公共管理和社会组织，水利、环境和公共设施管理业，制造业——的增幅分别高达 276.6%、141.5%、100%、90%、85.7%，表明这些产业在这段时期内的集聚程度显著提高。这既由厂商的逐利驱动，又源于青岛市政府的政策引导。卫生、社会保障和社会福利业，信息传输、计算机服务和软件业的空间基尼系数分别增长 68.2%、65%，增幅中等，表明这些产业处于正常发展轨道。另外，金融业的集聚程度也在不断提高，但增幅仅为 24.4%，这说明青岛市的金融环境建设还有待加强，建设区域性金融中心战略还需持续强化实施。

空间基尼系数降幅超过 30% 的产业依次是：房地产业，住宿和餐饮业，农林牧渔业，电力、煤气及水的生产供应业。其中房地产业的降幅高达 51.9%，表明其分散化趋势逐渐加强，符合近年来各辖区都希望通过发展房地产业来拉动其经济的现状。

第三，观察近两年的变动比例，总体来看，2009 年较 2008 年，青岛市 8 个产业的增速为负值，且 12 个产业的增速低于前一年的增速。同时，现阶段集聚度位于前五位的产业中，租赁和商务服务业的空间基尼系数一直处于负增速状态。采矿业，信息传输、计算机服务和软件业，居民服务和其他服务业这三个产业的空间基尼系数增速先升后降。这其中，采矿业以及居民服务和其他服务业 2008 年较 2007 年的增速较大，但 2009 年较 2008 年的增速骤减为负值，而信息传输、计算机服务和软件业的空间基尼系数虽然近两年不断上升，但 2009 年较 2008 年的增速显著下降。这一结果表明，2008 年金融危机对青岛市的产业发展造成一定冲击，导致多个产业的集聚程度下降或集聚速度减缓。但值得注意的是，建筑业，金融业，教育这三大行业 2007—2009 年的空间基尼系数绝对值和增速都呈不断上升趋势，产业集聚度持续提高，表明其并未受到金融危机的显著影响。

（二）优势产业分析

通过（2）式可得 2004—2009 年青岛市各产业的区位商（见表 4 - 3 - 2）。由其可知：

表 4 - 3 - 2　2004—2009 年青岛市 20 个产业的区位商及变动比例

产业类别	区位商						2009 年排名	变动比例（%）		
	2004	2005	2006	2007	2008	2009		2004—2009	2007—2008	2008—2009
1	0.012	0.011	0.007	0.008	0.005	0.008	19	-33.2	-37.5	60.0
2	0.657	0.762	0.601	0.615	0.631	0.620	17	-5.6	2.6	-1.7
3	3.121	2.856	2.901	2.669	2.771	2.668	6	-14.5	3.8	-3.7
4	2.361	2.506	2.190	2.157	2.140	2.338	10	-1.0	-0.8	9.3
5	1.201	1.055	0.713	0.691	0.580	0.580	18	-51.7	-16.1	0.0
6	1.136	1.087	0.943	0.999	1.029	1.045	14	-8.0	3.0	1.55
7	1.001	0.835	0.800	0.839	0.676	0.654	16	-34.7	-19.4	-3.3
8	0.986	0.894	0.998	1.029	1.138	1.075	13	9.0	10.6	-5.5

续表

产业类别	区位商						2009年排名	变动比例（％）		
	2004	2005	2006	2007	2008	2009		2004—2009	2007—2008	2008—2009
9	0.641	0.639	0.709	0.986	1.009	1.002	15	56.4	2.3	-0.7
10	2.936	2.883	2.571	2.554	2.526	2.547	7	-13.3	-1.1	0.8
11	5.029	4.316	5.010	4.615	4.723	4.468	3	-11.2	2.3	-5.4
12	4.939	4.194	6.034	5.439	5.294	4.618	2	-6.5	-2.7	-12.8
13	6.754	6.440	5.797	5.303	3.585	3.359	5	-50.3	-32.4	-6.3
14	3.512	3.662	3.725	3.586	3.503	3.691	4	5.1	-2.3	5.4
15	0.591	0.588	0.723	1.473	1.372	1.461	12	147.4	-6.9	6.5
16	2.797	2.884	2.422	2.401	2.481	2.525	8	-9.7	3.3	1.8
17	2.954	2.886	2.433	2.347	2.377	2.426	9	-17.9	1.3	2.1
18	3.859	3.493	2.883	2.831	2.736	4.982	1	29.1	-3.4	82.1
19	1.817	1.640	1.530	1.556	1.530	1.566	11	-13.8	-1.7	2.4
20	0.000	0.000	0.000	0.000	0.000	0.000	20	0.0	0.0	0.0

第一，2009年，有11个产业的区位商大于1.5，按指数值从高到低排列依次为文化、体育和娱乐业，租赁和商务服务业，房地产业，水利、环境和公共设施管理业，科学研究、技术服务和地质勘查业，制造业，金融业，教育，卫生、社会保障和社会福利业，电力、煤气及水的生产供应业，公共管理和社会组织，这些产业均可视为青岛市的优势产业。区位商越高，表明青岛市该产业就业人数占山东省就业人数的比例相对越大。而除国际组织以外的19个产业中，11个产业的区位商都较高，意味着青岛市的产业发展在山东省名列前茅，从而在大部分领域具有较高的城市竞争力。区位商排名较低的产业为农林牧渔业，建筑业，采矿业，信息传输、计算机服务和软件业，住宿和餐饮业。

第二，2004—2009年间，仅有5个产业的区位商呈不同程度的上升趋势，分别是居民服务和其他服务业，住宿和餐饮业，文化、体育和娱乐业，批发和零售业，水利、环境和公共设施管理业。而其他14个产业的区位商都有不同程度的下降，其中，下降幅度高于30%的有建筑业，科学研究、技术服务和地质勘查业，信息传输、计算机服务和软件业，农林牧渔业。值得引起高度关注的是，截至2009年，区位商波动上升的 5 个产业中，批发和零售业，住宿和餐饮业，居民服务和其他服务业仍未成为青岛市的优势产业。而青岛市的 11 个优势产业，仅有水利、环境和公共设施管理业，文化、体育和娱乐业 2 个产业的区位商波动上升，其他产业的区位商均呈下降趋势。

第三，从近两年的发展变化看，现阶段名列前五位的优势产业中，2008 年较 2007 年的区位商增速除房地产业外的 4 个产业均为负值，而 2009 年较 2008 年的增速除文化、体育和娱乐业，水利、环境和公共设施管理业 2 个产业外仍为负值。这可能缘于 2008 年金融危机的冲击。但文化、体育和娱乐业 2009 年较 2008 年的增幅明显，高达 82.1%。

此外，2007—2009 年间，建筑业，科学研究、技术服务和地质勘查业，信息传输、计算机服务和软件业这 3 个产业的区位商呈逐年下降趋势，卫生、社会保障和社会福利业的产业优势区位商在近两年无论绝对值和增幅都不断上升，上升幅度虽偏小，但在一定程度上体现了近年来青岛市在民生方面做出了较大努力。

（三）集聚产业与优势产业的关联性分析

前文分析了近年来青岛市的产业集聚及优势产业情况。值得深思的是，是否集聚度高的产业即为优势产业，或优势产业的集聚度就相对较高？换言之，集聚产业与优势产业之间存在何种关联？

首先，需要从静态角度综合考虑各产业的两项排名，如图 4-3-1 所示。大致看来，集聚产业与优势产业之间的相关性并不明显。具体而言，第一，空间基尼系数分列第 1、2、4、5 位的产业，其区位商分别处于第 17、16、14、12 位。即这些产业集聚度较高，但并未成为优势产业，甚至呈现出集聚度越高，产业区位商越低的趋势。第二，区位商分列第 1、3、4、6、8、11 的优势产业，其空间基尼系数分别处于第 7、17、13、16、19、18 位。可知，这些已具备发展优势的产业，其在青岛市的集聚度并不高，甚至远低于其他一般产业。第三，租赁和商务服务业，金融业，科学研究、技术服务和地质勘查业三大产业的空间基尼系数分别为第 3、6、8 位，而区位商分别为第 2、7、5 位。即这些产业不仅集聚程度较高，也是青岛市的优势产业。

其次，从动态角度看，如图 4-3-2、图 4-3-3 所示，在上述空

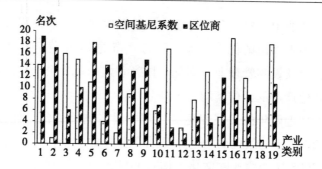

图 4 - 3 - 1 2009 年各产业排名

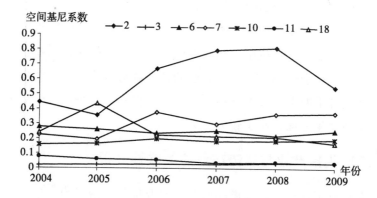

图 4 - 3 - 2 青岛市 7 个产业的空间基尼系数变动情况

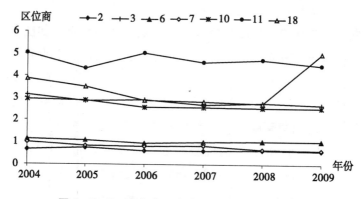

图 4 - 3 - 3 青岛市 7 个产业的区位商变动情况

间基尼系数和区位商较高的产业中选取 7 个产业,① 分析并对比近年来

―――――――――――

① 从区位商的前 6 位和空间基尼系数的前 6 位中选取。

二者之间的变化趋势可知：

第一，采矿业，空间基尼系数波动较大，2005—2008 年呈逐年显著递增趋势，而2008—2009 年骤然下降，导致2009 年较2004 年的增幅仅为23.9%。除金融危机的影响外，这可能还与采矿业对资源条件的苛刻要求有关，随着采矿企业的大量集中，采矿区域的承载能力逐渐饱和，集聚度也随之下降。但总体来看，其集聚程度一直保持较高。由原始数据可知，平度市采矿业的就业人数显著高于其他辖区，因此可认为采矿业集聚在平度市。但其区位商始终低于1，且变化幅度较小，可以推测，采矿业在今后相当长一段时间内也无法通过提高集聚度而成为青岛市的优势产业。

第二，制造业，空间基尼系数低于其他6 个产业，仅在2009 年略高于房地产业。这表明制造业在青岛市未形成明显的集聚效应。而该产业区位商相对较高，但2004—2009 年间呈波动下降趋势。可能的原因是，产业集聚不足，阻碍了该产业优势地位的提升。未来可考虑由政策引导提高制造业的集聚程度。由原始数据可知，城阳区、即墨市、胶州市的制造业就业人数高于市内四区，意味着这些地区的土地和劳动力成本相对较低，产业发展环境较好，未来可作为青岛市制造业的集聚区。

第三，交通运输、仓储及邮政业，空间基尼系数波动下降，表明各辖区该产业的发展逐渐加快，空间发展模式趋于分散化。但2009 年较2008 年的增幅较大，即其集聚度获得显著提升。原始数据表明，2009年该产业在市内四区的就业人数激增1 万人，可视为其空间基尼系数骤然提高的重要原因。同时，其区位商也波动下降，虽然自2007 年起不断提升，但仍低于2005 年的水平，表明该产业并不具备产业优势。因此，该行业的集聚对产业优势的基本上没有影响，这尤其表现在2009年，该产业的集聚度有了极大的提高，而区位商的提高并不明显。这种情况的发生同该产业的性质密切相关，作为物流、信息的传递、贮存的基础性产业，该行业的发展要求各区域有差别的平衡发展。同时鉴于这一产业对各辖区基础设施建设的影响较大，因此不宜将该产业集聚于某一区域这种生产形式来促进该产业成为青岛市的优势产业，而是应该通过该行业在各区域协调发展来达到这一目标。

第四，信息传输、计算机服务和软件业，空间基尼系数波动上升，且自 2007 年起逐年递增。原始数据显示,近年来市内四区该产业的就业人数不断增加,同时软件园、动漫产业园、中国海洋大学国家大学科技园以及青岛大学科技园的建立和发展也表明青岛市正在推动该产业的集聚。然而,虽然该产业集聚程度不断提高,但并没有发挥出较大的集聚效应,具体表现之一为该产业的区位商较低,近几年其区位商呈波动下降趋势,2008 年及 2009 年较前一年的降幅分别为 19.4% 和 3.3%。因此,未来是继续提高该产业集聚度,进一步发展同该产业发展密切相关的配套产业,加强政策引导,促使其成为青岛市的优势产业;还是考虑该产业的相对产业劣势,将更多的资源用于推动现有优势产业的发展,值得深思。

第五,金融业,空间基尼系数除 2007 年较 2006 年轻微下降外,其余各年度均呈上升趋势。且原始数据显示,金融业在市内四区的就业人数明显较高,这意味着青岛市金融一条街的政府推动模式吸引了相关要素在该区域的集聚。而其区位商除 2009 年较 2008 年略微上升外,其余各年度均呈下降趋势,且 2009 年比 2004 年下降了 13.3%。以打造区域金融中心为目标,青岛市应当高度关注金融业优势地位可能出现的下降趋势,积极寻找金融业集聚未能带来规模效应的原因,并采取措施扭转该下降形势。

第六,房地产业,空间基尼系数 2009 年较 2004 年的降幅高达 51.9%,表明该产业的分布呈分散化趋势,也意味着近年来其在各辖区都有蓬勃发展之势。而其区位商虽波动下降,但明显高于其他产业。考虑到房地产业对可用土地等资源的依附作用以及政府政策等因素的影响,房地产业的分散是必然的,然而其优势度却在波动下降,可能的原因是该产业在各地区发展水平不平衡。在现阶段房市楼市多项调控政策出台之际,青岛市要维持其房地产业在山东省的优势地位,需积极遵循政策引导,保障该产业的健康、可持续发展。

第七,文化、体育和娱乐业,空间基尼系数除 2005 年较 2004 年显著上升外,其余各年度都不断下降,该产业的分布呈分散化趋势,表明本市各区市都较为重视这一产业的发展。而其区位商波动上升,特别是 2009 年较 2008 年的增幅高达 82.1%,这表明,一方面,该产业的发展并不需要通过产业集聚来实现;另一方面,作为青岛市的传统优势产业，其始终得到了充分重视，特别是文化创新产业成为我国"十二五"发展的重点产业后，随着奥运城市影响力的不断深入，青岛市在这一传统优势产业的发展方面将更具发展前景。

四 结语

本章采用空间基尼系数和区位商，分别衡量了 2004—2009 年青岛市 20 个产业的产业集聚度和优势度，并在此基础上分析了集聚产业和优势产业的关联性。

研究结果表明：青岛市多数集聚度较高的产业并非优势产业，而某些优势产业的集聚度也相对较低，即本市的集聚产业和优势产业并不存在显著相关性。这一方面与集聚所处的阶段有关，另一方面与青岛市内外部条件的变化有关，即青岛市内部条件的变动，如基础设施建设、政府政策等会影响到产业集聚效应的发挥，青岛市外部的其他地域的发展情况也会影响到青岛的产业发展，而后者对前者又有着极大的影响。因此，今后需要对各产业的集聚形成机理以及集聚对产业优势形成的影响做进一步的探讨。

此外，因本研究结论较符合实际产业发展状况，可知该方法体系对于区域产业集聚和优势产业形成等方面的研究具有较强的适用性。具体而言，如选取多个城市或省份为研究对象，构建有关产业集聚与产业优势更为科学的空间计量模型，采用更多的实证方法相互验证，并对不同产业集聚的空间经济增长溢出效应做出具体核算，将对不同区域各产业发展模式做出明确而具体的评判，还将得出更为充实而有效的研究结论；同时这也对区域间产业的协调发展和各区域自身产业的特色化发展具有较强的实际参考价值。这有待今后展开更深入的研究。

第四章

中国制造业集聚与经济增长的关系
—— 基于耦合视角的实证分析

一 引言

改革开放促使我国的市场经济得以迅猛发展,由此带来的贸易自由化以及生产要素的自由流动使得经济活动在空间上产生了明显的集聚,但这一现象在我国尚属新鲜事物,业界和学界对此的认识尚处起步阶段,因此集聚对于中国经济的利弊有待深入研究。由于产业集聚,特别是制造业集聚,对经济增长有巨大的影响,所以西方经济学者很早就开展了关于产业集聚的研究。Fujita & Thisse(2002)通过构造消费者偏好函数、资源跨期分配模型等得到结论,如果运输成本足够低,那么产业集聚和经济增长相互促进、相互强化。Marten Bosker(2007)运用 208个欧洲地区 25 年的数据对不同地区间以及同一地区不同时间之间的集聚与增长的关系进行了分析,实证结果表明:集聚度较高的地区的经济增长慢于集聚度相对低的地区的经济增长,而同一地区集聚度的上升则促进了该地区的经济增长。在我国,经济学者通过借鉴西方的研究成果,结合中国的实际情况,也取得了一定的成果。罗勇、曹丽莉(2005)利用 Ellision & Glaeser 建立的产业地理集中指数研究了制造业 20 个行业 1993—2003 年的集聚变动趋势,并进一步实证分析了产业集聚同工业总产值之间的关系,结果表明:制造业的集聚程度与工业总产值之间具有较强的正相关关系。王立恒(2010)在空间经济学的视角下探讨产业集聚与经济增长的关系,通过空间基尼系数,采用面板数据进行多元线性回归分析,并通过因子分析法提取了经济增长的主要影响因素,在此基础上得出了空间基尼系数与经济增长呈负相关的结论。从政府方面看，近几年来中国各级政府逐渐认识到产业集聚的作用，并将集聚作为其发展战略之一。基于学术和实践的考虑，本章将以新的视角对产业集聚进行研究，以期取得有意义的成果。

二　数据与计算方法简介

（一）数据说明

本章所用数据为中国七大区域 2003—2010 年制造业的相关数据。七大区域具体为：华东（安徽、山东、江苏、浙江、福建、上海）、东北（黑龙江、辽宁、吉林）、华北（北京、天津、河北、山西、内蒙古）[①]、华南（广东、广西、海南）、华中（湖北、湖南、河南、江西）、西北（宁夏、新疆、青海、陕西、甘肃）、西南[②]（四川、云南、贵州、重庆）。七大区域的划分既参考了"九五"计划中跨省的经济圈划分，又考虑到了省级行政单位的整体性。所有样本数据主要来自 2003—2010 年《中国统计年鉴》。

（二）产业集聚度的测算方法简述

衡量产业集聚程度的指标较多，如 EG 指数、MS 指数、产值比例、空间基尼系数等。考虑到数据的可得性以及研究对象的产业层次与区域层次，本章采用衡量产业地理集中的标准差系数来测算七大区域的产业集聚程度。

标准差系数又叫做变异系数，用来表示 i 区域制造业所占份额对平均分布的偏离。具体公式如下：

$$VOC_i = STD_i/(1/N_i), \quad (i = 1, 2, 3, 4, 5, 6, 7)$$

其中，i 地区指的是七大区域，N_i 表示 i 区域中的省级行政单位的个数，STD_i 表示 i 地区各省域制造业所占份额的标准差，VOC_i 表示 i 地区制造业的标准差系数。制造业所占份额的标准差系数的值在 $0—+\infty$ 之

[①]　与前述章节不同，为保持地理空间上经济发展关联的一致性，根据我国"九五"计划划分的七大经济区，这里将内蒙古列入华北地区。

[②]　因西藏地区数据严重缺失，故西南地区将西藏剔除。

间，其值越高，表明该区域制造业的集聚程度越高；反之，该区域制造业的分布较为分散。

（三）耦合法的指数设定

根据研究的对象以及已有研究成果，并结合数据可得性，分别以实际国内生产总值和制造业地理集中的标准差系数作为耦合分析指数。具体指标体系如表 4 - 4 - 1 所示。

表 4 - 4 - 1   产业集聚与经济增长的指标体系

约束层	一级指标
经济增长指数 X；制造业集聚指数 Y	实际国内生产总值的对数 x；制造业地理集中的标准差系数 y

注：以上两个一级指标均为正向指标，即指标越大对系统发展越有利。

（四）指标权重与数据的标准化处理

方法详见第一篇第四章。

（五）经济增长与制造业集聚耦合度的计算

由于无量纲化不改变经济增长指数 X 和制造业集聚指数 Y 在 2003—2010 年间七大区域经济增长和制造业集聚的变动趋势，因此，本章将应用"耦合"法，通过衡量经济增长和制造业集聚的协调发展度来判断两者的协调关系如何。计算方法见第一篇第四章，计算结果如表 4 - 4 - 2 所示。

表 4 - 4 - 2   2003—2010 年七大区域经济增长与制造业集聚指数及耦合度

指标	地区	2003	2004	2005	2006	2007	2008	2009	2010
经济增长指数 X	华东	0.66	0.7	0.73	0.77	0.81	0.84	0.87	0.9
	东北	0.28	0.31	0.34	0.38	0.42	0.45	0.48	0.52
	华北	0.4	0.44	0.48	0.52	0.55	0.58	0.61	0.65
	华南	0.4	0.43	0.47	0.51	0.55	0.57	0.6	0.64
	华中	0.39	0.42	0.46	0.49	0.53	0.57	0.6	0.64
	西北	0.1	0.13	0.16	0.2	0.23	0.27	0.3	0.33
	西南	0.25	0.28	0.32	0.35	0.39	0.42	0.45	0.49

指标	地区	2003	2004	2005	2006	2007	2008	2009	2010
制造业集聚指数 Y	华东	0.27	0.29	0.31	0.32	0.32	0.35	0.36	0.34
	东北	0.27	0.31	0.34	0.38	0.39	0.41	0.41	0.4
	华北	0.24	0.24	0.24	0.24	0.22	0.26	0.27	0.29
	华南	0.9	0.9	0.9	0.89	0.87	0.86	0.85	0.84
	华中	0.18	0.17	0.18	0.18	0.2	0.18	0.14	0.1
	西北	0.39	0.39	0.37	0.39	0.39	0.38	0.42	0.42
	西南	0.26	0.27	0.31	0.32	0.36	0.39	0.45	0.45
耦合发展度 D	华东	0.57	0.59	0.6	0.61	0.62	0.64	0.65	0.63
	东北	0.52	0.56	0.59	0.62	0.63	0.66	0.66	0.67
	华北	0.54	0.54	0.54	0.53	0.51	0.56	0.56	0.58
	华南	0.68	0.72	0.75	0.77	0.8	0.81	0.83	0.84
	华中	0.46	0.44	0.46	0.46	0.48	0.45	0.38	0.29
	西北	0.32	0.39	0.44	0.48	0.52	0.55	0.58	0.6
	西南	0.5	0.53	0.56	0.58	0.61	0.64	0.67	0.69

三　实证结果分析

（一）协调发展类型的判别标准

廖重斌（1999）根据均匀分布函数对协调发展度的判断标准和划分类型做出了科学的说明，本章根据该文献的研究成果对经济增长和制造业集聚的协调状况进行了分类，分类情况如表4-4-3所示。

表4-4-3　　制造业集聚与经济增长耦合发展的分类及其判断标准

D（耦合发展度）	第一层次类型	X 与 Y 的对比关系	第二层次类型（基本类型）
0.80—0.89	良好耦合发展类	$X > Y$ $X = Y$ $X < Y$	制造业集聚滞后型 经济增长与制造业集聚同步型 经济增长滞后型
0.70—0.79	中度耦合发展类	同上	同上
0.60—0.69	初级耦合发展类	同上	同上
0.50—0.59	勉强耦合发展类	同上	同上

续表

D（耦合发展度）	第一层次类型	X 与 Y 的对比关系	第二层次类型（基本类型）
0.40—0.49	濒临失调衰退类	同上	制造业集聚滞后型 经济增长与制造业集聚同步型 经济增长滞后型
0.30—0.39	轻度失调衰退类	同上	同上
0.20—0.29	中度失调衰退类	同上	同上

（二）结果分析

由表 4 - 4 - 2、表 4 - 4 - 3 可知：

（1）华东地区的耦合发展类型在 2003 年属勉强耦合发展类，从 2005 年开始一直处于初级耦合发展状态。从基本类型上看，华东地区属于制造业集聚滞后型。在 2009 年以前，制造业集聚指数同经济增长指数之间的离差增大幅度逐渐变大，但是由于两个指数都很高，并且制造业集聚指数基本保持不变，因此制造业集聚同经济增长的耦合发展度一直在上升，但在 2010 年，制造业集聚指数开始出现下降趋势，这直接导致了 2010 年两者耦合发展状态的下滑。

（2）东北地区的耦合发展类型从 2003 年的勉强耦合发展型升级为 2010 年的初级耦合发展型。其变动趋势从 2003 年到 2007 年上升较快，而从 2008 年开始放缓。从基本类型上看，东北地区一直是制造业集聚滞后型。该区域的经济增长指数一直保持上升，而制造业集聚指数在 2007 年以前基本上保持上升状态，从 2008 年到 2010 年上升幅度较小。经济增长指数和制造业集聚指数的离差在 2007 年以前一直处于缩小状态，2008 年开始逐渐有了扩大的趋势。

（3）华北地区的耦合发展度从总体来看是先降后升，该地区的经济增长与制造业集聚的耦合发展类型一直是勉强耦合发展类。从基本类型上看，华北地区属于制造业集聚滞后类。该地区的制造业集聚指数在 2007 年出现下降，这导致其耦合发展度在 2007 年大幅下降，但从 2008 年开始，耦合发展度逐步上升。

（4）华南地区耦合发展度一直处于上升状态。2003 年为初级耦合发展型，从 2007 年开始上升为良好耦合发展型。而从基本类型上看，华南地区的基本类型一直是经济增长滞后型，华南地区的制造业集聚指数远高于经济增长指数，经济增长指数不断上升，而制造业集聚指数不断下降，制造业集聚指数同经济增长的离差在不断缩小。但也应该看到，两者之间耦合度上升的幅度在不断缩小。因此可以预见，在未来的几年内，华南地区的耦合发展度还会上升，但上升的空间有限。

（5）华中地区的耦合发展度 2003—2007 年基本不变，经济增长同制造业集聚的耦合发展类型为濒临失调衰退类。耦合发展度从 2008 年开始下降，耦合发展类也不断降级，在 2010 年降为中度失调衰退类。产生这种情况的原因为从 2008 年开始，制造业集聚指数不断下降。从基本类型上看，该地区属于制造业集聚滞后型。

（6）西北地区的耦合发展度一直处于上升状态，耦合发展类型从轻度失调衰退类升级为初级耦合发展类。从基本类型上看，该地区属于经济增长滞后型。该地区经济水平最差，但经济增长速度较快，再加上制造业集聚指数较高且基本保持不变，经济增长指数与制造业集聚指数之间的离差在不断缩小，因此，该地区的耦合发展度一直保持上升状态。

（7）西南地区的耦合发展度较高且一直处于上升状态，在 2003 年为勉强耦合发展类，从 2007 年开始变为初级耦合发展类。从基本类型上看，经济增长指数同制造业集聚指数基本相等，可以认为是经济增长同制造业集聚同步型。

四　结语

前文采用耦合法分析了七大区域的制造业集聚与经济增长关系。研究结果的政策含义为：华东、东北、华北三个地区制造业滞后且耦合发展类型属于或好于勉强发展类，因此该三大区域可以通过制造业集聚来促进经济增长。华南地区属于经济增长滞后的良好耦合发展类，故制造业集聚可以促进该地区的经济增长。华中地区为中度失调衰退型，制造业集聚同经济增长并不协调，提高该地区的制造业集聚并不能促进经济增长，这表明，东部地区制造业的梯度推移策略并不完全适合在这一地区。西北地区属于经济增长滞后的初级耦合发展类，制造业集聚程度已经超前，应该考虑加强基础设施建设、加大各省之间的交流等方式引导集聚效应的发挥。西南地区的经济增长与制造业集聚基本同步且属于初级耦合发展类，因此该地区也可以通过制造业的集聚来促进经济的增长。

上述结论对区域内各省之间的协作具有参考价值。然而，受限于数据可得性，本研究的时序较短，变量选择单一，后续如能选取更为细致的空间对象，并考虑更长的时间序列，则研究会具有更为丰富的结果，这有待今后展开进一步研究。

第五章

传媒业制度突破与市场效率的演进
—— 基于上海市的实证分析

一 引言

20 世纪 60 年代以来，由于信息技术革命的大力推动，传媒产业逐渐成为发达国家的支柱产业之一。伴随传媒产业的飞速发展，传统传媒业与现代传媒业之间的竞争日益加深，因此探究减少二者之间的冲突，特别是寻找二者之间的合作甚至融合便成为传媒经济学中引人入胜的研究领域。但不同的社会经济制度会通过不同作用力无可避免地对传媒业的发展变迁产生不同的影响，因此探讨制度差异对传媒业发展的影响具有较强的实践意义。

实际上自 20 世纪末以来，许多学者（Djankov、Mcliesh、Nenova、Shleifer，2001；Dyck、Volchkova、Zingales，2002）逐渐认识到制度变迁分析在传媒业研究中的重要作用：首先，制度变迁会对传媒业的生产效率产生强烈的冲击，一方面制度效率的提高会带来交易成本的降低，另一方面信息技术水平的快速提升也可以极大地降低传媒业的变易成本，因此综合来看，制度创新本身能够促进传媒业发展，同时制度可以保证信息技术不断推陈出新，并将之应用于传媒业，也就保证了这一行业可以不断降低交易成本。其次，不同的经济体制，比如计划经济或市场经济，对传媒业的激励与约束存在很大差别，从而造成传媒业不同的经营模式。计划体制表现为政府对传媒业的控制较强，约束力较大；而市场体制则更多地体现为企业之间激烈而有序的竞争。另外，传媒业以公正、透明为原则的行业准则，在政治制度改革的监督方面作用突出，例如，在市场经济国家，公开透明的传媒模式有助于限制政府官员的腐败行为。

随着中国市场经济改革的逐步推进和科技的不断进步，传媒业正进入成长高峰期，特征表现为进入新世纪以来以网络为代表的新媒体不断涌现。新媒体发展的热潮，对传统媒体造成了巨大的冲击，也对中国传媒业的发展格局带来了空前的影响，而这些实际上体现出了制度的竞争。

基于上述认识，本章欲从制度变迁的视角探讨中国新旧媒体发展差异的原因。首先，对新旧媒体的特点及其异同进行比较分析；其次，对新旧媒体发展模式的差异进行制度分析；在此基础上，实证检验中国传媒业市场效率的演进与制度变迁之间的关系，从而揭示制度变革对中国传媒业的重要作用。最后是政策建议与研究展望。

二　中国新旧媒体发展差异的解释

（一）新旧媒体差异的具体表现

新旧媒体的差异体现在以下几个方面。首先，从传媒的模式看，以报纸和杂志等为代表的传统媒体，传播途径单一，形式陈旧；而以互联网和手机等为代表的新媒体形式多样，传播方法灵活，传播速度快、效率高，同时不受空间限制。形式的多样化以及可扩展性，导致新媒体的发展前景明显要优于传统媒体。其次，从传播的效果看，由于网络媒体等新媒体的目标受众是全球性的，因此相同的广告投放费用，新媒体比传统媒体的广告传播效果要好得多。再次，从传播的成本看，新媒体的广告成本普遍要低于传统媒体。根据"中国移动联播"官方网站①介绍，"移动联播液晶电视广告的千人成本，只相当于当地电视广告的1/2，户外路牌广告的1/8，报纸广告的1/4"，另据"分众传媒"网站②介绍，商务楼宇液晶电视媒体的30秒广告成本仅为电视的1/10。从上述角度看，新媒体具有广阔的发展空间和行业竞争力，因而被广告主普遍看好。

---

① http：//www.chinaadren.com/html/file/2008 – 11 – 7/2008117174930.html.
② http：//www.ctrmi.com/hyxx/gsdt/CPM_ CPRP.pdf.

上述分析对新旧媒体的实际差异作出了比较，典型特征有如下两点：第一，总体来看，新媒体在传播成本、方式、内容、范围、速度、娱乐性等方面普遍优于旧媒体，同时新媒体所依赖的载体拥有更先进的技术。由此可以认为，新媒体优于旧媒体可能主要是源于技术的差异。第二，按照内生经济增长理论和传媒经济学研究的一般结论，一方面传媒广告和经济增长状况呈现较强正相关性，广告能够放大经济波动的效应；另一方面经济增长与技术创新之间存在互促的关系，上文中新媒体的相关优势恰好表明了这一点。结合上述两点可得推理：经济增长促进了技术进步，而技术进步促进了新媒体的快速发展，从而导致新旧媒体出现差异。但由此能够完全解释中国新旧传媒业发展水平的差异吗？

中国的报纸、电视等媒体大都由政府管理，因此在资金、技术应用等方面具有优势；而目前国内的现代主流媒体，如主要的门户网站，大都具有非国有化的组织形式特征，其在资金的投入和技术的运用方面相对具有劣势，但发展质量良好。由此可知，技术并非是新旧媒体存在差异的根本原因。为进一步说明这一观点，可以关注如下事实：2005年中国报业的广告增幅首度低于GDP的增幅，意味着传统媒体遇到了前所未有的困难，而当年新媒体公司却以远高于GDP增幅的广告收益增幅分享着中国的经济增长成果；另外，中国网民以每年2000万的数量激增，按照一般化的逻辑理解，新媒体是在不断满足网民需要的基础上发展起来的，因此，这预示着新媒体具有极强的吸引力和发展前景。由这些事实可以形成如下观点：技术并非是新旧媒体存在差异的根本原因，可能还存在更为深刻的原因决定着新旧媒体的发展差异。

（二）市场可竞争性与绩效

按照产业组织的"可竞争市场理论"的观点，自由竞争的市场模式是最有效率的，这可以保证新企业进入时不仅能够获得必要的生产技术和充分的需求，而且也不存在政府管制等人为的进入障碍。影响市场可竞争程度的主要因素是沉淀成本，而沉淀成本主要取决于厂商所从事产业的技术特点，因而这一成本可以通过新技术、新工艺来降低，而要让企业在技术和工艺上不断有所创新，动力必然来自市场的竞争压力，而非政府的管制。

以上述思想为基础可以得到行业效率与企业生存的核心规律，即：产业是否有效率取决于市场是否近似于完全竞争。市场是否完全竞争取决于企业进出市场的沉淀成本大小和政府对市场的管制。一方面，企业的技术创新优势越明显，其面对的沉淀成本越小，则表明市场的竞争性越强；另一方面，政府管制越少，即政府对市场的干预越低，则市场的竞争性也越强。如果市场是富有竞争性的，则企业的自我生存能力较强，但同时企业的生存压力也就越大。而这样的市场才会带来企业生产性效率和适应性效率的双提升。

（三）　新旧媒体差异的制度解释

结合前述分析可以认为，政府对市场的过多干预导致市场缺乏完全竞争的制度环境，是造成产业低效的重要原因。目前，多数研究也认同了制度变革——比如行业的开放程度增强（主要表现为民营资本的大量进入）——是新媒体得以蓬勃发展的主因。当民营资本进入传媒业之后，带来的不仅是资金量的增长，更带来了制度变革的动力。由此使新旧媒体在形式、内容、发展方式以及市场效率方面形成鲜明的对照。即新旧媒体由于在企业组织结构和运行模式方面的不同，造成产权的激励与约束存在差异，进而引致媒体企业发展水平的差异。

一直以来，我国传媒领域存在着大量的行政垄断，主要是部门的"条条垄断"和地区的"块块垄断"。这些垄断看似保护了国有传媒部门的经济利益，但有损于市场的竞争性，而且削弱了国有传媒业的生存活力与进取精神，同时给非国有的传媒企业（主要是民营企业）带来了额外的非市场成本。现代传媒业的欣欣向荣，则证明了减少政府管制，增强市场可竞争性是实现传统媒体企业良性发展的关键所在。这不但会给传统媒体带来市场的竞争压力，也会正向激励传统媒体的市场活力与经营效率，从而极大地提升整个行业的生产效率。更为重要的是，传媒业制度的突破恰好顺应了中国经济改革的大潮流，新旧传媒业的竞争就是新旧制度竞争的写照，新媒体的出现为中国传媒业的市场化改革提供了全新的实验空间。伴随这一空间的成长，传媒业也开始进入一个具有市场竞争效率的产业经济发展新阶段。

三　中国传媒业制度创新的实证检验

前述内容从经济转型期制度演变的视角讨论了我国新旧媒体存在差异的原因。在此基础上，如下将对传媒业发展的影响因素作出实证分解，重点对传媒业制度变迁的作用作出分析。

鉴于中国经济体制转轨的特点，一般在考察一个行业的制度创新水平时，常使用非国有经济份额和政府财政支出两项指标占 GDP 的比重作为参照。其逻辑原理是：非国有经济比重越高，表明市场化程度也越高，制度创新能力越强；政府财政支出占 GDP 比重越低，表明政府对经济干预度越小，市场运行越活跃，制度创新能力也就越强。

此外，传媒属第三产业，而第三产业的导向作用在整个国民经济中扮演着越来越重要的角色。特别是在经济较为发达、社会配套较为完善的城市中，传媒产业的产出值在第三产业中具有一定的优势。因此，探讨传媒业的发展水平与国民经济的关系，对于揭示第三产业的发展水平也具有重要的导向意义。

实证对象为上海市，其社会、贸易、非国有经济以及传媒产业发展欣欣向荣，因此其经济与传媒产业发展之间的关系，在中国也应具有典型的代表意义。此外，统计数据的可得性也是选择这一城市的另一个重要原因。

（一）变量与数据说明

设被解释变量为传媒业产值的年增加额，其代表传媒业发展规模。解释变量有如下几个：第一，城市人口数，代表人口数量的变动对媒体的影响，从逻辑上理解，其表明人口数量变动后，传媒业受众群体的变化对媒体变动的影响强度。第二，非公有经济体年产值，代表传媒业特别是新传媒业的发展水平。如前所述，在中国，如果一个区域新媒体发展水平较高，则媒体发展的非国有特征越明显。第三，人均国内生产总值，代表经济发展水平。这一指标主要用于验证如果区域经济发展水平较高，则其传媒业发展水平也相应较高。第四，第三产业年产值，验证传媒业的发展水平与第三产业发展水平之间的关系，进而进一步表明传媒业发展与经济发展之间的关系。因为根据经济发展的一般规律，较高的经济发展水平对应着较为发达的第三产业，而传媒业恰好是第三产业的一个重要的组成部门；因此二者之间应具有较高的相关性。

实证采用多元线性回归的 OLS 方法，建立计量模型 1：

$$Y = \beta_0 + \beta_1 X_1 + \beta_2 X_2 + \mu$$

这一模型需要考察传媒业发展与人口和非公有经济发展水平之间的关系。

同时，为考察传媒业发展与城市经济发展水平以及第三产业的关系，建立计量模型 2：

$$Y = \alpha_0 + \alpha_1 X_3 + \alpha_2 X_4 + \mu$$

表 4 – 5 – 1   上海市社会经济与传媒业发展水平相关数据

年份	Y（亿元）	X_1（万人）	X_2（亿元）	X_3（元）	X_4（亿元）
1990	12.7	1283.3	35.6	5911	781.7
1991	17.3	1287.2	44.7	6661	893.8
1992	21.6	1289.3	73.4	8208	1114.3
1993	29.5	1294.7	133.9	11061	1519.2
1994	39.8	1298.8	250.6	14328	1990.9
1995	44.8	1301.3	451.9	17779	2499.4
1996	56.2	1304.4	655.3	20647	2957.6
1997	64.7	1305.5	790.6	23397	3478.9
1998	89.9	1306.6	940.6	25206	3801.1
1999	115.7	1313.1	1125.0	27071	4188.7
2000	137.7	1309.0	1361.2	30047	4771.2
2001	164.0	1327.1	1655.6	32333	5210.1
2002	196.1	1334.2	2037.6	35445	5741.0
2003	220.6	1341.7	2523.1	40130	6694.2
2004	251.2	1352.3	3262.5	46755	8072.8
2005	287.6	1360.3	3886.5	52065	9164.1
2006	320.9	1368.1	4574.4	57695	10366.3
2007	353.1	1358.9	5502.3	66376	12188.8
2008	399.8	1371.0	6266.7	73124	13698.2

资料来源：部分年度《上海市统计年鉴》。

（二）实证分析

计算所需数据见表 4 – 5 – 1，将其代入以上两式，得到参数的估计结果见表 4 - 5 - 2 和表 4 - 5 - 3，运行软件为 SPSS13.0，由此可得回归后的标准方程为：

$$Y = 0.439X_1 + 0.567X_2$$
$$Y = 0.381X_3 + 0.611X_4$$

由回归后的标准方程可得如下结论：

第一，传媒经济的发展与上海市的人口数量正相关，人口数量的贡献为 43.9%。一般而言，城市越大（可以认为人口越多），其所容纳的媒体数量就越多，竞争也就越激烈。上海是中国人口最多的城市之一，社会经济和文化发展水平也最高，这样就吸引了众多新旧媒体在这一空间内大量聚集，其结果就表现为人口的不断增长对传媒业发展的影响日益明显。

表 4 - 5 - 2　　　　　　　模型 1 的检验结果

Model 1	R	R^2	Adjusted R^2	Std. Error of the Estimate	F
	0.995	0.990	0.989	12.98	825.323
	Unstandardized Coefficients		Standardized Coefficients		
	B	Std. Error	Beta	t	Sig.
(Constant)	-2398.468	473.227		-5.068	0.000
VAR00001	-0.020	0.148	0.439	5.132	0.000
VAR00002	6.125	6.341	0.567	6.626	0.000

表 4 - 5 - 3　　　　　　　模型 2 的检验结果

Model 2	R	R^2	Adjusted R^2	Std. Error of the Estimate	F
	0.991 (a)	0.982	0.980	17.83909	433.399
	Unstandardized Coefficients		Standardized Coefficients		
	B	Std. Error	Beta	t	Sig.
(Constant)	-26.361	15.649		-1.684	0.011
VAR00001	0.002	0.003	0.381	0.721	0.081
VAR00002	0.020	0.017	0.611	1.157	0.064

a. Predictors：(Constant)，VAR00003，VAR00004.

b. Dependent Variable：VAR0000.

第二，上海市传媒业的快速发展伴随着非公有经济（即私营经济、外资等）的快速成长，其对传媒业发展的贡献达到56.7%。由前述分析可知，非公有经济进入传媒业主要是以新媒体的形式出现的。因此可知，新媒体的发展带动了上海传媒业的整体发展水平。上述分析形成了一个非常明显而有意义的产业发展逻辑：非公有经济快速发展→新媒体的快速发展→媒体业的竞争加强、垄断性减弱→传媒行业整体的快速发展。

第三，经济发展水平与传媒业之间存在着密切的正相关关系，传媒业的发展离不开经济的发展。表4-5-3数据表明，人均GDP对传媒业发展的贡献度达38.1%。

第四，第三产业发展水平与传媒业之间存在着更为密切的正相关关系，其对传媒业发展的贡献度达到61.1%，因此，第三产业的发展是影响传媒业发展最重要的因素。

第五，结合上述第二、四点可进一步得到如下富有意义的结论：首先，中国的非公有经济和第三产业的发展都对传媒业的发展起到了重要的推动作用，二者的影响甚至超过了人口增长和经济发展对传媒业的影响；其次，非公有经济和第三产业的快速发展是中国市场化改革最重要的特征之一，同时非公有经济占第三产业的比重较大，由此可得如下逻辑过程：中国经济持续增长→非国有经济快速成长→第三产业不断发展壮大→传媒行业快速成长。

进一步扩展思路还可以认为，随着近20年来中国传媒业的快速发展，特别是以非公有经济带动的新媒体的快速发展，传媒业的开放度得到了适度的分离（主要表现为适当的舆论自由与过度的政府干涉之间的分离），进而使中国在传媒业的发展上迈出了一大步，这是中国社会进步的主要表现之一。

四　结语

当前，中国旧媒体的发展，既面临同行业的激烈竞争，也面临着新媒体的巨大挑战，因此近十年来，传统媒体应对竞争与冲击所显示出的创新与变革也日益显著，传统媒体开始注重新技术的应用，并加强了与新媒体的融合，从而形成了新的商业模式。具体来看，传统媒体采用互联网技术，建立报纸、期刊、电视、广播等的专门网站，以拓展其传播渠道和速度，促使自身与新媒体的融合；同时加强企业的集团化、多元化经营，增强竞争实力。这些举措正是应对同业竞争和新媒体挤压的应变之道。例如，中国第一家报业集团——广州日报报业集团，1996 年成立后，将旗下的《广州日报》作为主报，将《信息时报》等 14 家报纸作为子报，此外，将《南风窗》等 4 大期刊以及广州出版社和大洋网网站纳入集团，经过有效的资源整合，实现了资源共享和资源优化配置，使集团经营业绩迅速提升，2003 年总收入就达到 18 亿元人民币，净资产达 49 亿元人民币。

　　实现新旧传媒模式的不断融合有助于传媒业整体的发展，但更为重要的是，制度的持续创新才可能真正带来行业的长期良性发展。随着我国市场化改革的深入推进，社会经济制度会更趋于灵活和完善，这一方面有助于传媒业在一个公平竞争的环境中实现资源的优化配置，另一方面也有利于削弱政府对传媒业的过多管制以及行业垄断，从而实现非国有传媒经济体的快速发展，而这一点是实现传媒业市场竞争力与效率的有力保障。

第六章

房地产业集聚的空间分布特征研究
—— 基于山东省的实证分析

一 引言

自"十一五"以来，房地产业已逐渐成为国民经济的主导产业，其对国民经济发展起着重要的推动作用。然而经过多年的快速发展，房地产业出现了一些急需解决的问题，如房屋价格的快速攀升、融资规模的过度膨胀、土地财政的难以为继等，由此引发了有关市场资产泡沫的担忧以及对产业发展模式的诟病。因此急需从多个方面做出深入解析，以尽快解决上述问题，而区域间房地产市场的关联性就是其中之一。

作为我国沿海开放的区域性经济发展中心，山东省正致力于发展成为沿黄流域的经济龙头，而在经济快速发展的同时，房地产业也已成为本省经济发展的核心领域，且同样面临上述问题。特别是本省所具有的沿黄、沿海两大特征，导致房地产市场更是持续快速升温，区域房地产市场的关联性也在逐步增强。但关联性的强弱及其出现的原因目前并无明确的探讨。而对这一问题做出深入解析，有助于了解本省房地产市场的空间分布及其空间的相互影响力，借此可以从空间上对本省房地产市场的发展情况做出判断。具体看，可以从产业集聚视角对这一问题做出解析。产业集聚是指同类或者关联企业在空间选址问题上出现趋同，从而高度集中于某一个特定区域的现象和过程。因此，当房地产业在本省的选址上出现趋同，从而高度集中于某几个相邻的城市时，这就形成了山东省房地产业的集聚，进而出现空间上的关联性。

二 文献回顾

何国钊等（1996）采用房地产业八项价格指标，分析了我国房地产业的周期波动状况及其原因。其结论较为合理地反映了房地产业发展的真实情况，并为后续相关实证分析提供了基本的拓展依据。皮舜等（2004）基于 Panel 数据的 Granger 因果检验模型分析了我国房地产市场的发展和经济增长之间的关系，发现二者存在着双向因果关系。张晓晶等（2006）利用 1992—2004 年的季度数据进行计量分析，探讨了房地产周期与金融稳定之间的关系，并提出了相应的政策。目前，有关房地产业的研究多集中于行业本身的发展情况及其与其他变量相互影响的关系方面，很少论及其在空间分布上的经济特征，特别是区域房地产业发展的空间关联方面鲜有涉及。但近年来快速发展的空间集聚理论为这一问题的展开提供了重要的线索和方法。克鲁格曼在空间集聚理论方面做出了开创性的工作（1991），其最早提出用空间基尼系数衡量行业在区域之间的分配均衡度。而我国学者也做出了重要贡献，如梁琦（2003）采用区位基尼系数，研究了我国各省制造业集聚及其变动趋势；杨勇（2010）通过空间基尼系数，分析了我国旅游业的集聚形势。然而，基尼系数只能简单地揭示产业的地理集中程度，现有研究并没有考虑企业间的规模差异，即当某地区存在大型企业时，基尼系数大，集聚度却不一定高。此外，空间基尼系数也未能对一个区域的观测值与邻近地区的观测值以何种方式在空间上排列提供更多的信息。

鉴于空间基尼系数在描述产业空间集聚上的局限性，韩云虹（2009）根据统计指标的科学性标准和产业集聚经济学的内涵对产业集聚度的测定指标进行了评价与改进，将区位商系数 LQ、产业联系系数 R 和生产服务业比重 SP 结合构成集聚系数 CC，完整地描述了产业生产成果的相对集中度、上下游之间的关联密切度以及集聚之后产生的生产服务业的扩张。尽管如此，我们发现传统的研究方法基本都是把每一区域看做一个独立的经济体，而忽略了区域之间地理空间上的潜在相关作用。据此，本章将空间因素引入，采用空间计量方法来考察房地产业集聚的空间分布特征，定量地描述其在地理空间中的集聚现象，借此对房地产空间关联特征作出解析。

三　研究方法与数据说明

（一）研究方法简述

1. 空间基尼系数

关于产业集聚度的测定指标和方法有很多，比如 H 指数（赫芬达尔指数）、EG 指数（空间集聚指数）。参照大多数学者研究集聚的方法，本研究采用空间基尼系数来测算山东省房地产业的集聚程度，具体公式如下：

$$G(t) = \sum [S_j(t) - X_j(t)]^2 \tag{1}$$

（1）式中，$G(t)$ 为 t 年份山东省房地产业的空间基尼系数。$S_j(t)$ 是 t 年份山东省 j 市房地产业的就业人数占山东省全省该产业就业人数的比重，$X_j(t)$ 是 t 年份山东省 j 市所有产业总就业人数占山东省全省所有产业总就业人数的比重。空间基尼系数大于 0 小于 1，其值越高，说明该产业集聚度越高；其值越低，表示该产业分布越分散。

2. Moran's I

全域空间自相关是指从区域空间的整体上描述区域房地产业空间分布的集聚情况。许多实证研究中用到 Moran's I 指数（吴玉鸣，2007），Moran's I 定义如下：

$$\text{Moran's I} = \frac{\sum_{i=1}^{n} \sum_{j=1}^{n} W_{ij}(Y_i - \bar{Y})(Y_j - \bar{Y})}{S^2 \sum_{i=1}^{n} \sum_{j=1}^{n} W_{ij}}$$

其中，$S^2 = \frac{1}{n} \sum_{i=1}^{n} (Y_i - \bar{Y})^2$，$\bar{Y} = \frac{1}{n} \sum_{i=1}^{n} Y_i$，$Y_i$ 表示第 i 地区的观测值（如房地产综合指数），n 为地区总数（如市域），W_{ij} 为二进制的邻近空间权值矩阵，表示其中的任意元素，使用邻近标准或者距离标准，其目的是来定义空间对象之间的相互邻近关系。一般的，邻近标准的 W_{ij} 是：

$$W_{ij} = \begin{cases} 1 & \text{当区域 } i \text{ 和区域 } j \text{ 相邻；} \\ 0 & \text{当区域 } i \text{ 和区域 } j \text{ 不相邻} \end{cases}$$

式中 $i = 1, 2, \cdots, n$; $j = 1, 2, \cdots, m$; $m = n$ 或 $m \neq n$。

Moran's I 可看做各区域观测值的乘积之和，取值范围是 $-1 \leqslant$ Moran's I $\leqslant 1$。如果各地区之间的房地产业发展是空间正相关，则 Moran's I 应当较大；如果是空间负相关，则其值较小。具体到区域房地产业发展的空间依赖性问题上，当目标区域数值（如房地产业综合指数）在空间区位上相似，同时也有相似的属性值，则空间模式在整体上就会显示正的空间自相关性；然而，当空间上邻近的目标区域的数据具有明显的不相似属性值时，就会呈现出负的空间自相关性；当属性值的分布和区位数据的分布相互独立时，就会出现零空间自相关性。

区域空间单元 i 的局域指数（LISA 的一个特例）的计算公式为：

$$\text{Moran's I}_i = Z_i \sum_{j=1}^{n} W_{ij} Z_j$$

其中，$Z_i = x_i - \bar{x}, Z_j = x_j - \bar{x}$ 为观测值与均值额偏差，x_i 是区域单元 i 的观测值。为了方便解释，我们采用行标准化的空间权值矩阵 W_{ji}，设 $W_{ij} = 0$，因此 Moran's I 是与 Z_i 区域空间单元 i 的邻近观测单元的观测值加权平均之后的乘积。

（二）数据说明

本章选取的研究样本是山东省 17 个城市 2001—2010 年房地产业的相关数据。投资额中 2001—2005 年为房地产业开发投资额，2006—2010 年为房地产业开发投资完成额。基于数据的可得性、完整性及有效性，笔者对相关数据进行了整理。将历年山东省各市房地产业就业人数、投资（完成）额及其各自均值分别对数化，通过参阅文献，发现相对于投资（完成）额，就业人数对房地产业的影响稍微小一些。因此，在权重的设定上，房地产业就业人数占 0.4，而房地产业开发投资（完成）额占 0.6，最终合成了一个能够比较全面地反映房地产业特征的综合指标 RE。限于篇幅，原始数据将不再详细列出，数据的相关统计描述如表 4-6-1 所示。[①]

---

① 本章所有数据都来源于历年的《中国城市统计年鉴》和《山东省统计年鉴》。

表 4 - 6 - 1　　　　　　　山东省房地产业主要变量的描述统计

变量名	单位	符号	均值	中位值	最大值	最小值	标准差
房地产业就业人数	万人		0.43	0.25	2.70	0.01	0.50
所有产业就业总人数	万人		53.42	49.30	242.00	13.00	33.41
房地产业开发投资额	万元		699609	359916	5458279	18015	918128
对数化的房地产业就业人数		RP	-1.34	-1.27	0.99	-4.61	1.06
对数化的房地产业开发投资额		RI	12.90	12.95	15.51	9.80	1.21

四　实证分析

（一）综合指数分析

表 4 - 6 - 2 为经过对数化处理的山东省 17 个城市房地产业综合指数。由表 4 - 6 - 2 可知：

表 4 - 6 - 2　　　　房地产业综合指数 RE（2001—2010 年）

区域		2001	2002	2003	2004	2005	2006	2007	2008	2009	2010	均值
济青都市带核心区域	济南市	7.90	8.07	8.15	8.31	8.69	8.81	9.01	9.26	9.36	9.50	8.77
	青岛市	8.30	8.42	8.56	8.68	8.91	9.03	9.18	9.27	9.41	9.56	8.98
	烟台市	7.20	7.51	7.89	8.12	8.40	8.58	8.86	8.94	8.98	9.10	8.42
	威海市	6.82	7.05	7.35	7.40	7.66	7.81	7.95	8.17	8.42	8.74	7.91
	淄博市	6.49	6.91	7.11	7.38	7.79	7.94	8.06	8.16	8.26	8.43	7.74
	潍坊市	6.72	6.87	7.14	7.40	7.98	8.23	8.38	8.61	8.87		8.02
	日照市	5.50	5.65	6.23	6.63	7.02	7.19	6.88	7.16	7.35	7.42	6.88
	东营市	5.55	5.90	6.55	6.78	6.95	6.98	7.23	7.21	7.34	7.65	6.94
均值		6.81	7.05	7.37	7.59	7.92	8.04	8.18	8.32	8.47	8.66	7.84
济青都市带外围区域	济宁市	6.30	6.58	6.87	6.97	7.37	7.51	7.60	7.71	7.88	7.99	7.35
	泰安市	5.82	5.94	6.45	6.68	7.10	7.00	7.25	7.47	7.55	7.78	7.01
	枣庄市	6.21	6.37	6.65	6.84	6.94	6.95	7.20	7.36	7.76	7.99	7.19
	莱芜市	4.04	4.77	4.86	5.02	5.42	5.39	5.80	5.79	5.92	6.02	5.42
	临沂市	6.39	6.61	6.63	6.70	7.21	7.27	7.44	7.79	7.91	7.98	7.37

区域		2001	2002	2003	2004	2005	2006	2007	2008	2009	2010	均值
济青都市带外围区域	德州市	5.66	5.86	6.50	6.72	7.11	7.16	7.33	7.38	7.48	7.69	6.99
	聊城市	5.90	6.47	6.83	6.92	6.84	7.04	7.08	6.88	7.13	7.30	6.89
	滨州市	4.65	5.22	5.28	5.42	6.37	5.97	6.22	6.92	7.26	7.58	6.50
	菏泽市	4.97	5.42	5.78	6.08	6.38	6.58	6.73	6.84	6.99	7.23	6.5
均值		5.55	5.92	6.20	6.37	6.75	6.76	6.96	7.13	7.32	7.51	6.65
总体均值		6.18	6.48	6.79	6.98	7.33	7.40	7.57	7.72	7.89	8.08	7.24

第一，通过对全省各年度房地产业综合指数均值的求解，可以发现，山东省房地产业综合指数总体均值由 2001 年的 6.18 增长到 2010 年的 8.08，大约增长了 30.74%。这表明山东省房地产业的发展处于逐年上升的趋势。由此可见，随着每年房地产业就业人数和投资（完成）额的增加，房地产业的发展规模也在不断扩大。

第二，从两区域（济青都市带核心区域与外围区域）比较来看，核心区域综合指数均值 2001—2010 年由 6.81 增长到 8.66，大约增长了 27.17%；外围区域综合指数由 5.55 增长到 7.51，大约增长了 35.32%。我们发现，尽管济青都市带外围区域房地产业综合指数比核心区域要小，但是后者的增长幅度比前者要大，说明在这段时间济青都市带外围区域加大了对房地产业的投资，两区域间房地产业发展程度和规模的差距正在逐渐缩小。

第三，从各市来看，济青都市带核心区域中青岛、济南、烟台的房地产业发展水平最高，其综合指数均值分别为 8.98、8.77 和 8.42。一方面，青岛和烟台位于东部沿海，吸引了全国各地的人才，本身经济发展水平也高，因此带动了房地产业的发展；另一方面，济南作为山东省省会，在本省制定各种经济政策、执行各种经济规划时会享受多种优惠。

综上所述，随着投资（完成）额和就业人数的增加，山东省房地产业的发展规模正呈现出不断上升的趋势。

（二）空间分位图分析

图 4-6-1、图 4-6-2 和图 4-6-3 分别是 2001 年、2010 年和

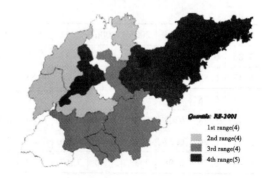

4-6-1 2001年房地产业发展水平的空间分位图

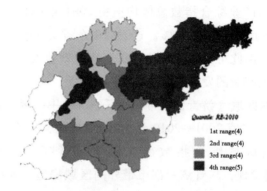

4-6-2 2010年房地产业发展水平的空间分位图

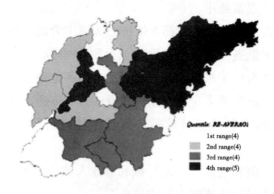

图4-6-3 2001—2010年房地产业发展
水平的平均空间分位图

2001—2010 年山东省 17 个城市房地产业综合指数在地理空间上的分位图。通过比较可以看出，山东省各市的房地产业在这三个时段的空间分布具有一定的特征，呈现出明显的集聚态势。

首先，由图 4 - 6 - 1、图 4 - 6 - 2 可知，2001 年和 2010 年，各级的市域数以及各城市在各级的排列位置基本不变。由于房地产业发展水平从第四级（4th range）到第一级（1st range）逐级递减，因此，位于第四级排列的 5 个城市是 17 个城市中房地产业发展最强的市域，且都处于济青都市带核心区域。而出现位置变动的 2 个城市（聊城由第二级降至第一级，滨州由第一级升至第二级）都处于济青都市带外围区域。

其次，图 4 - 6 - 3 显示，2001—2010 年的产业发展均值看，各级排列的特征与上述情况大致相同。通过比较上述三图可知，第四级和第三级包含的城市保持了稳定不变，而第二级和第一级中只有聊城和滨州有所变动。这一结果表明，山东省房地产业存在一个非常显著的特征：产业发展在地理空间上是非均衡分布的，以青岛为核心的东部沿海区域，房地产业发展较快，形成了明显的集聚。

（三）空间基尼系数分析

由前文（1）式可计算出 2001—2010 年山东省房地产业的空间基尼系数和变动比例，如表 4 - 6 - 3 所示。

表 4 - 6 - 3   2001—2010 年山东省 17 个城市房地产业的空间基尼系数及变动比例

空间基尼系数									
2001	2002	2003	2004	2005	2006	2007	2008	2009	2010
0.0261	0.0250	0.0273	0.0231	0.0257	0.0201	0.0294	0.0351	0.0266	0.0228
变动比例（%）									
2001—2010			2008—2009			2009—2010			
- 12.72			- 24.24			- 14.19			

第一，总体上看，山东省房地产业空间基尼系数呈波动下降趋势，平均变动比例为 - 12.72% 。这表明山东省房地产业在这段时期内的集聚程度不断下降，分散化的趋势不断加强。这一结果似乎可以说明，近年来各城市大都将房地产业作为主导产业来发展，以此拉动经济增长，

从而出现了产业的分散化特征。

　　第二，2008—2009 年和 2009—2010 年的变动比例分别为 -24.24% 和 -14.19%，表明房地产业集聚速度在加速下滑，这可能是 2008 年开始的金融危机冲击造成的，同时由于国家开始担心房地产业出现严重的泡沫，而加强了对其的宏观控制，从而强化了整个行业在 2010 年的下滑。

（四） Moran's I 分析

　　通过观察 17 个城市的房地产业局域 Moran's I 散点分布图 4 - 6 - 4 以及表 4 - 6 - 4 中 2001 年和 2010 年房地产业发展的 Moran's I 散点图对应的市域可以看出：

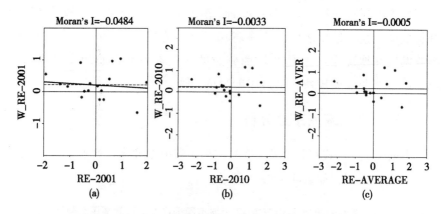

图 4 - 6 - 4　山东市域房地产业发展的 Moran's I 散点图

表 4 - 6 - 4　17 个市域房地产业发展的 Moran's I 散点的跃迁（2001—2010 年）

象限	2001 年
第 I 象限 HH 市域（5 个）	青岛、烟台、威海、潍坊、枣庄
第 II 象限 LH 市域（5 个）	聊城、日照、菏泽、滨州、莱芜
第 III 象限 LL 市域（1 个）	东营
第 IV 象限 HL 市域（3 个）	济宁、淄博、济南
第 II 象限 LH 市域（6 个）	聊城、日照、东营、滨州、莱芜、德州
第 III 象限 LL 市域（2 个）	泰安、济宁
第 IV 象限 HL 市域（2 个）	淄博、济南
跨象限市域（3 个）	临沂、菏泽、枣庄（II III）

第一，2001年，8个市域（47.06%）显示了非相似值的负空间关联，其中，5个市域（29.41%）在第Ⅱ象限（LH：低房地产发展水平—高空间滞后），2个市域（17.65%）在第Ⅳ象限（HL：高房地产发展水平—低空间滞后）；2010年，有8个典型市域（47.06%），其中6个市域（47.06%）在第Ⅱ象限（LH），2个市域（11.76%）在第Ⅳ象限（HL）。

第二，Moran's I散点图还可以帮助我们识别空间的不稳定性及其非典型区域，比如偏离了全域负向空间自相关的市域（其中HH类型和LL类型①的城市为偏离全域负的空间自相关总体发展趋势的市域，其发展表现为非典型性）。2001年，29.41%（5个）的市域显示了相似的正向空间关联，其中，23.53%（4个）的市域在第Ⅰ象限（HH：高房地产发展水平—高空间滞后），5.88%（1个）的市域在第Ⅲ象限（LL：低房地产发展水平—低空间滞后）；2010年，35.30%（6个）的市域显示了相似的正空间关联，其中，23.53%（4个）的市域在第Ⅰ象限，11.76%（2个）的市域在第Ⅲ象限。

由此可见，山东省各市在地理空间上显示了负的空间自相关性。这说明房地产业发展在地理空间上并非随机分布，而是存在必然的联系，具有一定的规律，即具有较高房地产业发展水平的市域相对地趋于和较低房地产业发展水平的市域相靠近，表明山东省房地产业在空间上存在集聚现象。

（五）LISA 分析

由于Moran's I散点图并没有给出市域房地产业局域显著性水平的具体数值，故有必要进一步测算局域空间自相关LISA显著性水平和局域统计值，由此深入探讨上述的空间分布格局及地理空间上的可能成因。为此，如下对市域房地产展开空间自相关空间关联局域指标（Local Indicators of Spatial Association，LISA）分析（Anselin，1995）。为识别2001—2010年房地产业综合指数平均水平在局部空间上集聚的格局，

① HH指房地产业发展高水平区域之间相邻，而LL指房地产业低发展水平区域之间相邻；HL指房地产业高发展水平区域与低发展水平区域相邻，而LH指房地产业低发展水平区域与高发展水平区域相邻。

本章重点讨论显著性水平较高的局部空间集聚指标。

　　图4-6-5—图4-6-10是17个城市2001—2010年房地产业的局域空间自相关LISA显著性水平图和LISA集群图。其中，图4-6-5、图4-6-7、图4-6-9显示了2001—2010年山东省房地产业发展的局域空间自相关LISA显著性水平。空间自相关检验表现为显著性的LISA城市用不同的颜色标志，并对应于Moran's I散点图的不同象限的城市。结果显示，烟台、济南两市房地产业通过了5%水平的显著性检验。另外三图显示了2001—2010年17个市房地产业的局域空间自相关LISA集群。其中，High-High的市域（烟台，HH：高房地产发展水平—高空间滞后）代表了高房地产发展水平的市域被高房地产发展水平的邻近市域所包围，为高房地产发展集群市域；Low-Low的市域（LL：低房地产发展水平—低空间滞后）代表了低房地产发展水平的市域被低房地产发展水平的邻近市域所包围，为低房地产发展集群市域；Low-High的市域（LH：低房地产发展水平—高空间滞后）代表了低房地产发展水平的市域被高房地产发展水平的邻近市域所包围；High-Low的市域（济南，HL：高房地产发展水平—低空间滞后）显示高房地产发展水平的市域被低房地产发展水平的邻近市域所包围。另外，无着色区（Not significont）为非显著性区域。

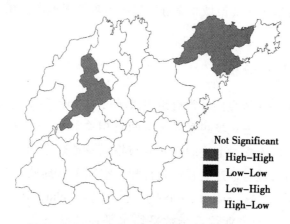

图4-6-5　2001年山东市域房地产业发展的
局域空间自相关LISA显著性水平图

　　由图4-6-5、图4-6-7、图4-6-9的LISA显著性水平图可以

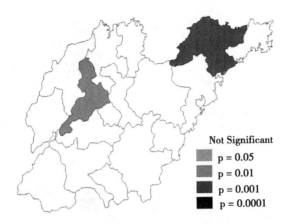

图 4 - 6 - 6 2001 年山东市域房地产业发展的

局域空间自相关 LISA 集群图

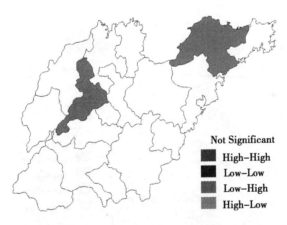

图 4 - 6 - 7 2010 年山东市域房地产业发展的

局域空间自相关 LISA 显著性水平图

看出，17 个城市 2001 年、2010 年的房地产发展水平及 2001—2010 年
房地产发展水平均值的显著性水平值分布在烟台和济南；图 4 - 6 - 6、
图 4 - 6 - 8、图 4 - 6 - 10 的 LISA 集群图显示，济南市域集群倾向于分
布在第 IV 象限（HL），其显著特点是具有高度发展水平的市域被低发展
水平的市域所包围，与邻近市域存在负相关关系；另外，非典型的省域
如以烟台为中心的市域集群倾向于分布在第 I 象限（HH）。

对 Moran's I 散点图的时空演化，我们可以更进一步地采用时空跃迁

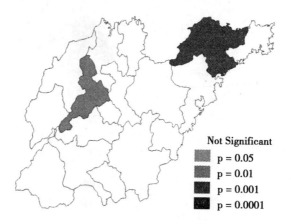

图 4 - 6 - 8　2010 年山东市域房地产业发展的

局域空间自相关 LISA 集群图

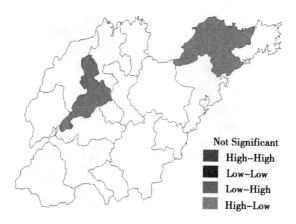

图 4 - 6 - 9　2001—2010 年山东市域房地产业

发展的局域空间自相关 LISA 显著性水平图

测度法（Space - time Transitions）来进行深度刻画（Rey，2001）。该时
空跃迁可分为四种类型，类型 I 跃迁所描述的仅仅是相对位移的市域跃
迁，其中包括 HHt→LHt + 1，HL t→t1 t + 1，LH t→t1 t + 1 和 LL t→t +
t + 1；类型 II 跃迁所描述的仅仅是相关空间邻近市域的跃迁，如：HHt
→HL t + 1，HL t→HH t + 1，LH t→LL t + 1 和 LL t→LH t + 1；类型 III 跃
迁包含了某市域及其临近市域均跃迁到其他不同的市域：HHt→LL t +
1，HL t→LH t + 1，LH t→HL t + 1 和 LL t→HH t + 1；类型 0 跃迁是指

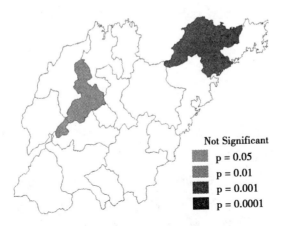

Not Significant
- p = 0.05
- p = 0.01
- p = 0.001
- p = 0.0001

图4－6－10　2001—2010 年山东市域房地产业
发展的局域空间自相关 LISA 集群图

市域及其邻近市域保持相同的水平：HHt→HH t＋1，HL t→HL t＋1，LH t→LH t＋1 和 LL t→LL t＋1。

　　表4－6－4 为山东省 2001—2010 年 17 个城市房地产业发展的 Moran's I 散点的跃迁类型。观察表中结果可以发现：在 2001—2010 年这 10 年之间，市域及其邻近市域保持了相同水平的类型 0 是最普遍的跃迁类型，其中 61.76 % 的市域表现出了空间上的稳定性。然而，2001—2010 年间，市域房地产业发展空间跃迁的类型 I 及类型 II 不如类型 0 那么普遍，相对而言数量少，占总数的 29.41%，分别为 14.705 % 和 14.705 %。[①]

　　市域及其邻近市域均跃迁到其他不同市域的类型 III 是在整个时期内最不普遍的，只有 8.82%。这说明了大部分市域及其邻近市域存在高度空间稳定性。但是，只有个别城市及其邻近城市存在着相对较高的移动性。由于整个时期内检测到的空间集群结构中缺乏显著的位移，因此，可以得出如下结论：各个市域要想脱离其原有的集群是存在一定困

---

　　① 注意：该计算中考虑了跨象限的市域，因为本书在计算百分比时分母是所有的 17 个市，4 种类型的跃迁所占百分比之和是 1，跨象限的市域记为半个，新的权值为：类型 I：0＋0＋（1/2 菏泽＋1/2 泰安）＋（东营＋1/2 德州）＝2.5；类型 II：（1/2 枣庄＋1/2 临沂）＋（济宁＋1/2 临沂）＝2.5；类型 III：（1/2 枣庄＋1/2 临沂）＋1/2 临沂＋0＋0＝1.5；类型 0：10＋1/2 菏泽＝10.5。4 个权值之和正好等于 17。

难的，房地产业的发展具有严重的空间依赖和路径依赖性，这大致就是空间关联性的核心意义之所在。

五　结语

本章运用空间统计方法，实证分析了山东省房地产业集聚的空间分布特征，所得结论如下：

第一，通过综合指数分析可知，山东省房地产业发展规模正不断扩大，其中青岛、烟台和济南等"济青都市带"核心城市具有较高的房地产发展水平。而"济青都市带"外围区域正在快速追赶核心区域，两区域存在一定的趋同现象。

第二，空间分位图显示，山东省房地产业在地理空间上呈非均衡分布，具有明显的集聚态势。以烟台为中心的城市群（威海、烟台、青岛、潍坊）是房地产业发展最为强劲的地区，以济南为中心的地区有望成为中西部地区的另一个发展中心。造成这种核心—边缘分布的原因可能在于房地产业空间相邻效应的存在，一方面房地产业发展较好的相邻城市之间由于技术、经济以及人才的交流、合作与竞争，促进房地产业形成较为活跃的集聚格局；另一方面，房地产业发展相对较差的城市与较好的城市之间存在地理阻隔，所以可能形成发展相对低下的集聚空间格局。

第三，2001—2010 年空间基尼系数波动下降，显示出全省房地产业集聚度有所下降，集聚速度减缓。这可能与经济快速发展过程中各市对房地产业一拥而上的发展模式有关。

第四，通过 Moran's I 散点图、局域空间自相关 LISA 分析以及对 Moran's I 时空跃迁测度，可以看出，从整体看，山东省房地产业在地理空间上显示负的空间自相关性，即高房地产业发展水平的市域趋于和低发展水平的市域相靠近。而从局域看，以烟台为中心的集群倾向于分布在第 I 象限（HH），自身发展水平高，与其邻近市域发展水平也高，具有很强的扩散效应。此外，大部分市域存在高度空间稳定性，即房地产业发展具有严重的空间与路径依赖性。

房地产业集聚的空间分布是一个较为复杂的演进过程，由于数据来源有限，本章仅以 10 年的时序对山东省 17 个城市的房地产业集聚的空间分布进行描述显然是具有一定的局限性。但是由于山东省房地产业本身就具有难以把握的特点，所以，本研究虽然是进行初步探究，但是所用的方法和结论还是具有一定的参考价值。并且，以本书的思路和简单结论为基础，还能够为今后的进一步分析提供一定的依据。如：对山东省房地产集聚现象的深层次原因进行剖析；从省域层面对房地产业集聚的空间分布特征进行研究，并与山东省的空间分布特征进行比较研究；在空间相关性分析的基础上，运用空间溢出模型分析房地产业的空间溢出效应等。

参 考 文 献

［1］穆光宗、张敏才等：《新农村建设与区域人口发展战略抉择》，《人口与经济》2008 年第 4 期。

［2］田雪原：《制定科学的人口发展战略》，《瞭望新闻周刊》2005 年第 23 期。

［3］李建民等：《持续的挑战》，科学出版社 2000 版。

［4］马寅初：《新人口论》，广东经济出版社 1998 版。

［5］谢安：《改革现行养老保险体制应对人口老龄化》，《管理世界》2005 年第 4 期。

［6］谢安：《中国人口老龄化的现状、变化趋势及特点》，《统计研究》2004 年第 8 期。

［7］孙玉德：《从人口老龄化看中国的养老保障》，《财贸研究》2008 年第 6 期。

［8］熊必俊：《中国人口老龄化的趋势与经济含义》，《经济研究参考》1997 年第 65 期。

［9］邬沧萍、王琳等：《中国特色的人口老龄化过程、前景和对策》，《人口研究》2004 年第 1 期。

［10］王桂新：《中国区域经济发展水平及差异与人口迁移关系之研究》，《人口与经济》1997 年第 1 期。

［11］王桂新、魏星等：《中国省际人口迁移对区域经济发展的作用关系之研究》，《复旦学报》2005 年第 5 期。

［12］王桂新、刘建波：《长三角与珠三角地区省际人口迁移比较研究》，《中国人口科学》2007 年第 2 期。

［13］毛新雅、王桂新：《长江三角洲地区人口入迁及城市化的区域经济

因素分析：基于面板数据的研究》，《市场与人口分析》2006 年第
12 期。

[14] 任远、王桂新：《常住人口迁移与上海城市发展研究》，《中国人
口科学》2003 年第 5 期。

[15] 杨云彦、陈金水等：《中国人口迁移：多区域模型及实证研究》，
《中国人口科学》1999 年第 4 期。

[16] 蔡昉、王德文：《中国经济增长可持续性与劳动贡献》，《经济研
究》1999 年第 10 期。

[17] 孙自铎：《农民工跨省务工对区域经济发展的影响研究》，《中国
农村经济》2004 年第 3 期。

[18] 段平忠、刘传江：《人口流动对经济增长地区差距的影响》，《中
国软科学》2005 年第 12 期。

[19] 王桂新、黄颖钰：《中国省际人口迁移与东部地带的经济发展：
1995—2000》，《人口研究》2005 年第 1 期。

[20] 王桂新：《1990 年代后期我国省际人口迁移区域模式研究》，《市
场与人口分析》2003 年第 9 期。

[21] 段平忠：《我国人口流动对区域经济增长收敛效应的影响》，《人
口与经济》2008 年第 4 期。

[22] 杜小敏：《人口迁移与流动对我国各地区经济影响的实证分析》，
《人口研究》2010 年第 3 期。

[23] 潘越、杜小敏：《劳动力流动、工业化进程与区域经济增长》，
《数量经济技术经济研究》2010 年第 5 期。

[24] 李树苗、杨有社：《我国的省间人口迁移与社会经济发展》，《人
口与经济》1996 年第 5 期。

[25] 李国平、玄兆辉等：《深圳与全国区域经济联系的测度及分析——
基于人口顺利进行模型的研究》，《人文地理》2004 年第 2 期。

[26] 王桂新：《中国经济体制改革以来省际人口迁移区域模式及其变
化》，《人口与经济》2000 年第 10 期。

[27] Mankiw, N. Gregory, David Romer and David Weil, "A Contribution
to the Empirics of Economic Growth", *Quarterly Journal of Economics*,
Vol. 107, No. 5, 1992.

[28] 戴维·罗墨:《高级宏观经济学》,商务印书馆 2003 年版。

[29] 蔡昉:《中国城市限制外地民工就业的政治经济学分析》,《中国人口科学》2000 年第 4 期。

[30] 蔡昉:《作为市场化的人口流动——第五次全国人口普查数据分析》,《中国人口科学》2003 年第 5 期。

[31] 蔡昉:《户籍制度与劳动力市场保护》,《经济研究》2001 年第 12 期。

[32] 段成荣:《省际人口迁移迁入地选择的影响因素分析》,《人口研究》2001 年第 1 期。

[33] 许召元:《区域间劳动力迁移对经济增长和地区差距的影响》,《数量经济技术经济研究》2008 年第 2 期。

[34] 姚枝仲、周素芳:《劳动力流动与地区差距》,《世界经济》2003 年第 4 期。

[35] 卢向虎、朱淑芳:《中国农村人口城乡迁移规模的实证分析》,《中国农村经济》2006 年第 1 期。

[36] 梁明、李培等:《中国城乡人口迁移数量决定因素的实证研究:1992—2004》,《人口学刊》2007 年第 9 期。

[37] 王桂新、毛新雅等:《中国东部地区三大都市圈人口迁移与经济增长极化研究》,《华东师范大学学报(哲学社会科学版)》2006 年第 5 期。

[38] 许召元、李善同:《区域间劳动力迁移对地区差距的影响》,《经济学(季刊)》2009 年第 4 期。

[39] 樊士德、姜德波:《劳动力流动与地区经济增长差距研究》,《中国人口科学》2011 年第 2 期。

[40] 王桂新、徐丽:《中国改革开放以来省际人迁移重心演化考探》,《中国人口科学》2010 年第 3 期。

[41] 李新运、孙瑛等:《山东省区域可持续发展评估及协调对策》,《人文地理》1998 年第 4 期。

[42] 廖重斌:《环境与经济协调发展的定量评判及其分类体系——以珠江三角洲城市群为例》,《热带地理》1999 第 6 期。

[43] Basu, S., Weil, D. N., "Appropriate Technology and Growth",

The Quarterly Journal of Economics, Vol. 113, No. 4, 1998.

［44］Acemoglu, D., Zilibotti. F, "Productivity Differences", *The Quarterly Journal of Economic*, Vol. 116, No. 2, 2001.

［45］逯进:《制度约束、二元人口流动与中国城市化的有序进程——基于"随机服务系统理论"的实验经济学研究》,《财经研究》2009年第6期。

［46］郭志仪、逯进:《教育、人力资本积累与外溢对西北地区经济增长影响的实证分析》,《中国人口科学》2006年第2期。

［47］J. Mincer, "Investment in Human Capital and Personal Income Distribution", *Journal of Political Economy*, Vol. 66, No. 4, Aug. 1958.

［48］T. W. Schultz, "The Reckoning of Education as Human Capital", *Economic Research: Retrospect and Prospect*, Vol. 6, Human Resources, NBER, Oct. 1972.

［49］Becker, G., "Human Capital (2nd)", New York: Columbia University Press, 1975, p. 72.

［50］Uzawa, Hirofumi, "Optimal Technical Change in an Aggregative Model of Economic Growth", *International Economic Review*, Vol. 6, No. 2, Jan. 1965.

［51］Romer, M. Paul, "Indreasing Returns and Long—run Growth", *Journal of Political Economy*, Vol. 94, No. 5, Oct. 1986.

［52］Robett E. Lucas, Jr., "On the Mechanics of Economic Development", *Journal of Monetary Economics*, Vol. 22, No. 1, 1988.

［53］王金营:《人力资本与经济增长》,中国财政经济出版社2001年版。

［54］王金营:《中国经济增长与综合要素生产率和人力资本需求》,《中国人口科学》2002年第2期。

［55］王金营:《西部地区人力资本在经济增长中的作用核算》,《中国人口科学》2005年第3期。

［56］陈钊、陆铭:《中国人力资本和教育发展的区域差异:对于面板数据的估算》,《世界经济》2004年第12期。

［57］边雅静等:《人力资本对我国东西部经济增长影响的实证分析》,

《数量经济与技术经济研究》2004 年第 12 期。

[58] Solow, M. Robert, "A Contribution to The Theory of Economic Growth", *Quarterly Journal of Economics*, Vol. 70, No. 1, 1956.

[59] Barro, Robert, J., "Economic Growth in a Cross Section of Countries", *Quarterly Journal of Economics*, Vol. 106, No. 2, 1991.

[60] Barro, J. Robert and Savier Sala-I-Martin, "Govermnet Spending in a Simple Model of Endogenous Growth", *Journal of Policical Economy*, Vol. 98, No. 5, 1990.

[61] 逯进、李霞:《西部地区人力资本与经济增长关系的分析》,《财经科学》2007 年第 8 期。

[62] 逯进:《西部地区人力资本分层的经济增长效应分析》,《软科学》2008 年第 3 期。

[63] 逯进:《西部地区人口迁移与经济增长关系的演进分析》,《财经问题研究》2008 年第 2 期。

[64] 逯进:《人力资本差异与内生经济增长机制——基于新古典经济增长理论的解释》,《青岛大学学报(自然科学版)》2008 年第 2 期。

[65] Eisner, Robert, "Factors in Business Investment", *Economic Research of NBER*, 1978.

[66] John, W. Kendrick, "The Formation and Stocks of Total Capital", *The Journal of Finance*, Vol. 33, No. 2, 1978.

[67] 倪鹏飞:《中国城市竞争力报告》,社会科学文献出版社 2003 年版。

[68] 王弟海、龚六堂等:《健康人力资本、健康投资和经济增长——以中国跨省数据为例》,《管理世界》2008 年第 3 期。

[69] Belton M. Fleishera, Jian Chenb, "The Coast—Noncoast Income Gap, Productivity and Regional Economic Policy in China", *Journal of Comparative Economics*, Vol. 25, No. 2, 1997.

[70] Belton Fleishera, Haizheng Lib, Min Qiang Zhao, "Human Capital, Economic Growth and Regional Inequality in China", *Journal of Development Economics*, Vol. 92, No. 2, 2010.

[71] 朱承亮、岳宏志等:《中国经济增长效率及其影响因素的实证研究:1985—2007 年》,《数量经济技术经济研究》2009 年第 9 期。

[72] 吴文恒、牛叔文:《甘肃省人口与资源环境耦合的演进分析》,《中国人口科学》2006 年第 3 期。

[73] 廖重斌:《环境与经济协调发展的定律评判及其分类体系——以珠江三角洲城市群为例》,《热带地理》1999 年第 2 期。

[74] 张芬、何艳:《健康、教育与经济增长》,《经济评论》2011 年第 4 期。

[75] 高远东、花拥军:《异质型人力资本对经济增长作用的空间计量实证分析》,《经济科学》2012 年第 1 期。

[76] 王金营、郑书朋:《人力资本在经济增长中作用的东部与西部比较》,《人口与经济》2010 年第 4 期。

[77] 雷鹏:《人力资本、资本存量与区域差异——基于东西部地区经济增长的实证研究》,《社会科学》2011 年第 3 期。

[78] 姚先国、张海峰:《中国教育回报率估计及其城乡差异分析——以浙江、广东、湖南、安徽等省的调查数据为基础》,《财经丛论》2004 年第 6 期。

[79] 胡永远、刘智勇:《不同类型人力资本对经济增长的影响分析》,《人口与经济》2004 年第 2 期。

[80] 廖楚晖:《中国人力资本和物质资本的结构及政府教育投入》,《中国社会科学》2006 年第 1 期。

[81] 汪应洛:《系统工程》,机械工业出版社 2012 年版。

[82] 王其藩:《高级系统动力学》,清华大学出版社 1995 年版。

[83] 李旭:《社会系统动力学》,复旦大学出版社 2008 年版。

[84] 苏屹、李柏洲:《大型企业原始创新支持体系的系统动力学研究》,《科学学研究》2010 年第 1 期。

[85] 安宁、李玥:《区域科技园区——经济系统协调发展状态的实证研究》,《科技与管理》2012 年第 5 期。

[86] 王爱东、刘扬:《系统动力学视角下的区域金融生态优化研究》,《理论探讨》2013 年第 1 期。

[87] 白钦先等:《金融可持续发展研究导论》,中国金融出版社 2001

年版。

[88] 苏宁：《金融生态环境的基本内涵》，《金融信息参考》2005 年第
10 期。

[89] 王伟、杨艺：《国内外金融生态最新文献综述》，《学术研究》
2006 年第 11 期。

[90] 徐诺金：《论金融生态问题》，《金融研究》2005 年第 11 期。

[91] 李扬、王国刚等：《中国城市金融生态环境评价》，人民出版社
2005 年版。

[92] 谢太峰：《关于金融生态内涵与评价标准的比较》，《金融理论与
实践》2006 年第 4 期。

[93] 朱德位：《优化金融结构：改善金融生态的另一个视角》，《上海
金融》2006 年第 1 期。

[94] 刘朝明、廖林等：《区域金融生态系统基本性状模型研究》，《金
融研究》2008 年第 5 期。

[95] 韩廷春、喻伟：《金融生态系统与生物生态系统的内相似性研
究》，《国际金融研究》2010 年第 2 期。

[96] 刘震、张惠：《解决银行流动性过剩的根本——改善金融生态》，
《财经科学》2006 年第 7 期。

[97] 牛艳梅：《金融生态视角下我国商业银行流动性问题研究》，《企
业经济》2011 年第 8 期。

[98] 张建华：《国外商业银行效率研究的最新进展及对我国的启示》，
《国际金融研究》2003 年第 5 期。

[99] 刘勇、穆鸿声：《中国银行业效率研究综述》，《审计与经济研究》
2007 年第 1 期。

[100] 马慧敏：《我国证券市场金融生态平衡研究》，《工业技术经济》
2007 年第 2 期。

[101] 李雪梅：《我国证券市场金融生态平衡探析》，《商业时代》2008
年第 24 期。

[102] 王遥、杨辉：《债券市场金融生态与发展市政债券》，《中国流通
经济》2008 年第 3 期。

[103] 曹凤岐：《改革和完善中国金融监管体系》，《北京大学学报》

2009 年第 4 期。

[104] 曾康霖、虞群娥：《辩证地看待银行业的分业经营与混业经营》，《金融研究》2003 年第 7 期。

[105] 林永军：《金融生态建设：一个基于系统论的分析》，《金融研究》2005 年第 8 期。

[106] 罗正英、周中胜等：《金融生态环境、银行结构与银企关系的贷款效应——基于中小企业的实证研究》，《金融评论》2011 年第 2 期。

[107] 廖晓燕：《中小企业融资与金融生态环境建设》，《湖南科技大学学报》2006 年第 1 期。

[108] 刘煜辉、沈可挺：《地方政府行为模式及其对地区金融生态的影响》，《中国金融》2008 年第 3 期。

[109] 杨子强：《优化金融生态环境 促进地方经济发展》，《济南金融》2005 年第 5 期。

[110] 魏后凯：《我国地区发展差距的形成、影响及其协调途径》，《经济研究参考》1997 年第 1 期。

[111] 林毅夫、蔡昉等：《中国经济转型时期的地区差距分析》，《经济研究》1998 年第 6 期。

[112] Raiser, M., "Trust in Transition", *EBRD* (*European Bank for Reconstruction and Development*) *Working Paper*, br. 39, April 1999.

[113] Sylvie Démurger, "Infrastructure Development and Economic Growth: An Explanation for Regional Disparities in China", *Journal of Comparative Economics*, Vol. 29, No. 1, 2001.

[114] 徐诺金：《论金融生态平衡的内在调节机理》，《南方金融》2006 年第 12 期。

[115] 徐诺金：《关于金融生态平衡及其调节原理》，《金融时报》2006 年 10 月 16 日。

[116] 韩廷春、周佩璇：《金融生态系统失衡及调节机制的实证研究》，《理论学刊》2010 年第 8 期。

[117] 刘煜辉：《中国地区金融生态环境评价（2006—2007）》，中国金融出版社 2007 年版。

［118］中国人民银行长沙中心支行课题组：《区域金融生态评估体系研究》，《武汉金融》2008 年第 11 期。

［119］胡滨：《区域金融生态环境评价方法与实证研究》，《经济管理》2009 年第 6 期。

［120］路杨：《区域金融生态评估实证研究——以河南省为例》，《经济研究导刊》2012 年第 6 期。

［121］中国人民银行广州分行课题组：《广东区域金融生态实证研究》，《南方金融》2006 年第 11 期。

［122］滕悦、邹军：《基于制度视角的山东省区域金融生态环境实证研究》，《金融经济》2010 年第 18 期。

［123］吕俊：《安徽省金融生态环境评价分析》，《金融审计》2010 年第 12 期。

［124］中国人民银行成都分行营业管理部课题组：《区域金融生态环境测评研究——对成都市县域金融生态环境的测评》，《西南金融》2006 年第 7 期。

［125］常相全、张守凤：《基于 AHP/DEA 的农村金融生态环境评价》，《统计与决策》2008 年第 11 期。

［126］周妮迪：《基于 AHP—DEA 模型的农村金融生态环境评价——以湖南省为例》，《中国农村观察》2010 年第 4 期。

［127］宁文娟、占兵：《西部金融生态水平测评体系的实证研究——基于西部十二省区的面板数据分析》，《开发研究》2008 年第 1 期。

［128］周炯、韩占兵：《区域金融生态评估指标体系构建与实证检验——基于西部地区金融生态水平考察》，《统计与信息论坛》2010 年第 2 期。

［129］韩占兵：《河南省金融生态水平的实证评估研究》，《企业经济》2011 年第 3 期。

［130］韩占兵：《区域金融生态水平实证评估研究——基于河南省面板数据的分析》，《信阳师范学院学报》2011 年第 3 期。

［131］马琳：《地方政府行为视角下区域金融发展的实证研究》，《统计与决策》2012 年第 2 期。

［132］张瑞怀：《基于神经网络模型的农村金融生态环境综合评价》，

《金融理论与实践》2006 年第 10 期。

[133] 伍昱铭、范文娜等：《基于 ANP 的县域金融生态评估方法研究》，《金融经济》2009 年第 8 期。

[134] 苗丽娜、胡国晖：《基于系统动力学的城市金融生态环境分析》，《武汉理工大学学报》2008 年第 2 期。

[135] 刘汉涛：《我国商业银行效率的测度：DEA 方法的应用》，《经济科学》2004 年第 7 期。

[136] 蔡泽祥、刘骅：《长三角区域金融生态系统环境运行绩效的测算》，《经济问题》2011 年第 5 期。

[137] Levine, Ross and Zervos, Sara, "Stock Markets, Banks and Economic Growth", *American Economic Review*, Vol. 88, No. 3, 1998.

[138] 周立、王子明：《中国各地区金融发展与经济增长实证分析：1978—2000》，《金融研究》2002 年第 10 期。

[139] 冉光和、李敬、熊德平、温涛：《中国金融发展与经济增长关系的区域差异——基于东部和西部面板数据的检验和分析》，《中国软科学》2006 年第 2 期。

[140] 郑长德：《中国区域金融问题研究》，中国财政经济出版社 2007 年版。

[141] 李延凯：《韩廷春．金融生态演进作用于实体经济增长的机制分析——透过资本配置效率的视角》，《中国工业经济》2011 年第 2 期。

[142] 武志：《金融发展与经济增长：来自中国的经验》，《金融研究》2010 年第 5 期。

[143] 李正辉、万晓飞：《金融生态国际竞争力促进经济增长的实证分析》，《金融研究》2008 年第 4 期。

[144] 廖林：《金融生态与区域经济增长的动态关系研究》，《南方金融》2008 年第 9 期。

[145] Gurley, J., Shaw, E., "Financial Aspects of Economic Development", *American Economic Review*, Vol. 45, No. 2, 1995.

[146] 丁刚：《高度关注美国金融危机对我国的影响》，《人民论坛》2008 年第 19 期。

[147] 丁任重：《中国房地产业的调控效应与走势分析》，《经济学家》2010 年第 5 期。

[148] 段玉龙：《金融危机环境下我国房地产企业战略转移研究》，《现代商贸工业》2009 年第 5 期。

[149] 林毅夫：《金融危机对发展中国家的影响》，《上海经济》2009 年第 1 期。

[150] 刘娇月：《金融危机对我国旅游市场的影响及对策》，《中西部科技》2010 年第 15 期。

[151] 袁军：《金融危机下的中国银行业的发展》，《北方经济》2009 第 7 期。

[152] 周小川：《中国金融业的历史性变革》，《中国金融》2010 年第 19—20 期。

[153] 邹家红、王慧琴：《金融危机对我国入境旅游业的影响》，《社会科学家》2009 年第 1 期。

[154] 王朝阳、刘东民：《关于金融中心建设的若干思考》，《上海金融》2009 年第 2 期。

[155] 黄运城、杨再斌：《关于上海建设国际金融中心的基本设想》，《管理世界》2003 年第 11 期。

[156] 王传辉：《国际金融中心产生模式的比较研究及对我国的启示》，《世界经济研究》2000 年第 6 期。

[157] 钟红：《国际离岸金融中心的相对衰落及其为我国离岸金融市场建设提供的机遇》，《国际金融研究》1995 年第 8 期。

[158] 杨再斌、匡霞：《上海建设功能型国际金融中心的对策分析》，《同济大学学报（社会科学版）》2004 年第 4 期。

[159] 陈彪如、连平：《关于国际金融中心形成条件的探索》，《世界经济研究》1994 年第 4 期。

[160] 黄运城、文晓波等：《上海建设国际金融中心的基础性条件与主要差距分析》，《上海经济研究》2003 年第 9 期。

[161] 黄运城、杨再斌：《上海建设国际金融中心的模式选择与约束条件分析》，《国际金融研究》2003 年第 11 期。

[162] 杨开忠：《一般持续发展论》，《中国人口、资源与环境》1994

年第 3 期。

[163] 尹恒、龚六堂等:《收入分配不平等与经济增长:回到库兹涅茨假说》,《经济研究》2005 年第 4 期。

[164] 赵怡:《我国社会保障与经济增长关系研究》,《管理世界》2007 年第 12 期。

[165] 林治芬:《中国社会保障的地区差异及其转移支付》,《财经研究》2002 年第 5 期。

[166] 樊纲、王小鲁等:《中国市场化指数》,经济科学出版社 2010 年版。

[167] 黄有光:《金钱能买快乐吗》,四川人民出版社 2002 年版,第 2 页.

[168] 贾智莲、卢洪友:《财政分权与教育及民生类公共品供给的有效性》,《数量经济技术经济研究》2010 年第 6 期。

[169] 陆铭、陈钊等:《因患寡,而患不均——中国的收入差距、投资、教育和增长的相互影响》,《经济研究》2005 年第 12 期。

[170] 朱建芳、杨晓兰等:《中国转型期收入与幸福的实证研究》,《统计研究》2009 年第 4 期。

[171] 诸大建、徐萍:《中国政府规模、经济增长与福利》,《同济大学学报(社会科学版)》2010 年第 4 期。

[172] 庄子银、邹薇:《公共支出能否促进经济增长:中国的经验分析》,《管理世界》2003 年第 7 期。

[173] Carol Graham, "The Economics of Happiness", *The New Palgrave Dictionary of Economics*, Vol. 6, No. 3, 2005.

[174] Jie Zhang, "Long—Run Effects of Unfunded Social Security with Earnings—Dependent Benefits", *Journal of Economic Dynamics and Control*, Vol. 28, No. 3, 2003.

[175] Robert A. Cummins, "Personal Income and Subjective Well—being: A Review", *Journal of Happiness Studies*, Vol. 1, No. 2, 2000.

[176] Robert J. Barro, "Inequality and Growth in a Panel of Countries", *Journal of Economic Growth*, Vol. 5, No. 1, 2000.

[177] 梁琦:《中国工业的区位基尼系数——兼论外商直接投资对制造

业集聚的影响》,《统计研究》2003 年第 9 期。

[178] 罗勇、曹丽莉:《中国制造业集聚程度变动趋势实证研究》,《经济研究》2005 年第 8 期。

[179] 赵伟、张萃:《市场一体化与中国制造业区域集聚变化趋势研究》,《数量经济技术经济研究》2009 年第 2 期。

[180] 任英华、徐玲等:《金融集聚影响因素空间计量模型及其应用》,《数量经济技术经济研究》2010 年第 5 期。

[181] 杨勇:《中国旅游产业区域聚集程度变动趋势的实证研究》,《旅游学刊》2010 年第 10 期。

[182] 李少游、王世称:《广西特色经济分析与确认研究》,《经济地理》2005 年第 1 期。

[183] 刘晓红、李国平:《基于区位商分析的区域产业结构实证研究》,《统计与决策》2006 年第 3 期。

[184] 何雄浪、朱旭光:《劳动分工、产业集聚与我国地方优势产业形成》,《山西财经大学学报》2007 年第 10 期。

[185] Emanuele Giovannetti, "Economics of Agglomeration: Cities, Industrial Location and Regional Growth", *The Economic Journal*, Vol. 113, No. 448, 2003.

[186] Maarten Bosker, "Growth, Agglomeration and Convergence: a Space—time Analysis for European Regions", *Spatial Economic Analysis*, Vol. 2, No. 1, 2007.

[187] 王立恒:《中国产业集聚与经济增长的实证研究——基于空间经济学视角》,《经济管理与科学决策》2010 年第 5 期。

[188] 魏后凯等:《中国产业集聚与集群发展战略》,经济管理出版社 2008 年版。

[189] 梁琦:《分工、集聚与增长》,商务印书馆 2009 年版。

[190] Djankov Simeon, Caralee Mcliesh, Tatiana Nenova, Andrei Shleifer, "Who Owns the Media", *World Bank Working Paper*, 2001.

[191] Alexander Dyck, Natalya Volchkova, Luigi Zingales, "The Corporate Governance Role of the Media: Evidence from Russia", *NBER Working Paper*, 2006.

[192] 吉莉安·道尔：《理解传媒经济学》，清华大学出版社 2004 年版。

[193] 李国璋、白明：《市场可竞争性与绩效——对我国工业行业的实证分析》，《统计研究》2006 年第 6 期。

[194] 孙斌栋：《上海城市国际竞争力的历史变迁与提升策略》，《上海经济研究》2006 年第 10 期。

[195] 何国钊、曹振良等：《中国房地产周期研究》，《经济研究》1996 年第 12 期。

[196] 张晓晶、孙涛：《中国房地产周期与金融稳定》，《经济研究》2006 年第 1 期。

[197] 韩云虹：《产业集聚度测定指标的评价与改进》，《工业技术经济》2009 年第 6 期。

[198] 吴玉鸣：《中国区域研发、知识溢出与创新的空间计量经济研究》，中国人民大学出版社 2007 年版。

[199] Luc Anselin, "Local Indicators of Spatial Association: LISA", *Geographical Analysis*, Vol. 27, No. 2, 1995.

[200] Rey S. J, "Spatial Empirics for Economic Growth and Convergence", *Geographical Analysis*, Vol. 33, No. 3, 2001.

后　记

　　自 2003 年攻读区域经济学博士学位后，我一直专注于这一领域的宏观现象解析。遵循博、硕期间两位导师—— 兰州大学经济学院的郭志仪教授、东北财经大学金融系的刘军善教授所引导的研究方向——区域经济发展与人力资本、宏观金融政策，随后的学术大都以区域经济发展差异为主线、以经济增长机制的解析为核心，以学科研究方法的交叉为特色，在这两个领域分别展开研究工作。虽然二者表面看并无太大关系，但计算方法的相通以及聚焦于区域差异这一共同问题的考量，使得我在这两个领域中切实感受到了研究思路的互补以及交叉学科研究的惊喜与快乐。特别是我的研究工作几乎全部集中于宏观现象，使得两个领域的研究可以并行展开。在此，向两位可敬的导师致以深深的谢意和崇高的敬意。

　　近年来，在获得国家社会科学基金的资助后，我的研究工作得以更为顺利地展开，并取得了明显的进展：在正规的学术期刊发表论文 30 余篇。从这些年不间断的研究工作和研究成果中，我不但继续感受到学术研究的"痛并快乐"，更为重要的是，这些研究成果的取得与我所在单位的有力支撑、领导与同事的关怀与鼓励是分不开的。因此，在这里对青岛大学经济学院的刘喜华院长、张旭与高齐圣两位副院长、朴明根教授、雷定安教授、闵正良教授、王亚玲副教授以及众多可亲的老师致以诚挚的谢意。

　　至目前，我已先后指导了 12 名全日制研究生。秉持为师之道的道德标准和学术自由之精神，从严格规范的学术训练和就业指导两个方面，为每位学生倾注了大量的精力和时间。每周多次不间断的小组讨论会是学术与乐趣的自由集合。学生们不但理解和支持我，而且非常乐意在我这里展开规范的学术研究。可喜的是，这些努力获得了丰厚的回报，近几年每位学生不但阅读了大量的书籍和文献，同时在各自的研究领域发表了至少三篇以上的规范而严谨的学术论文，其中就有《中国人口科学》、《数量经济技术经济研究》等国内一流的学术期刊。与他们在一起是我工作中最愉快的时候。实际上，本书有近一半的内容就是我与学生们一起完成的。在此，向我可爱的研究生们——陈阳、郑立民、周惠民、朱顺杰、翟倩倩、陈希兰、于平致以快乐的谢意，也祝你们未来的光辉岁月踏实而精彩。

最需要感谢的是我年迈的父母，在人生近40年的风雨兼程中，是他们给了我生活的勇气、生命的关怀和开朗正直的个性。时至今日方切身体会父母之与儿女生命的意义和海阔天空的爱意。对他们的爱是无以言表的。而兄长、妻儿给予我的生活和工作的支持和欢乐，是我人生最重要的财富。

最后我要对中国社会科学出版社的任明主任及其他编辑老师严谨而负责的工作精神、和蔼而热情的工作方式表达最高的敬意和致谢。

本书各章节是在近六年完成的论文中，经细心挑选、修订和完善而形成的。为了突出本书应用研究的特色，各章大都结合了典型区域，从实证分析角度解析区域发展环境的不足之所在。同时为了不与国家社科基金的重要研究成果冲突，这里并未列入基金资助的核心内容。实际上作者2009年出版的专著、本书以及后续以国家社科基金为支撑完成的研究专著，将以独特而全面的形式，形成有关我国区域经济发展应用研究的三部曲。

本书付梓之际，喜悦和快乐之余，心中是沉甸甸的。细细琢磨，这些年来在学术研究方面虽不敢有丝毫懈怠，并取得了些许成绩，但很显然，个人的学术研究水平和能力与吾辈优秀者差距明显，因此，今后在学术之路上还需持续不断地学习和提高。

亲恩无以报答，友情地久天长，唯有心中祝福大家安康快乐！

逯　进
2015年初于青大

［192］吉莉安·道尔：《理解传媒经济学》，清华大学出版社 2004 年版。

［193］李国璋、白明：《市场可竞争性与绩效——对我国工业行业的实证分析》，《统计研究》2006 年第 6 期。

［194］孙斌栋：《上海城市国际竞争力的历史变迁与提升策略》，《上海经济研究》2006 年第 10 期。

［195］何国钊、曹振良等：《中国房地产周期研究》，《经济研究》1996 年第 12 期。

［196］张晓晶、孙涛：《中国房地产周期与金融稳定》，《经济研究》2006 年第 1 期。

［197］韩云虹：《产业集聚度测定指标的评价与改进》，《工业技术经济》2009 年第 6 期。

［198］吴玉鸣：《中国区域研发、知识溢出与创新的空间计量经济研究》，中国人民大学出版社 2007 年版。

［199］Luc Anselin，"Local Indicators of Spatial Association：LISA"，*Geographical Analysis*，Vol. 27，No. 2，1995.

［200］Rey S. J，"Spatial Empirics for Economic Growth and Convergence"，*Geographical Analysis*，Vol. 33，No. 3，2001.

后　记

自 2003 年攻读区域经济学博士学位后，我一直专注于这一领域的宏观现象解析。遵循博、硕期间两位导师——兰州大学经济学院的郭志仪教授、东北财经大学金融系的刘军善教授所引导的研究方向——区域经济发展与人力资本、宏观金融政策，随后的学术大都以区域经济发展差异为主线、以经济增长机制的解析为核心，以学科研究方法的交叉为特色，在这两个领域分别展开研究工作。虽然二者表面看并无太大关系，但计算方法的相通以及聚焦于区域差异这一共同问题的考量，使得我在这两个领域中切实感受到了研究思路的互补以及交叉学科研究的惊喜与快乐。特别是我的研究工作几乎全部集中于宏观现象，使得两个领域的研究可以并行展开。在此，向两位可敬的导师致以深深的谢意和崇高的敬意。

近年来，在获得国家社会科学基金的资助后，我的研究工作得以更为顺利地展开，并取得了明显的进展：在正规的学术期刊发表论文 30 余篇。从这些年不间断的研究工作和研究成果中，我不但继续感受到学术研究的"痛并快乐"，更为重要的是，这些研究成果的取得与我所在单位的有力支撑、领导与同事的关怀与鼓励是分不开的。因此，在这里对青岛大学经济学院的刘喜华院长、张旭与高齐圣两位副院长、朴明根教授、雷定安教授、闵正良教授、王亚玲副教授以及众多可亲的老师致以诚挚的谢意。

至目前，我已先后指导了 12 名全日制研究生。秉持为师之道的道德标准和学术自由之精神，从严格规范的学术训练和就业指导两个方面，为每位学生倾注了大量的精力和时间。每周多次不间断的小组讨论会是学术与乐趣的自由集合。学生们不但理解和支持我，而且非常乐意